权威·前沿·原创

皮书系列为
“十二五”“十三五”国家重点图书出版规划项目

智库成果出版与传播平台

广州市社会科学院／研创

广州文化产业发展报告（2020）

ANNUAL REPORT ON CULTURAL INDUSTRY OF GUANGZHOU (2020)

主　　编／徐咏虹
副 主 编／张跃国　朱小燚　尹　涛　陈永亮
执行主编／皮　健　杨代友　梁　迅　王　丰

社会科学文献出版社
SOCIAL SCIENCES ACADEMIC PRESS (CHINA)

图书在版编目（CIP）数据

广州文化产业发展报告.2020/徐咏虹主编.--北京：社会科学文献出版社，2020.7
（广州蓝皮书）
ISBN 978-7-5201-6893-9

Ⅰ.①广… Ⅱ.①徐… Ⅲ.①文化产业-产业发展-研究报告-广州-2020 Ⅳ.①G127.651

中国版本图书馆CIP数据核字（2020）第128701号

广州蓝皮书
广州文化产业发展报告（2020）

主 编／徐咏虹
副主编／张跃国 朱小燚 尹 涛 陈永亮

出版人／谢寿光
责任编辑／杜文婕
文稿编辑／韩欣楠

出 版／社会科学文献出版社·城市和绿色发展分社（010）59367143
地址：北京市北三环中路甲29号院华龙大厦 邮编：100029
网址：www.ssap.com.cn
发 行／市场营销中心（010）59367081 59367083
印 装／天津千鹤文化传播有限公司

规 格／开 本：787mm×1092mm 1/16
印 张：21 字 数：316千字
版 次／2020年7月第1版 2020年7月第1次印刷
书 号／ISBN 978-7-5201-6893-9
定 价／128.00元

本书如有印装质量问题，请与读者服务中心（010-59367028）联系

《广州文化产业发展报告（2020）》
编　委　会

主要编撰者简介

徐咏虹　研究生学历。现任中共广州市委常委、宣传部部长。历任广州市荔湾区团委书记，共青团广州市委副书记、书记，广州市青联主席，广东省青联副主席，广州经济技术开发区、高新区、保税区党委副书记兼政法委书记，萝岗区委副书记、政法委书记，广州市文化局党委书记，广州市文化广电新闻出版局党委书记，广州市海珠区委副书记、区长。

张跃国　法律硕士，现任广州市社会科学院党组书记、院长，广州大学客座教授。研究专长为城市发展战略、创新发展、传统文化。主持或参与中共广州市委九届四次全会以来历届全会和党代会报告起草、广州市“十三五”规划研究编制、广州经济形势分析与预测研究、广州城市发展战略研究、广州南沙区发展战略研究和规划编制，以及市委、市政府多项重大政策文件制定起草。

朱小燚　安徽凤台人，研究生学历。现任中共广州市委宣传部副部长，分管全市文化和文化产业发展工作。历任广州市政府外事办公室科员、副主任科员、主任科员，广州市政府外事办公室国际交流处副处长，广州市政府办公厅秘书，共青团广州市委书记助理，广州市政府外事办公室领事处处长，广州市政府外事办公室礼宾处处长，广州市政府外事办公室（港澳办）副主任、党组成员。

尹　涛　湖南道县人，博士研究生学历，经济学研究员，现任广州市社会科学院党组成员、副院长。广东省第十二届人大代表，广州市人民政府第三届决策咨询专家，广州市人民政府重大行政论证专家，广州市人文社会科学文化产业重点研究基地主任，广东省生产力学会副会长，广州市文化创意行业协会副会长。研究方向为产业经济、城市经济、经济规划与管理。近年来完成广州市哲学社会科学规划立项课题1项、重点委托课题2项；科研成果获省部级二等奖2项，省部级三等奖2项，广州市级二等奖5项、入围奖1项，地厅级一等奖1项，二等奖2项；主持和参与横向课题50余项。

陈永亮　中央党校学士学位。现任广州市文化广电旅游局党组成员、副局长，分管规划发展处、非物质文化遗产处、产业发展处、广州市演出电影有限公司、广州市美术有限公司、广州文化发展总公司。历任河南省信阳市南湾湖风景区管委会副主任、党委副书记、书记，广州市旅游局党委委员、副局长。

摘　要

党的十九大报告指出，“坚定文化自信，推动社会主义文化繁荣兴盛”，要“健全现代文化产业体系和市场体系，创新生产经营机制，完善文化经济政策，培育新型文化业态”。习近平总书记视察广东时，明确要求广州实现老城市新活力，推动城市文化综合实力出新出彩。文化产业高质量发展是广州增强城市文化综合实力、坚定文化自信的重要支撑。《广州文化产业发展报告》围绕“总结成绩、分析问题、展望未来、提出建议”研究广州文化产业的发展状况，致力于为政府决策服务、供学者研究参考、助力企业把握行业动态，合政产学研之力，促进广州文化产业高质量发展。

《广州文化产业发展报告（2020）》由18篇调研报告或论文组成，按内容分为总报告、创新篇、湾区篇、文旅篇、借鉴篇、案例篇等六个部分。总报告指出，近年来广州文化产业快速发展，文化与科技融合加深、互联网文化蓬勃发展、动漫游戏优势明显、网络直播迅速扩张、电竞产业蓄势待发、工业设计持续壮大、超高清视频产业快速发展。据课题组测算，2019年广州文化产业增加值为1600亿元，占GDP比重达到6.8%，在经济发展中的地位进一步提升。2020年，在5G、人工智能、AR/VR等新技术利用，文化娱乐消费支出不断增长，“新基建”加快实施等利好因素的推动下，广州文化产业将保持快速发展势头。

除总报告外，“创新篇”从5G与文化产业、文化企业融资、文化商务区以及广州与其他城市比较的视角研究了广州文化产业创新发展问题；“湾区篇”分析了粤港澳大湾区建设背景下的文化合作机制、广佛城市文化合作和文化创意产业发展问题；“文旅篇”围绕文旅融合发展介绍了国际经验做法、广州红色文化资源利用及文化旅游产业发展情况等；“借鉴篇”汇集了南京、宁波、佛山发展文化产业的经验启示以及国内文化产业领域专家对发展文化产业的思考；“案例篇”介绍了对广州代表性文化企业和文创平台的创新发展模式的探索和思考。

关键词： 文化产业　文化创新　文化新业态

Abstract

The Report of the 19th National Congress of the Communist Party of China (CPC) pointed out that "to firm cultural self-confidence and promote the prosperity of socialist culture", it is necessary to "improve the modern cultural industry system and market system, innovate the production and operation mechanism, improve cultural and economic policies, and cultivate new cultural formats". When General Secretary Xi Jinping inspected Guangdong, he explicitly asked Guangzhou to realize the new vitality of the old city and to make new achievements in the comprehensive strength of urban culture. The high-quality development of the cultural industry is an important support for Guangzhou to enhance the comprehensive strength of urban culture and firm cultural self-confidence. "Annual Report on Cultural& Creative Industries of Guangzhou" focuses on "summarizing achievements, analyzing problems, looking forward to the future, making suggestions" to study the development of Guangzhou's cultural and creative industries. It is committed to service for government decision-making, reference for scholars to study and helping enterprises grasp the industry dynamics. Promote the high-quality development of Guangzhou culture creative industry with the strength of the government, industry, research and research.

Annual Report on Guangzhou Cultural Industry (*2020*) is composed of 18 research reports or papers, which are divided into six parts according to the content: General Report, Innovation, Greater Bay Area, Cultural Tourism, Mutual Exchange and Cases. The general report pointed out that in recent years, the cultural industry in Guangzhou has developed rapidly, with the integration of culture and technology deepened, the Internet culture booming, the advantages of animation games obvious, the rapid expansion of network broadcast, the e-sports industry poised for development, the continuous growth of industrial design, and the rapid development of ultra-high-definition video industry. According to the research group, the added value of Guangzhou's cultural industry in 2019 is 160 billion yuan, accounting for 6.8% of GDP, further enhancing its position in economic development. In 2020, Driven by the new technologies such as 5G, artificial intelligence, AR/VR, the consumption of culture and entertainment keeps growing, and the implementation of "new infrastructure" is accelerated, Guangzhou's cultural industry will maintain a momentum of rapid development.

In addition to the general report, the "Innovation" section has studied the innovation and development of Guangzhou's cultural industry from the perspective of 5G and cultural industry, cultural enterprise financing, Internet cultural and creative industry, cultural business districts and comparison between Guangzhou and other cities; "Greater Bay Area" analyzes the cultural cooperation mechanism, Guangzhou-Foshan city cultural cooperation and cultural and creative industry development issues under the background of Guangdong-Hong Kong-Macao Greater Bay Area; "Cultural Tourism" introduces the international experience and practices, the utilization of red cultural resources and the development of cultural tourism industry in Guangzhou; "Mutual exchange" is a collection of the experience and inspiration of Nanjing, Ningbo and Foshan in the development of cultural industry, as well as the thoughts of domestic experts in the field of cultural industry on the development of cultural industry; "Case" introduces the exploration and thinking of the innovative development model of representative cultural enterprises and cultural and creative platforms in Guangzhou.

Keywords: Cultural Industry; Innovative Development; New Business Forms of Culture

目　录

Ⅰ　总报告

B.1　2019年广州市文化产业发展现状与2020年形势分析

…………………………………… 尹　涛　杨代友　李明充 / 001

一　2019 年广州文化产业发展主要举措 ……………………… / 002

二　基于"四经普"数据的广州文化产业发展现状 ………… / 010

三　广州市文化产业重点领域发展情况 ……………………… / 020

四　2020 年广州文化产业发展的环境分析 ………………… / 034

五　2020 年广州文化产业发展趋势分析及重点行业展望 …… / 040

六　对策建议 …………………………………………………… / 049

Ⅱ　创新篇

B.2　广州与我国主要城市文化产业创新发展比较分析

…………………………………………………… 陈　刚　莫佳雯 / 054

B.3　5G 时代广州文化产业创新发展的思考 ……………… 秦瑞英 / 088

B.4　以广州塔为中心打造中央文化商务区的构想………… 王世英 / 107

B.5　产业生态视角下广州文化企业融资风险分担机制研究

…………………………………………………… 黄文娣　顾乃华 / 118

B.6 增长动力转换背景下文化产业创新发展的战略方向
…………………………………………………… 杨代友　陈　刚 / 137

Ⅲ　湾区篇

B.7 基于产业生态学视角的粤港澳大湾区文化创意产业发展研究
…………………………………………………………… 文远竹 / 152

B.8 “人文湾区”建设背景下深化广佛文化同城化合作的思路研究
…………………………………………………… 邹小华　郭贵民 / 163

B.9 关于粤港澳大湾区文化合作的思考…………………… 贾云平 / 177

Ⅳ　文旅篇

B.10 推动文化旅游融合发展立法的思考
——基于国际经验的分析 ………………………… 艾希繁 / 188

B.11 广州红色文旅产业发展现实制约与对策思考
…………………………………………………… 蒋正峰　伞　晔 / 198

B.12 广州花都区革命文物保护利用和红色文化传承弘扬的建议
……………………………………… 邹　璇　李君民　吴术球 / 212

B.13 新形势下广州电影产业发展对策
……………………………………… 郭贵民　张杰锋　陈　荣 / 227

Ⅴ　借鉴篇

B.14 南京市文化产业园区发展的空间特征与政策建议
…………………………………………………… 季　文　谭志云 / 242

B.15 宁波文化金融融合发展的实践经验及对广州的启示
…………………………………………………… 陈建祥　张　英 / 257

B.16 佛山市文化产业的发展特征和融合发展模式研究 …… 杨俭波 / 272

Ⅵ 案例篇

B.17 广州趣丸网络即时语音泛娱乐产业化发展战略分析
…………………………………………………… 宋 克 陈光尧 / 291
B.18 众创五号空间发展模式初探 ………………………… 许伟彬 / 301

后 记 ……………………………………………………………… / 313

皮书数据库阅读**使用指南**

CONTENTS

Ⅰ General Report

B.1 Analysis on the Development of Guangzhou Cultural Industry in 2019 and Prospect of 2020 *Yin Tao, Yang Daiyou and Li Mingchong* / 001

1. Major Measures to Develop Guangzhou Cultural Industry in 2019 / 002
2. The Development Situation of Guangzhou Cultural Industry Based on the Data of the Four Economic Censuses / 010
3. The Development Situation of Key Areas of Guangzhou Cultural Industry / 020
4. Environmental Analysis of Guangzhou's Cultural Industry Development in 2020 / 034
5. The Development Tendency and Prospect of Key Industries of Guangzhou Cultural Industry in 2020 / 040
6. Policy and Suggestions / 049

Ⅱ Innovation

B.2 Comparative Analysis of Cultural Industry Innovation and Development Between Guangzhou and Major Cities in China

Chen Gang, Mo Jiawen / 054

B.3 Exploration and Consideration on the Innovation Development of Guangzhou Cultural Industry in the 5G Era *Qin Ruiying* / 088

B.4 The Conception of Building a Central Cultural Business District with Canton Tower as the Center *Wang Shiying* / 107

B.5 Research on the Financing Risk Sharing Mechanism of Guangzhou Cultural Enterprises from the Perspective of Industrial Ecology *Huang Wendi, Gu Naihua* / 118

B.6 The Strategic Direction of Cultural Industry Innovation Development under the Background of Transformation of Growth Power *Yang Daiyou, Chen Gang* / 137

Ⅲ The Greater Bay Area

B.7 Research on the Development of Cultural and Creative Industries in the Guangdong-Hong Kong-Macao Greater Bay Area from the Perspective of Industrial Ecology *Wen Yuanzhu* / 152

B.8 Research on Deepening the Cooperation between Guangzhou and Foshan Culture and Urbanization under the Background of the Construction of Humanistic Bay Area *Zou Xiaohua, Guo Guimin* / 163

B.9 Reflections on the Cultural Cooperation of Guangdong-Hong Kong-Macao Greater Bay Area *Jia Yunping* / 177

Ⅳ Cultural Tourism

B.10 Thoughts on Promoting the Legislation of Cultural Tourism Integration Development

—An Analysis Based on International Experience *Ai Xifan* / 188

B.11 The Realistic Restrictions and Countermeasures of the Development of Guangzhou's Red Cultural Tourism Industry
Jiang Zhengfeng, San Ye / 198

B.12 Suggestions on the Protection and Utilization of Revolutionary Cultural Relics and the Inheritance and Promotion of Red Culture in Huadu District of Guangzhou *Zou Xuan, Li Junmin and Wu Shuqiu* / 212

B.13 Countermeasures for the Development of Guangzhou's Film Industry Under the New Situation *Guo Guimin, Zhang Jiefeng and Chen Rong* / 227

Ⅴ Mutual Exchange

B.14 The Spatial Characteristics and Policy Suggestions of the Development of Cultural Industrial Parks in Nanjing
Ji Wen, Tan Zhiyun / 242

B.15 The Practical Experience of Cultural and Financial Integration in Ningbo and Its Enlightenment to Guangzhou
Chen Jianxiang, Zhang Ying / 257

B.16 Study on the Development Characteristics and Integrated Development Model of Foshan's Cultural Industry *Yang Jianbo* / 272

Ⅵ Cases

B.17 Analysis on the Development Strategy of Guangzhou Quwan's Instant Voice Pan-entertainment Industrialization
Song Ke, Chen Guangyao / 291

B.18 Preliminary Study on the Development Mode of Mass Innovation No. 5 Space. *Xu Weibin*/ 301

总 报 告

General Report

B.1 2019年广州市文化产业发展现状与2020年形势分析

尹 涛　杨代友　李明充*

摘 要： 近年来，广州文化产业得到快速发展，“四经普”① 数据显示，2018 年广州市文化产业增加值达到 1369.69 亿元，占 GDP 比重进一步提升到 6%。展望 2020 年，在文明自信时代背景下，中国文化影响力日益增强，在 5G、AI、AR/VR 等新技术加快落地，文化娱乐消费支出不断增长，需求多元化，“新基建”加快实施等利好环境下，文化产业特别是网络游

* 尹涛，广州市社会科学院副院长，研究员、博士，研究方向为区域经济、产业经济；杨代友，广州市社会科学院产业经济与企业管理研究所所长，研究员、博士，研究方向为产业经济、城市经济；李明充，广州市社会科学院广州文化产业研究中心执行主任、广州文化上市公司产业联盟秘书长，研究方向为文化产业经济。

① 即第四次全国经济普查。

戏、媒体网站、影视音乐、VR/AR、电竞、移动广告、超高清视频产业等新兴产业和业态将保持快速发展势头。同时也要注意日益严格的监管对文化产业带来的影响。在上一年的政策建议基础上，报告建议广州市实施以下措施：设立广州文旅产业振兴基金；积极打造国际会展旅游城市；建设中国邮轮旅游发展实验区；打造世界级文旅爆款IP；引进和培育骨干文旅企业；促进文旅资源产业化；培育文化新技术、新模式、新业态；推进智慧文旅建设；创新文旅投融资渠道；加快重大文旅项目建设；保障文旅产业用地。

关键词： 文化产业　文化新业态　融合发展

一　2019年广州文化产业发展主要举措

2019年，广州市深入贯彻习近平总书记对广东工作重要指示批示精神和视察广州的重要讲话精神，落实《中共广东省委全面深化改革委员会关于印发广州市推动“四个出新出彩”行动方案的通知》相关工作要求，相继制定和出台10多项规划政策办法等文件，大力发展全域旅游，巩固动漫游戏产业优势地位，大力培育超高清视频产业、扩大工业设计产业优势，大力发展5G产业，推动非遗活化利用，做大做强夜间文旅经济，打造红色文化名片，完善公共文化服务。

（一）大力发展全域旅游

广州旅游的综合实力处在中国旅游城市的前列，居副省级城市的首位，广州已经成为亚太地区重要的旅游目的地、集散地和客源地。取得显著成绩的同时，广州旅游发展也面临国际化程度不高、产业结构不合理、市场主体不强等问题，全市旅游转型升级面临严峻形势。为了更好地抢抓“十三五”时期的重大发展机遇，积极应对旅游产业面临的挑战，2017年以来，广州市人民政府出台实施《广州市人民政府关于进一步加快旅游业发展的意见》、《广州市组织接待游客来穗旅游奖励办法》（穗旅发规字〔2018〕2号）、《广州市旅游局关于印发广州市旅游发展奖励扶持资金实施办法的通知》（穗旅发规字〔2018〕3号）、《广州市关于促进和规范乡村民宿发展的意见》（穗旅发〔2018〕396号）等多项与全域旅游相关的政策文件。广州坚持问题导向，着力破解短板，夯实发展根基，激发市场活力，加快推进旅游产业转型升级，提升广州旅游国际竞争力。

《广州市人民政府关于进一步加快旅游业发展的意见》的出台，为未来发展指明了方向。第一，全力推动广州旅游业国际化。广州市坚持目标引领，对标国际先进旅游城市，贯彻市委市政府关于“三中心一体系”、“三大战略枢纽”、枢纽型网络城市等决策部署，围绕建设世界旅游名城和国际旅游目的地、集散地的目标，发挥广州的资源和文化旅游优势，专门就建设国际旅游交往中心、商旅文融合发展、会奖旅游、全域旅游空间布局、国际访问点、南航“广州之路”、“花城人家”常态化等工作提出明确要求，体现了广州旅游国际化战略定位。第二，大力促进广州全域旅游发展。《广州市人民政府关于进一步加快旅游业发展的意见》围绕产业结构优化和旅游产业全要素，提出了全域旅游创建、“旅游+”战略实施、商旅文融合、休闲度假产品打造、旅游消费新热点培育、乡村旅游提档升级等工作，强调了以项目建设为载体，以融合发展为路径，打造全域旅游、大众旅游产品体系，以推动旅游业转型升级，以旅游业带动和促进经济社会协调发展。第三，创新性地盘活土地资源发展旅游产业。《广州市人民政府关于进一步加快旅游业发展的意见》在旅游用地方面，提出创新旅游用地分类管理，将旅游业用地从商业服务业设施用地中细分出来，同时将城市更新、基础设施配建指标等政策进行捆绑打包，这在国内一线城市是首创。

2019年4月1日，广州市文化广电旅游局印发了《广州市民宿旅游发展专项规划（2018—2035）》，公布了广州民宿的品牌形象——花城人家，将以“小蛮腰+木棉花+锅耳墙+美食”为标志。在民宿总体空间布局上，广州民宿旅游未来将打造3大特色片区、8大重点发展区以及20个标杆示范片区。此外，未来还将形成50个最美民宿、100个网红民宿和300个品质民宿。

（二）巩固动漫游戏产业优势地位

为贯彻落实市委市政府关于促进战略性主导产业发展的决策部署和《广州市人民政府办公厅关于加快动漫游戏产业发展的意见》（穗府办规〔2016〕15号）精神，广州市文化广电旅游局组织开展2020年广州市时尚创意（含动漫）产业发展专项资金动漫游戏项目申报工作。2019年10月16日，广州市文化广电旅游局发布《广州市文化广电旅游局关于申报2020年广州市时尚创意（含动漫）产业发展专项资金动漫游戏项目的通知》，组织相关单位和机构进行项目申报，共有297个项目申报2019年时尚创意（含动漫）产业发展专项资金。

2019年8月，广州市委宣传部、市文化广电旅游局、市体育局、市文化体制改革与产业发展领导小组办公室联合发布《广州市促进电竞产业发展行动方案（2019—2021年）》（下称《行动方案》），提出力争到2021年基本建成“全国电竞产业中心”。其意义在于：一是促进电竞游戏精品制作。《行动方案》鼓励电竞游戏原创作品研发，支持推出一批富有岭南文化特色的作品，以及内容健康向上、富有创意的优秀原创动漫游戏和电竞产品。二是提升电竞赛事国际影响力。《行动方案》提出培育和引入国际顶级电竞赛事，支持企业主办、承办、参与电竞赛事，积极吸引国际顶级赛事落户广州，支持世界顶级电竞联赛的重要场次在广州举办，这将进一步扩大广州电竞赛事的知名度和影响力。三是推进电竞产业集聚发展。《行动方案》提出打造数字文化产业、电竞产业发展集聚区，建设一批电竞装备产业集聚区（基地），将加快电竞产业集聚发展。四是完善产业生态圈。《行动方案》主要内容涵盖产业主体、原创作品研发、电竞赛事、电竞媒体、电竞场馆、电竞消费等多个领域，将有助于打造完善的电竞产业生态圈。五是促进行业融合。支持电竞产业与前沿科技创新融合应用，推动人工智能、虚拟现实、5G通信、4K/8K超高清视频等先进技术成果应用于电竞产业，有助于培育电竞产业新业态，打造产业发展新动能。

（三）大力培育超高清视频产业

2018 年 12 月，广州市人民政府办公厅印发《广州市加快超高清视频产业发展行动计划（2018—2020 年）》（以下简称《行动计划》）。《行动计划》以抓住发展机遇，积极实施《中国制造 2025》和制造强市战略为思路，提出到 2020 年，超高清视频产业总规模超过 3000 亿元、工业产值超过 2500 亿元、投资总额超过 1500 亿元，力争建成“一都、一区、一基地”，即“世界显示之都”、国家超高清视频应用示范区、国家超高清视频产业内容制作基地。《行动计划》出台的意义在于：一是促进消费升级。发展超高清视频产业，有助于促进信息消费，有效推进中高端消费，更好地满足新时代人民群众日益增长的精神文化需求。二是打造产业集群。《行动计划》提出建设超高清视频产业价值创新园区、创建国家级超高清视频内容制作基地等举措，将有助于广州市打造超高清视频产业集群。三是加快行业应用。发展超高清视频产业，有助于促进行业融合，推进医疗健康、影视娱乐、安防监控、工业可视化、机器人巡检、智能交通等超高清新业务、新应用蓬勃发展。

2019 年 5 月 9 日，广州市举办了 2019 世界超高清视频（4K/8K）产业发展大会。同时，相关的区也出台政策支持超高清视频产业的发展。2019 年 12 月 13 日，《广州市黄埔区人民政府、广州开发区管委会关于印发广州市黄埔区、广州开发区促进新型显示产业发展扶持办法的通知》（穗埔府规〔2019〕31 号）印发。

（四）扩大工业设计产业优势

2018 年，广州市深入贯彻习近平总书记对广东工作重要指示批示精神和视察广州的重要讲话精神，实施创新驱动，以发展新空间承载发展新产业，以发展新产业增强发展新动力，大力推动工业设计发展，工业设计产业规模稳步提升，创新能力持续增强，载体建设扎实推进，带动作用日益显现。2016 年，广州市认定首批市级工业设计中心。2017 年，广州市出台《广州市建设“中国制造 2025”试点示范城市实施方案》。2017 年，广州获工信部正式批复，成为建设“中国制造2025”试点示范城市，这也是中国首个获批“创建‘中国制造2025试点示范城市’”的一线城市。2018年广州市制定《广州市建设“中国制造2025”试点示范城市实施方案（修订）》。

同时，近年来广州市大力发展规模化个性定制产业，推动工业企业由“以企业为中心的大规模制造”向“以用户为中心的规模化个性化定制”转型。2020年1月广州市出台了《广州市推动规模化个性定制产业发展建设“定制之都”三年行动计划（2020—2022年）》，提出到2022年，全市规模化个性定制产业产值翻番，定制家居行业产值达1000亿元。培育形成5个示范产业集群，30家示范企业，20个名品名牌，成为世界先进、国内领先的规模化个性定制产业创新策源地、应用示范地、产业集聚地，具有全球影响力的“定制之都”。广州作为定制行业的发源地及集聚地，有着不可比拟的产业基础与先天优势，“广州定制”在众多城市中具有权威地位。提出建设“全球定制之都”，是积极响应国家政策和工作部署的必要之举，有利于加快创新都市消费工业制造模式，开启制造业升级的“新样本”，引领传统制造业的颠覆性变革。

（五）大力发展5G产业

2019年12月，广州市工业和信息化局发布《广州市加快5G发展三年行动计划（2019—2021年）》（下称《行动计划》），提出力争用3年时间，将广州建设成网络设施完备、应用场景丰富、产业集聚明显的5G领先城市。《行动计划》的提出，一是有利于打造5G产业集聚区。推动科学城加快建成技术先进、配套完善、产业协同的5G产业集聚区，力争在南沙打造若干个综合性产业科技园，将极大地促进广州5G产业集聚。二是加速行业融合。以智慧医疗、智慧政务、智慧交通、工业互联网等领域的典型应用示范为切入点，加强5G与云计算、大数据、物联网、人工智能等行业应用融合，将加速推动5G应用向各行各业渗透。三是进一步夯实数字经济先发优势。5G产业加速发展，将有助于广州抢占数字经济发展制高点，促进广州新一代信息技术产业全面升级，极大地提升城市竞争力。

同时，天河区重点规划布局打造天河中央商务区5G应用示范中心、中山大道5G产业研发带、广州软件谷等5G产业创新集聚区，培育5G产业生态。目前，天河已建成5G基站3020个，率先基本实现5G网络全区覆盖，为5G商用打下了扎实基础。2019年11月3日，广州移动与天河区12家企业共同发起成立“天河5G+创新产业联盟”，将共建联合实验室、联盟产品库和解决方案库，共同打造“5G+人工智能、物联网、云、大数据、边缘计算应用”等重点创新示范项目。

（六）推动非遗活化利用

2019年广州市密集出台推动非遗健康发展的政策措施。2019年11月13日，市政府第15届90次常务会议通过《广州市非物质文化遗产保护办法》。12月，广州市委全面深化改革委员会第五次会议审议通过《广州市推进文物保护利用改革实施方案》。2019年12月11日，《广州市文化广电旅游局关于印发广州市文物活化利用试行办法的通知》（穗文广旅规字〔2019〕2号）印发实施。12月30日《广州市发展振兴非物质文化遗产三年行动方案（2020—2022年）》提交市政府审定。

《广州市文化广电旅游局关于印发广州市文物活化利用试行办法的通知》（穗文广旅规字〔2019〕2号）出台的意义在于：一是保护、传承文化。广州市的不可移动文物资源丰富，活化利用潜力巨大、空间广阔。进一步盘活广州文物资源，有助于传承城市历史文脉，让老城市焕发新活力。二是调动社会各方参与文物活化利用的积极性，将有助于打开广州文物活化利用工作新局面，使广州文物保护利用工作迈上新台阶。三是有助于利用文物资源丰富文化消费供给，更好地满足人民日益增长的美好生活需要，实现经济效益和社会效益双效统一。

《广州市发展振兴非物质文化遗产三年行动方案（2020—2022年）》要求，到2022年，非遗保护传承工作水平得到显著提升，非遗传承环境得到明显改善；岭南优秀传统文化创造性转化、创新性发展得到扎实推动，非遗保护成果更好地惠及人民群众。该方案涵盖五大行动：一是实施非遗保护机制建设行动，包括加强非遗保护制度体系建设、规范非遗名录管理、加强非遗代表性传承人认定与管理、建立非遗传承人研修培训机制等举措；二是实施非遗保护深化行动，包括加强非遗理论研究、深化重点非遗项目保护、建设省级文化生态保护区等举措；三是实施非遗传承创新力提升行动，包括多样化设置非遗展示场所、设立非遗代表性传承人工作室、设立市级非遗工作站等举措；四是实施非遗融合发展行动，包括实施非遗“五进”工程（即进景区、进博物馆、进校园、进商场、进社区）、鼓励开发非遗旅游等举措；五是实施非遗传播力拓展行动，包括实施非遗影像记录工程、编撰岭南文化丛书、培育非遗传播品牌、举办湾区传统文化交流活动、打造非遗对外文化交流品牌。

2019 年 8 月，广州市向广东省文化和旅游厅推荐申报第五批国家级非物质文化遗产代表性项目，广州非遗工作站在正佳广场挂牌。2019 年 10 月，推进广州非遗传承聚集区建设，确认 10 间非遗大师工作室引进项目，成立第三家广州市非遗工作站——广州古玩城非遗工作站，支持荔湾区创建省级粤剧粤曲文化生态保护区。

（七）做大做强夜间文旅经济

夜间经济的繁荣程度是一个城市经济开放度、活跃度的重要标志，是发展现代城市经济的重要内容。2019 年 8 月 19 日出台了《广州市发展改革委关于印发广州市推动夜间经济发展实施方案的通知》（穗发改〔2019〕523 号）。该实施方案立足广州实际，提出到 2022 年，广州夜间经济优质产品和服务显著增加，夜间经济的生活方式和消费模式更加丰富，力争形成 13 个全国知名的商圈和一批精品文化项目，全市夜间经济集聚区达到 30 个。该实施方案出台的意义在于：一是规范发展，推进夜间经济在功能定位、业态层次、发展水平、环境设施、日常管理等方面与商圈和特色商业街区建设更加匹配；二是促进集聚发展，通过打造一批知名商圈、夜间经济集聚区等方式，促进夜间经济特色发展、集聚发展，进一步提升“广州之夜”影响力；三是有助于挖掘广州市夜间消费潜力，培育消费新增长点，促进消费提质升级，不断满足人民日益增长的美好生活需要。

为落实夜间经济政策，2019 年 8 月 1 日，广州市博物馆夜间开放启动仪式在孙中山大元帅府纪念馆举办。三大会址纪念馆、农讲所旧址纪念馆、广州起义纪念馆等11家纪念馆（博物馆）延长夜间开放时间。广州市文化广电旅游局围绕夜间开放的纪念馆、博物馆设计推出“红色传承之旅”“千年古迹之旅”“珠江魅力之旅”“都市寻味之旅”“活力都市之旅”“西关风情之旅”等6条夜游广州精品线路。

（八）打造红色文化名片

广州是我国首批历史文化名城，是中国近现代革命策源地，是一座拥有光荣革命传统、厚重红色文化的英雄城市。越秀区是中国共产党早期在广州的主要活动地，诞生了“中共党史上的十个第一”，红色文化资源丰富集中。2019年12月17日广州编制出台《广州市红色文化传承弘扬示范区（越秀片区）发展规划（2019—2025年）》（以下简称《规划》），提出立足广州优势，强化整体规划保护、整体资源利用、整体策划宣传，着力构建以越秀区为核心的全市“一核四廊”总体发展格局，塑造越秀片区“一极两纵三横三片区”开发格局，明确五大功能定位，将推动实现广州红色文化品牌效应跻身全国前列。《规划》明确红色文化资源保护和展示示范区、红色旅游重要目的地、红色文艺创作高地、红色文化教育宣传主阵地、红色文化发展体制机制改革试验区等五大战略定位，强化越秀区红色资源与其他区红色资源的链接以及自然资源、历史文化、现代元素的整合，有助于彰显广州红色文化的魅力，擦亮红色文化名片，打造红色文化发展新高地。11月8日，广州市还举办“2019广州红色故事讲解员大赛总决赛”，20组选手现场精彩演绎红色故事，弘扬红色文化。发展红色文化，有助于支撑广州城市文化综合实力出新出彩和社会主义先进文化发展走在全国前列，进一步凸显粤港澳大湾区文化中心功能，示范带动粤港澳大湾区红色文化发展。

（九）完善公共文化服务

建设公共文化设施是提升城市文化软实力的重要路径。2019年广州市相继出台了《广州市公共文化设施布局专项规划（2020—2035年）（公众征求意见稿）》、《广州市关于进一步提升文化公共设施“建、管、用”水平的指导意见》和《广州市文化资源开放清单制度创新指导意见》三个与公共文化服务相关的政策文件。

《广州市关于进一步提升公共文化设施“建、管、用”水平的指导意见》的意义在于：一是提出了深入推进文化事业体制改革，努力破除体制机制障碍，并提出探索粤港澳大湾区公共文化服务供给协作机制，有助于促进公共文化服务体制机制转型，进一步激发城市文化发展活力；二是提出了建立健全法规标准体系、推动城乡公共文化设施均衡协调布局、探索以委托或招投标的方式引入社会力量参与运营、建设数字图书馆、优化激活培育人才队伍等措施，将推动公共文化服务标准化、均等化、数字化、社会化、专业化发展，从而有助于推进公共文化服务供给体系高质量发展；三是提出了加大财政金融扶持力度，并引导社会资本进入公共文化建设领域，推广运用政府和社会资本合作等模式，将更好地保障公共文化设施建设资金需求；四是将进一步扩大公共文化服务有效供给，丰富市民大众的精神文化生活，不断满足人民日益增长的美好生活需要。

2019 年 8 月，市少儿馆“沐浴书香茁壮成长——2019 年‘国际儿童图书日’暨‘广州读书月’少儿阅读嘉年华活动”案例获广东省文化和旅游厅颁发的“广东省 2019 年度公共文化服务体系优秀案例”。

二　基于“四经普”数据的广州文化产业发展现状

根据“四经普”数据，2018 年广州市文化产业法人单位数达到 74414 个，与 2013 年“三经普”数据对比，单位数增长 1.5 倍。小微型企业占据主体，小微型企业有 73770 个，占比达 99.1%。从业人员期末人数达到 67.31 万人，营业收入达到 4820.05 亿元，总资产达到 6491.64 亿元，非企业单位支出（费用）达到 118.60 亿元。其中规模以上文化产业法人单位 2395 个，文化产业增加值 1369.69 亿元（见图 1）。

其中，年营业收入超过 50 亿元的法人单位有 15 家，超过 10 亿元的有 60 家。文化新业态蓬勃发展，平均创收高于总体水平。文化新业态特征较

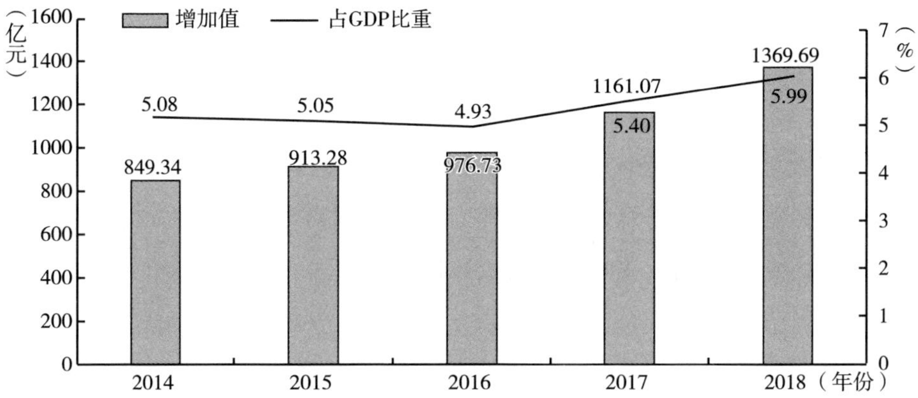

图1　2014～2018年广州市文化产业增加值及增加值占GDP比重

资料来源：广州市统计局。

为明显的法人单位有14177个，占所有法人单位的19.1%，实现营业收入1250.56亿元，占所有法人单位营业收入的25.9%，平均每个法人单位实现营业收入882.10万元，高于总体平均水平（647.73万元）。

（一）从法人单位数来看，创意设计服务占比最高

根据"四经普"数据，在广州市文化产业各行业中，2018年法人单位数排名前三的行业依次为创意设计服务、内容创作生产、文化辅助生产和中介服务，分别达到21872个、15920个、12987个（见图2），占广州市文化产业法人单位数的比重分别为29.39%、21.39%、17.45%。

这说明，就文化产业九大行业的法人单位数来看，以互联网广告服务、建筑设计服务、工业设计服务及专业设计服务等为主的创意设计服务企业最多，占全部文化产业法人单位的比例最大，这与广州身处制造业发达的珠三角核心位置是相符合的。发达的制造业对创意设计有非常强劲的需求，而创意设计也可以引领制造业转型升级。内容创作生产包括出版服务、广播影视节目制作、创作表演服务、数字内容服务、工艺美术品制造等中类行业。广州的出版服务、广播影视节目制作起步早，在改革开放初期借助毗邻港澳的优势，打下了坚实的基础。广州是近代中国漫画的发祥地，处于改革开放前

沿，深受港台漫画的影响。近年来在政府的大力扶持下，新型的动画和漫画产业率先孕育而生。游戏产业创新创业气氛也比较好，涌现了网易、多益、云游控股、三七互娱、四三九九、益玩网络、游爱网络等网络游戏龙头企业，同时聚集了众多的中小游戏企业，动漫行业得到快速发展。广州的动漫游戏、出版等行业起步早，因此，内容创作生产相对比较发达，法人单位也比较多，占全部文化产业的法人单位数比重比较大。

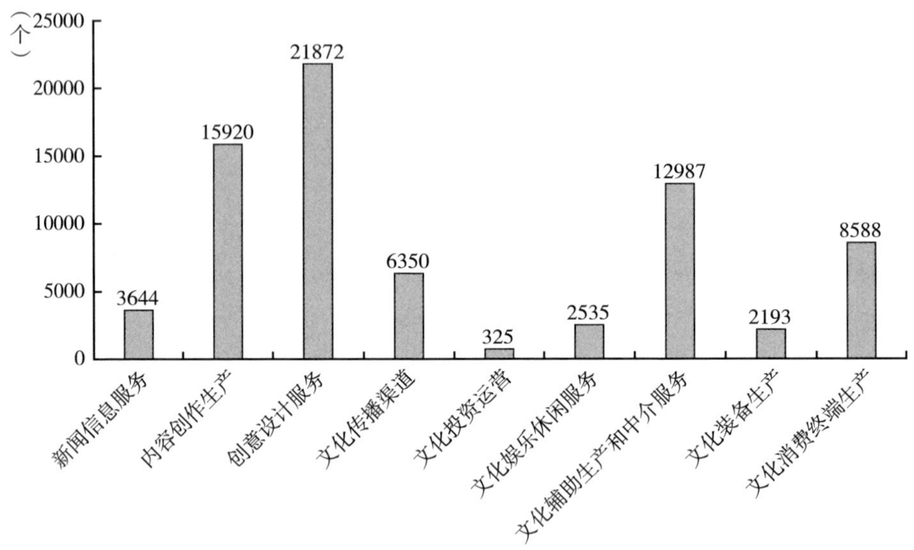

图 2　2018 年广州市文化产业各行业法人单位数

资料来源：广州市统计局第四次经济普查。

（二）从从业人员来看，内容创作生产占比最高

在广州市文化产业各行业中，2018 年从业人员数排名前三的行业依次为内容创作生产、创意设计服务、文化辅助生产和中介服务，分别达到 16.45 万人、15.21 万人、9.45 万人（见图 3），占广州市文化产业从业人员数的比重分别为 24.44%、22.60%、14.04%。

这说明，就文化产业九大行业的从业人员数来看，内容创作生产行业的从业人员数最多，内容创作生产的核心地位日益凸显。随着数字技术、网络

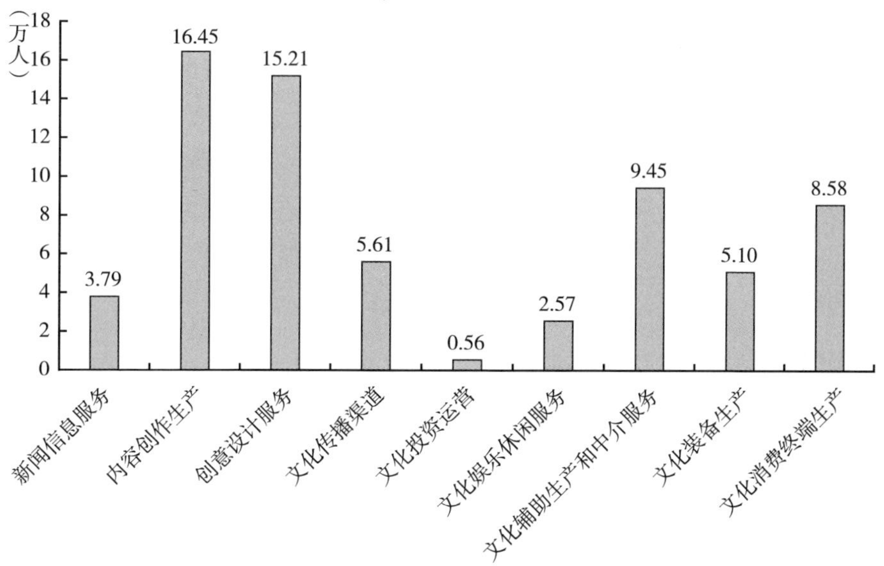

图3　2018年广州市文化产业各行业从业人员数

注：这里的从业人员数是指从业人员期末人数。

资料来源：广州市统计局第四次经济普查。

技术等新技术的发展应用，广州内容创作服务领域的新业态新模式不断涌现，自媒体、短视频、网络直播等行业发展迅猛，吸引了众多内容创作服务从业者。在网络直播领域，以虎牙直播、YY等为代表的企业，在拉动文化产业就业方面做出较大贡献。

（三）从营业收入来看，文化消费终端生产占比最高

在广州市文化产业各行业中，2018年营业收入排名前三的行业依次为文化消费终端生产、内容创作生产、创意设计服务，分别达到1031.87亿元、965.29亿元、928.76亿元（见图4），占广州市文化产业营业收入的比重分别为21.41%、20.03%、19.27%。

这说明，就文化产业九大行业的营业收入来看，文化消费终端生产最多。在文化消费终端生产领域，广州拥有许多优秀的文化企业，为消费者提供了丰富的文化产品和服务。在玩具生产方面，广州作为全国最大的玩具生产基地之

一，拥有星力动漫游戏产业园、华创动漫产业园等多个重点园区。随着消费的升级迭代，人们的消费结构正由物质型消费向服务型消费转型，广州文化消费市场十分广阔。2018 年，广州城镇人均文化消费达 5652 元，位居全国前列。广州文化消费不断迭代升级，进一步推进了文化消费终端生产行业的迅速发展。

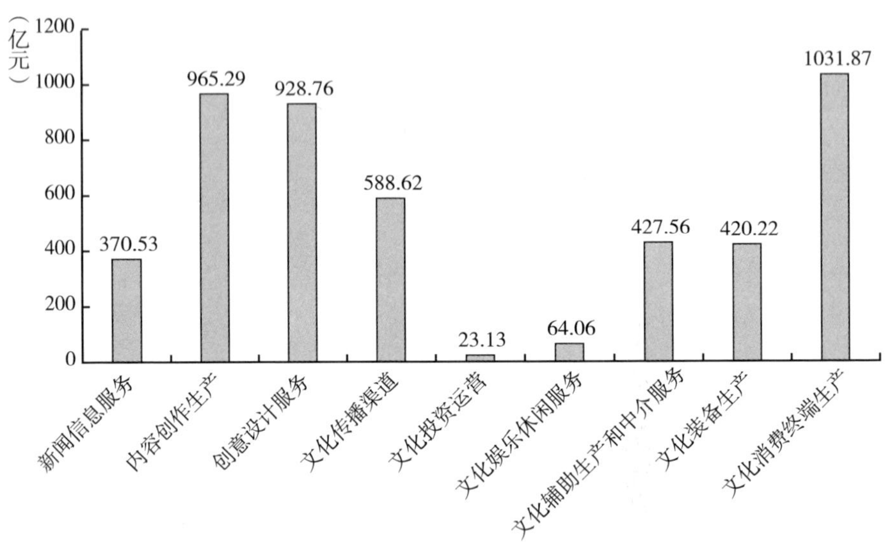

图 4　2018 年广州市文化产业各行业营业收入

资料来源：广州市统计局第四次经济普查。

（四）从总资产来看，内容创作生产占比最高

在广州市文化产业各行业中，2018 年总资产排名前三的行业依次为内容创作生产、创意设计服务、文化辅助生产和中介服务，分别达到 1698. 93 亿元、1061. 26 亿元、750. 64 亿元（见图 5），占广州市文化产业总资产的比重分别为 26. 17%、16. 35%、11. 56%。

这说明，就文化产业九大行业的总资产来看，内容创作生产最多。一方面，内容创作生产的规模以上法人单位数较多，占广州市规模以上文化产业法人单

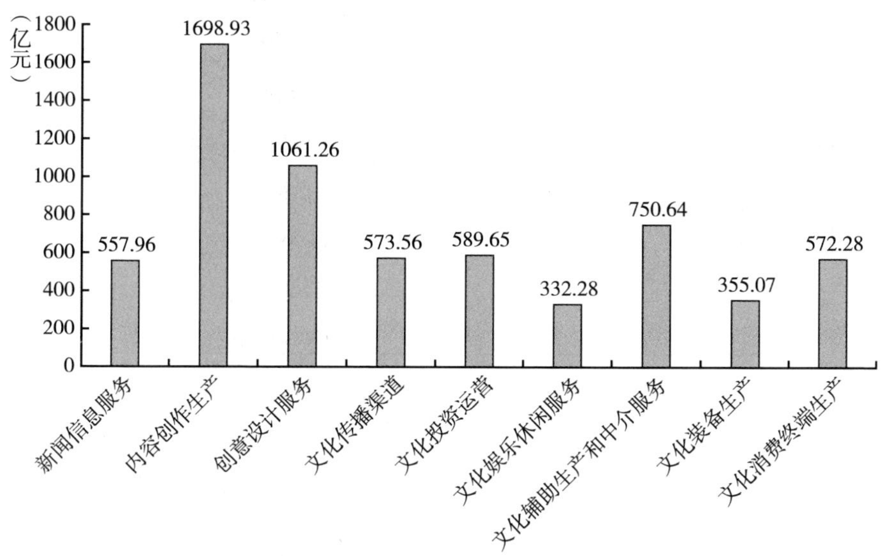

图 5　2018 年广州市文化产业各行业总资产

资料来源：广州市统计局第四次经济普查。

位数的比重超过 20%；另一方面，广州拥有广州日报报业集团、南方报业传媒集团、羊城晚报报业集团等优秀的新闻出版企业，以及微信、网易、欢聚集团、三七互娱、酷狗音乐等数字内容服务领域的龙头企业，这些企业的总资产规模较大。

（五）从非企业单位支出来看，新闻信息服务业占比最高

在广州市文化产业各行业中，2018 年非企业单位支出（费用）排名前三的行业依次为新闻信息服务、内容创作生产、文化辅助生产和中介服务，分别达到 45. 31 亿元、29. 47 亿元、26. 33 亿元（见图 6），占广州市文化产业非企业单位支出（费用）的比重分别为 38. 20%、24. 85%、22. 20%。

这说明，就文化产业九大行业的非企业单位支出（费用）来看，新闻信息服务最多。新闻信息服务具有较强的意识形态属性、社会公共属性。在这个行业领域，广州市拥有一批事业单位、社会团体、民办非企业单位，这些非企业单位对新闻服务、广播电视、报纸出版等行业的投入较大。

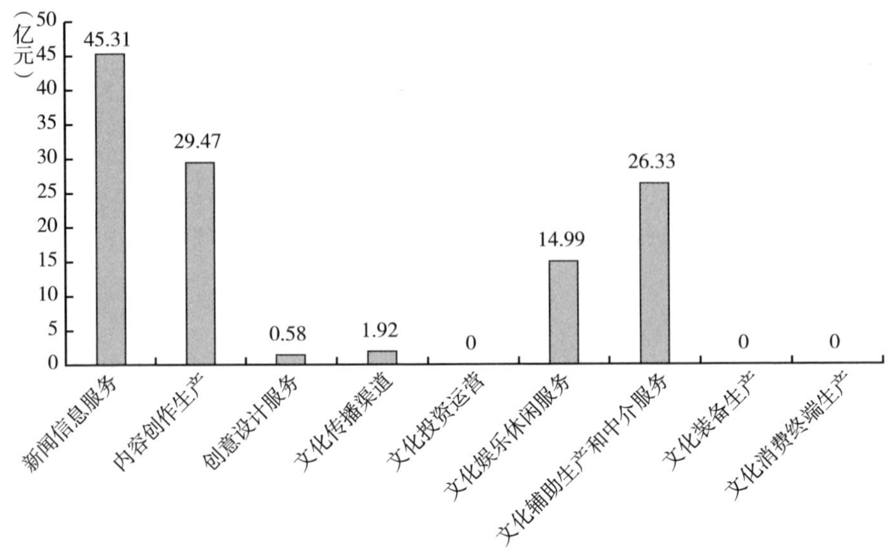

图6　2018 年广州市文化产业各行业非企业单位支出（费用）

资料来源：广州市统计局第四次经济普查。

综上可知，从法人单位、从业人员、总资产等指标来看，内容创作生产、创意设计服务、文化辅助生产和中介服务在广州市文化产业各行业中均具有相当的优势。从营业收入来看，文化消费终端生产在各行业中处于领先地位。此外，新闻信息服务的非企业单位支出（费用）最多。

（六）集聚化发展态势明显，主要分布于天河、越秀、黄埔、番禺等区域

1. 天河、番禺、白云文化产业法人单位占全市比例相对较高

在广州市各区中，2018 年文化产业法人单位数排名前三的区域依次为天河区、番禺区、白云区，分别达到 18887 个、11267 个、9788 个（见图7），占广州市文化产业法人单位数的比重分别为 25.38%、15.14%、13.15%。

这说明，就广州市各区文化产业的法人单位数来看，天河区的法人单位最多。天河区拥有众多文化创意产业园区，文化产业生态较为完善，集聚了

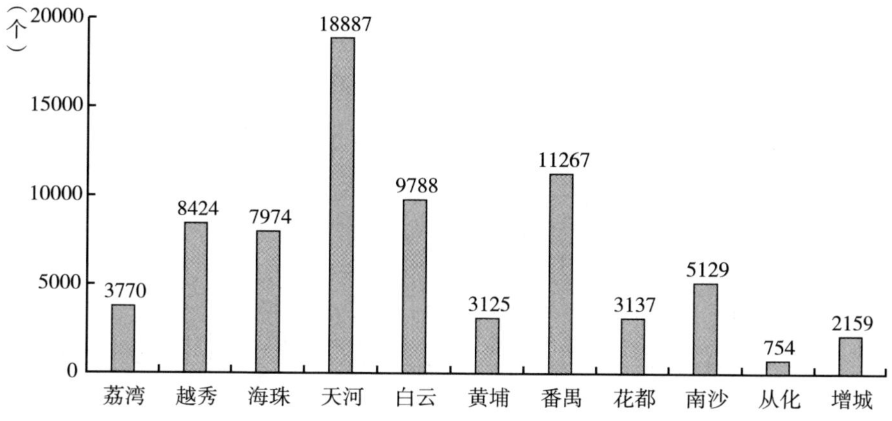

图7　2018 年广州市各区文化产业法人单位数

资料来源：广州市统计局第四次经济普查。

数字音乐、动漫游戏、创意设计等众多领域的文化产业。其中羊城创意产业园，集聚了羊城晚报报业中心、酷狗音乐、荔枝、滚石中央车站、金山西山居等多家优质文创企业。科韵路已成为全国游戏产业重镇，集聚了网易、三七互娱、四三九九等众多龙头骨干企业，对游戏企业的发展起到辐射带动的作用。番禺的文化产业实现集群集聚发展，因此番禺区的法人单位也较多。在灯光音响、玩具生产、珠宝设计等领域，番禺区集聚了一批产业园区，吸引了众多文化企业入驻。

2. 天河、番禺、越秀文化产业从业人员数占全市比例相对较高

在广州市各区中，2018 年文化产业从业人员数排名前三的区域依次为天河区、番禺区、越秀区，分别达到 16.33 万人、11.59 万人、8.70 万人（见图 8），占广州市文化产业从业人员数的比重分别为 24.26%、17.22%、12.93%。

这说明，就广州市各区文化产业的从业人员数来看，天河区的从业人员数最多。天河区位于广州市中心，地理位置优越，基础设施配套完善。作为广州“经济第一区”，天河区的经济发展态势良好，而且对文化产业发展尤为重视。同时，近年来天河区文化产业迅猛发展，业态日趋丰富，集聚了一批优质的文化企业，吸引了众多文化人才。

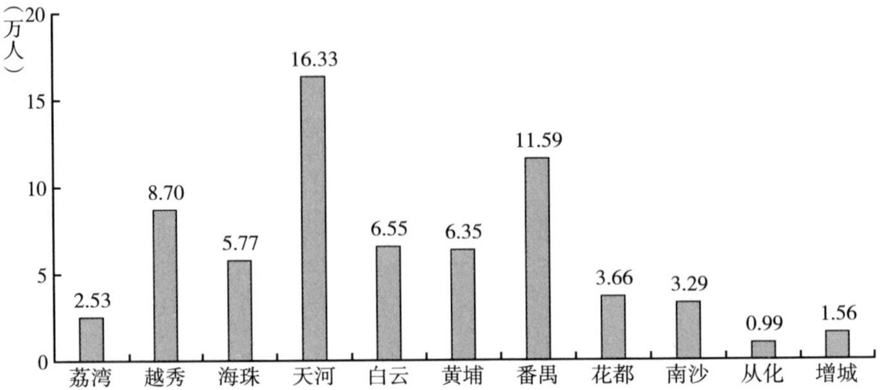

图8　2018年广州市各区文化产业从业人员数

资料来源：广州市统计局第四次经济普查。

3. 天河、越秀、黄埔文化产业营业收入、总资产占全市比例相对较高

在广州市各区中，2018年文化产业营业收入排名前三的区域依次为天河区、越秀区、黄埔区，分别达到1441.74亿元、854.46亿元、632.51亿元（见图9），占广州市文化产业营业收入的比重分别达到29.91%、17.73%、13.12%。

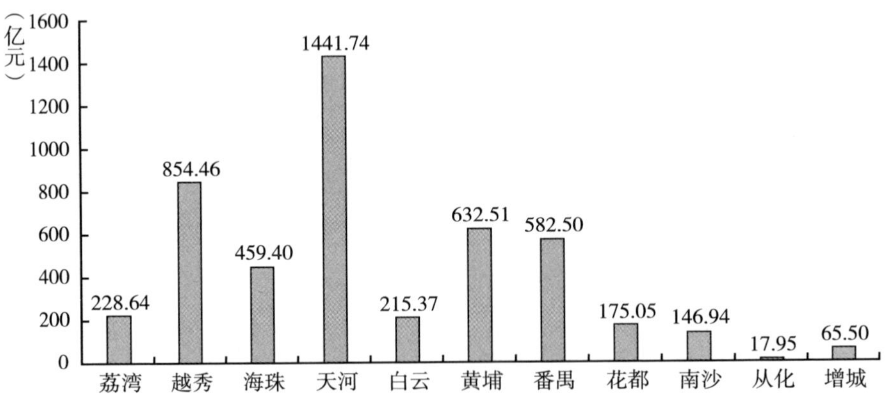

图9　2018年广州市各区文化产业营业收入

资料来源：广州市统计局第四次经济普查。

这说明，就广州市各区文化产业的营业收入来看，天河区的营业收入最多。天河区的文化企业体量大，拥有广州市最多的文化产业法人单位。同时，天河区新型文化企业不断涌现，集聚了网易、三七互娱、UC浏览器、酷狗音乐等一批互联网文化龙头企业。这些企业发展迅猛，营收增速大，酷狗音乐 2015 年营业收入只有十几亿元，2018 年已经突破 80 亿元。

在广州市各区中，2018 年文化产业总资产排名前三的区域依次为天河区、越秀区、黄埔区，分别达到 1750.09 亿元、1362.54 亿元、1115.61 亿元（见图 10），占广州市文化产业总资产的比重分别达到 26.96%、20.99%、17.19%。

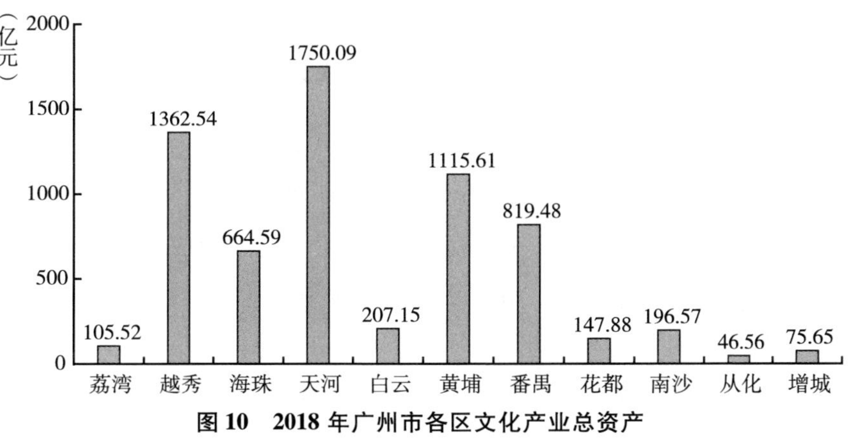

图 10　2018 年广州市各区文化产业总资产

资料来源：广州市统计局第四次经济普查。

这说明，就广州市各区文化产业的总资产来看，天河区的总资产最多。天河区的文化企业众多，而且不乏大型文化企业。天河区拥有网易、三七互娱、云游控股、酷狗音乐等多家上市文化企业，总资产规模大。在新闻出版、创意设计、动漫产业等领域，越秀区集聚了众多文化企业，而且拥有南方传媒、新媒股份、奥飞娱乐等上市企业，总资产规模较大。

4. 越秀、天河、白云文化产业非企业单位支出（费用）占全市比例相对较高

在广州市各区中，2018 年文化产业非企业单位支出（费用）排名前三

的区域依次为越秀区、天河区、白云区，分别达到 75.69 亿元、13.84 亿元、6.60 亿元（见图 11），占广州市文化产业非企业单位支出（费用）的比重分别达到 63.82%、11.67%、5.56%。

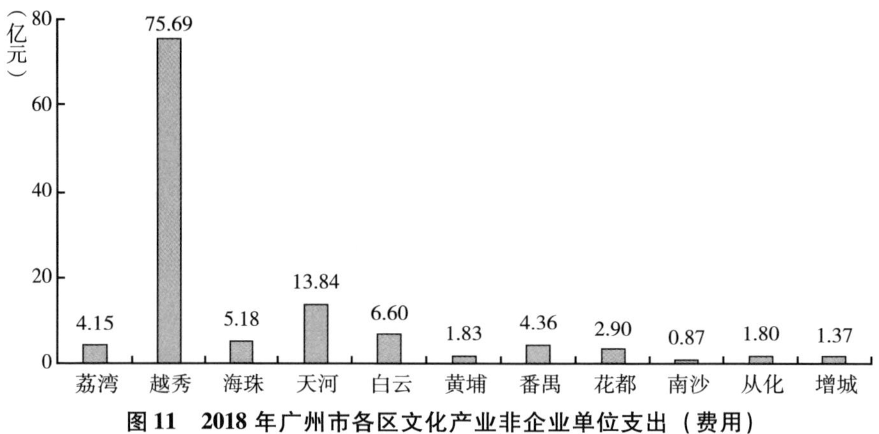

图 11　2018 年广州市各区文化产业非企业单位支出（费用）

资料来源：广州市统计局第四次经济普查。

这说明，就广州市各区文化产业的非企业单位支出（费用）来看，越秀区的非企业单位支出（费用）最多。作为广州政治中心，越秀区在文化领域拥有较多的事业单位、文化社团，这些非企业单位对新闻出版、广播电视、文艺演出等领域的投入较多。

综上可知，从法人单位、从业人员、营业收入、总资产等指标来看，天河区均遥遥领先于广州其他各区，优势相当明显。此外，越秀区的文化产业非企业单位支出（费用）最多。

三　广州市文化产业重点领域发展情况

（一）文化与科技融合不断加深

截至 2018 年，广州国家级文化和科技融合示范基地已累计建成 91 家科技企业孵化器，占全市总量的 27%。其中有 10 家国家级科技企业孵化器，占全市总量的38%。基地的总孵化面积480万平方米，占全市总量近50%，累计孵化科技企业4102家，在园企业3534家（见图12、图13）。基地已建成创客空间33家，其中国家级众创空间9家（见图14）。2018年，基地的规模以上文化创意企业达到414家，实现营业收入1165.45亿元；区内规模以上文化创意企业从业人数达到10.54万人。在文化科技领域，2018年全区拥有规模以上文化科技企业634家，同比增长19.62%；实现营业收入2638.72亿元，同比增长10.67%；全区规上文化科技企业从业人数达到18.41万，同比增长10.90%（见图15）。2019年10月，“国家文化和科技融合示范基地十强榜单”在2019中国（南京）文化和科技融合成果展览交易会上发布，“广州国家文化和科技融合示范基地”入围集聚类基地十强，位列第三。

图12　广州市国家级文化和科技融合示范基地文化科技孵化器建设情况

资料来源：课题组根据调查得来。

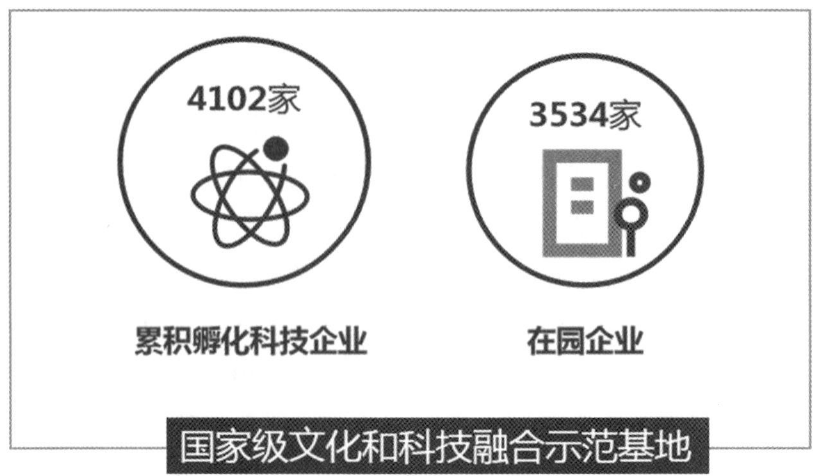

图 13　广州市国家级文化和科技融合示范基地累计孵化企业情况

资料来源：课题组根据调查得来。

科技部、中宣部、文旅部等五部委共同拟认定的 21 家第三批国家文化和科技融合示范基地名单正式公示，广州励丰文化科技股份有限公司作为文化旅游综合服务类重点方向领域代表，获单体类“国家文化和科技融合示范基地”认定，成为广州市唯一入选企业。2019 年，广州视源电子科技股份有限公司（447 件）、广州华多网络科技有限公司①（299 件）、京信通信系统（中国）有限公司（277 件）、广州酷狗计算机科技有限公司（192 件）的发明专利申请量进入全市企业发明专利申请量前十名（见图 16）。

YY 欢聚时代在直播的整个链路上都进行了大面积的专利布局，在直播领域专利授权量排名第一，专利授权率超过 90%，发明专利授权率超过 85%，远高于行业平均水平，荣获“国家知识产权示范企业”称号。2019 年 11 月 15 日，威创集团股份有限公司“超高分辨率海量数据三维可视化仿真系统”荣获由中国电子视像行业协会主办的“2019 第十五届中国音视频产业大会”年度技术创新奖。

① 广州华多网络科技有限公司为欢聚集团的主体运营公司。

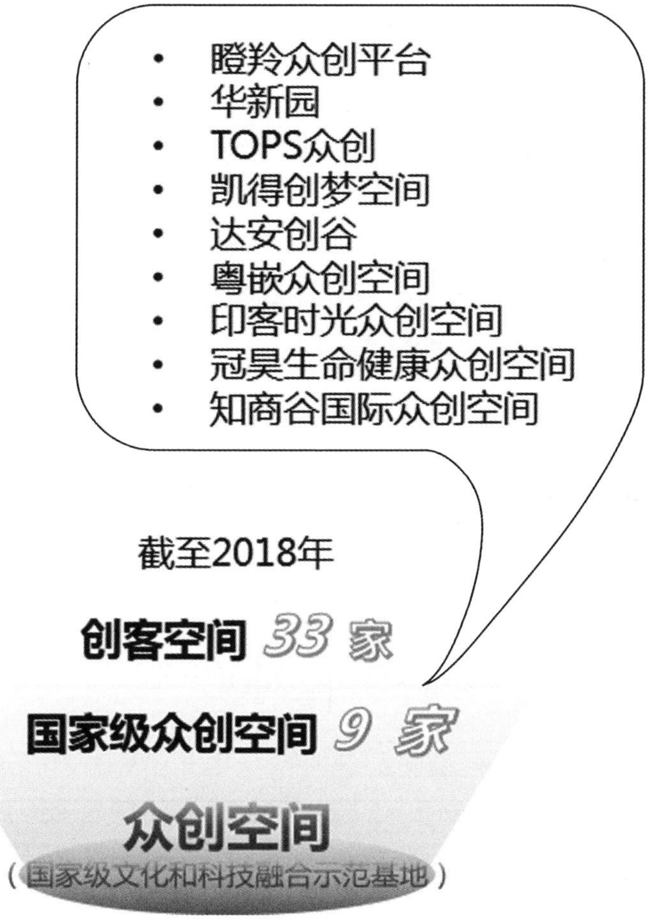

- 瞪羚众创平台
- 华新园
- TOPS众创
- 凯得创梦空间
- 达安创谷
- 粤嵌众创空间
- 印客时光众创空间
- 冠昊生命健康众创空间
- 知商谷国际众创空间

截至2018年

创客空间 33 家

国家级众创空间 9 家

众创空间

（国家级文化和科技融合示范基地）

图 14　广州市国家级文化和科技融合示范基地创客空间建设情况

资料来源：课题组根据调查得来。

2019 年，虎牙的总研发支出高达 5.09 亿元人民币，相较于 2018 年增加了 92.08%。2019 年 12 月，虎牙与华为共同成立联合创新中心，探索 5G + Cloud + XR 的直播新业务模式，依托云端服务器的算力持续优化内容的分发机制，结合终端 VR、手机等硬件能力探索变革。在 AI 技术方面，虎牙直播已推出 AI 智能视频剪辑以及“4K + 60 帧 + 20M”超分超高清直播“三件套”。

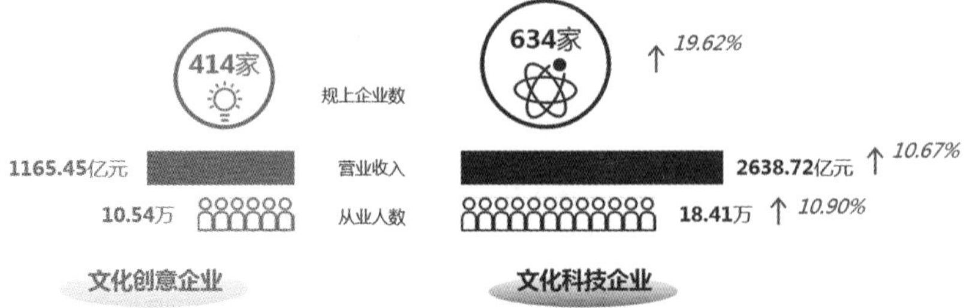

图 15　广州市国家级文化和科技融合示范基地文化科技企业数量

资料来源：课题组根据调查得来。

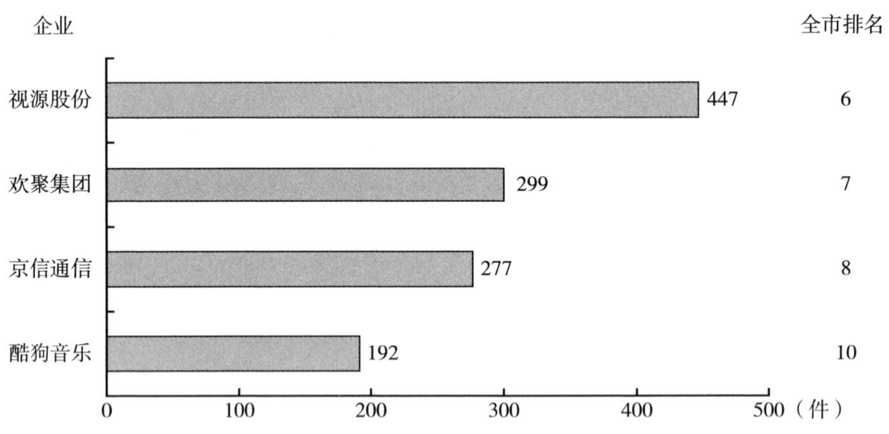

图 16　2019 年四家广州文化企业专利申请量位居全市前十

资料来源：课题组根据调查得来。

（二）互联网文化蓬勃发展

广州互联网产业较为发达，涌现了网易、微信、酷狗音乐、UC 等一批优秀互联网文化企业。截至 2019 年 9 月，微信月活跃用户量达到 11.51 亿。

广州互联网文化企业主要集聚在天河、海珠、黄浦等区域。天河区依托天河软件园、天河智慧城、羊城创意产业园等重要载体，着力发展以游戏动漫、数字音乐、数字出版等为主的新兴业态，已成为广州互联网文化产业的发展高地。在琶洲人工智能与数字经济试验区，腾讯、阿里巴巴、科大讯飞、唯品会、小米、YY 等一大批互联网文化领军企业纷纷落地，人工智能与数字经济广东省实验室、作为全国三大互联网法院之一的广州互联网法院先后落户，产业集聚效应不断提升。此外，网易总部二期、多益网络总部大厦等重点项目和平台推进建设，将加速广州互联网文化产业的发展。

2019 年，广州有网易、唯品会、三七互娱、欢聚时代、汇量科技、多益网络、四三九九、荔枝等 8 家互联网文化企业入选 2019 中国互联网企业百强榜，排名全国第三（见表 1）。作为中国最大的 UGC 音频社区，荔枝 2019 年全年营收接近 12 亿元，同比增长近 50%。

表 1　广州市入选 2019 中国互联网企业百强名单的企业及排名

排名	中文名称	中文简称	主要品牌
6	网易集团	网易	网易邮箱、网易严选、网易新闻
21	唯品会(中国)有限公司	唯品会	唯品会
23	三七文娱(广州)网络科技有限公司	三七互娱	37 手游、极光网络、37 游戏、37Games
31	广州华多网络科技有限公司	欢聚时代	多玩游戏网、YYLive
42	四三九九网络股份有限公司	四三九九	4399 小游戏、4399 休闲娱乐平台
60	汇量科技集团	汇量科技	Mobvista、Mintegral、GameAnalytics
61	广州多益网络股份有限公司	多益网络	多益网络、神武、梦想世界
85	广州荔支网络技术有限公司	荔枝	荔枝 App

（三）动漫游戏优势地位不断夯实

近年来广州动漫游戏产业发展迅猛，相关数据显示，以奥飞动漫、百漫文化、咏声动漫等上市公司为代表，到 2019 年底，广州市有近 400 家动漫企业，涵盖了动漫制作、发行、衍生品设计、销售等各个链条和环节，其中有近 50 家企业生产原创动画片。《全国报刊零售发行调查报告》显示，广州漫画发行销售指数连续位居全国前茅，原创漫画发行占据全国漫画市场

30%以上的份额。百奥家庭互动（广州百田信息科技有限公司）发布2019年业绩：公司实现收入6.8亿元，同比增长139.2%；公司在线娱乐业务收入6.79亿元，增长140.7%（见图17）。

2019年，广州游戏产业营收达584.58亿元，占广东省游戏产业营收的30.8%。游戏产业对全市GDP贡献率达2.47%。

网络游戏领域涌现了网易、三七互娱、多益网络等行业龙头企业。网易2001年正式成立在线游戏事业部，经过近20年的发展，网易已经跻身全球七大游戏公司之一。2019年，网易在线游戏服务净收入为464.23亿元，同比增长15.5%（见图17）。从2018年Q2（第二季度）营收突然拔高开始，网易游戏服务净收入已经连续七个季度保持百亿元以上。在游戏出海方面，在2019年网易全年海外游戏业务占游戏总营收的比例首次超过10%。在App Annie公布的2019年11月中国发行商出海收入排行榜中，网易排名第一。

多益网络携《神武4》手游斩获第七届金茶奖“2019年度最具影响力游戏企业”和“2019最佳移动游戏”两项大奖。三七互娱2018年、2019年连续两年入选Newzoo全球上市游戏企业TOP 25榜单，位列中国上榜企业第三名。2019年，三七互娱实现营业总收入132.26亿元，同比增长73.28%；入选2019年度中国“游戏十强”，获评“2019年度中国十大游戏出版运营企业”“2019年度中国游戏行业优秀企业”“2019年度中国游戏行业游戏运营先进单位”（见图17）；旗下自研《永恒纪元》斩获“2019年度中国十大最受海外欢迎游戏”，旗下移动及网页游戏发行品牌37网游获评“2019年度中国十大游戏平台”。

（四）网络直播行业飞速发展

近年来，广州网络直播行业发展迅猛，涌现了虎牙、YY、网易CC直播、酷狗直播等骨干企业。2018年6月，全国首家网络直播行业分会——广州市新的社会阶层人士联谊会网络直播行业分会在广州成立。该分会经广州市委统战部批准，由国内最大的直播平台欢聚时代牵头成立，将加快推动

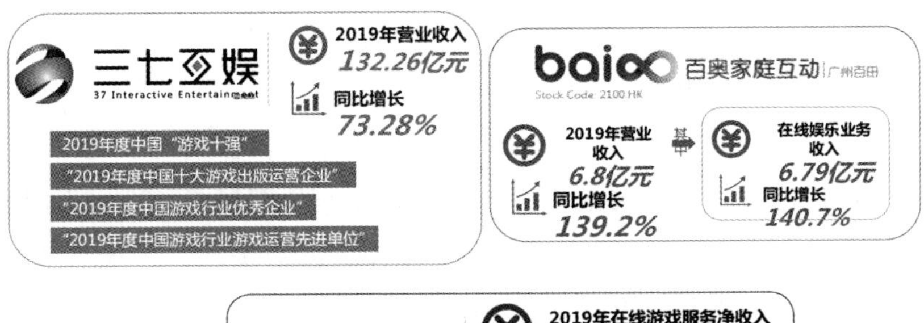

图 17　2019 年广州三家代表性动漫游戏企业发展情况

资料来源：课题组根据调查得来。

广州网络直播行业的发展。2019 年，YY 全年营业收入达到 255. 762 亿元，同比增长 62. 2%。在营收强劲增长的同时，“直播 + 短视频”双引擎驱动业务持续扩张，截至 2019 年第四季度全球移动端月活跃用户数达 4. 852 亿，同比增长 436. 72%，海外用户占比约为 78. 8%（见图 18）。

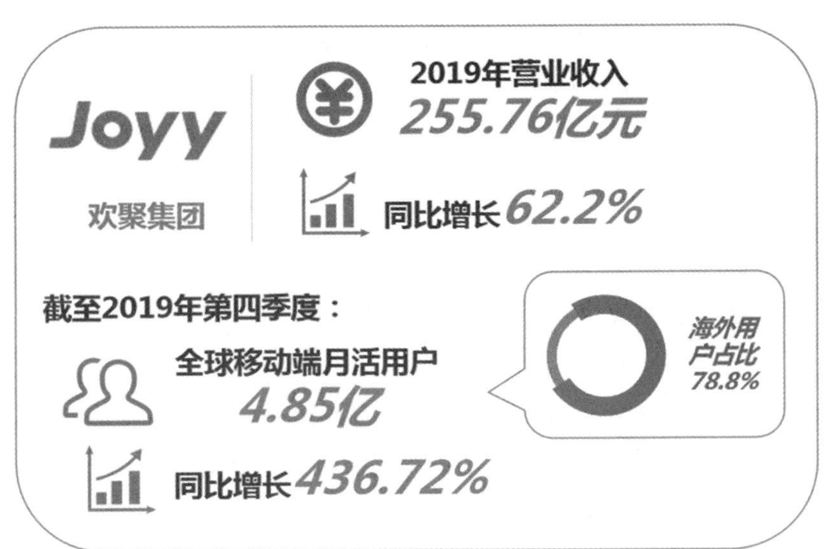

图 18　欢聚时代（YY）2019 年发展情况

资料来源：课题组根据调查得来。

“游戏直播第一股”虎牙直播于 2018 年底登上苹果 AppStore 免费榜第一名。2019 年虎牙直播的营业收入达到 83.75 亿元，同比增长 79.6%，居于国内游戏直播领域第一名（见图 19）。2019 年酷狗直播共有超过 50 万主播为平台过亿用户带来精彩的直播内容：全年直播时长超 6000 万小时；歌手唱歌超 9000 万次。此外，平台内用户点唱超 1300 万次，主播歌曲全年播放量超 200 亿次、高清演出直播超 1000 场。

图 19　虎牙直播 2019 年发展情况

数据来源：课题组根据调查得来。

1. 技术不断突破

虎牙直播近年来在技术上不断取得新突破。2019 年，虎牙直播推出 4K 超分超高清直播，利用 AI 超分辨处理能力和视频编码优化，在直播软件上实现了 4K 超分超高清直播，开启了游戏直播行业的 4K 时代。

2. “直播 +”模式

近年来，直播平台开始拓展直播的内容和边界，谋求多元发展。在直播内容方面，欢聚时代不局限于游戏这个主要内容，目前不断拓展内容品类，开拓情感、二次元、美食、旅游等品类，尝试多种类型自制节目，通过引入 PGC 机构、线上线下模式结合、跨次元合作等方式进行内容生产，极大地丰富了内容的多元化。2019 年 11 月，YY 与中国银行广东省分行达成战略合作，双方签署手机银行战略合作协议，探索“直播 + 银行”的数字金融新生态，同时依托于YY直播服务搭建的广东“中银直播间”新平台也正式挂牌。虎牙直播坚持打造“直播+”多元化直播生态，不仅与胡桃里、微博、百事可乐等各类品牌达成合作，还打造出多个经典IP，如借助王者荣耀和二次元联动打造的EAF次元电竞节，以及跨综艺直播节目《偶像陪练团》、狼人杀综艺《God Lie》等，不断完善产业链布局。网易CC直播先后推出自制王牌综艺《易燃少女》《先声夺人》《CC最强音》，涵盖唱歌、真人舞蹈秀、娱乐游戏等题材。酷狗直播着力构建多元化直播内容生态，在继续大力发展音乐直播的情况下，开设了虚拟直播、游戏直播、321音乐频道、521情感频道等更丰富的特色内容品类，来满足用户的不同需求。2019年9月起，酷狗直播增设游戏直播专区，已经陆续吸引了超过3万名实力游戏主播入驻。

3. 海外布局

直播平台还加速海外市场布局。2019年，YY完成对海外视频社交平台BIGO的全资收购，加速布局海外市场。2018年初，虎牙直播正式宣布在东南亚上线海外产品Nimo TV。2018年12月，虎牙直播海外产品月活用户已经达到千万级，产品成功登陆东南亚及拉美地区，2019年正式进入西班牙语市场。

（五）电竞产业蓄势待发

广州电竞产业起步比上海、北京、深圳、杭州晚，但也具有一定的后发优势。广州的电竞产业正以“广州速度”快速形成规模化发展。2020年要推动“五个一”广州电竞产业融合发展目标：一支代表广州的全球头部电竞战队，一个电竞行业的“广交会”，一个与广州本土文化结合的电竞赛事，一个电竞技术研发平台，一个多产业融合的电竞产业带。

广州规划利用白云湖东湖东侧储备300亩用地，用于建设配套电竞场馆，引进网易、腾讯等大型游戏开发企业，打造“云湖竞城”，引进实力电竞俱乐部及行业领头企业建设企业总部，完善全产业链布局，打造全国最大的电竞产业城。2019年3月，云湖电竞中心暨广州电竞博物馆正式开业。云湖电竞中心将以电子竞技作为核心，打造成为极具实力和影响力的专业化电竞场馆。其运营方向包括大型赛事运营、泛娱乐、电竞内容生产、云湖俱乐部、电竞艺人、教育培训和智能新零售等方面。云湖电竞中心在全国率先落地了电竞主题文化博物馆——广州电竞博物馆。

网易电竞 NeXT 始于 2018 年，是网易游戏在电竞领域首个大型综合性电竞赛事，聚合网易游戏、暴雪游戏、SNK 等合作方热门游戏赛事项目。NeXT 2019 秋季赛总共 16 个游戏项目，覆盖游戏注册用户规模超 2 亿，超过 10 万玩家参与报名海选，亲历线上、线下赛程的选手、解说有 500 余位。

在电竞直播方面，广州走在全国前列。虎牙电竞直播，已与超过 110 个电子竞技组织合作。虎牙直播覆盖 PC、Web、移动三端，投入核心技术与优质资源，为用户提供超清、极速、流畅的直播观看体验。虎牙还自办了获得官方认证的虎牙天命杯赛事、虎牙超级联赛（HSL）、国内最大的综合手游赛事 HMA 等。在 DOTA2 板块方面，虎牙拥有雅加达（印尼）邀请赛和新加坡 Major 等多个国际赛事的直播版权。在 2019 年 10 月成功拿下 2020 年至 2022 年三年的韩国冠军联赛（LCK）独家中文转播权，且持续拥有韩国冠军联赛（LCK）、北美英雄联盟冠军联赛（LCS）和欧洲冠军联赛（LEC）三大赛区独家直播权，虎牙成为国内唯一拥有英雄联盟（LOL）四大赛区直播权的直播平台。2019 年全年，虎牙直播了超过 400 场第三方电竞赛事，总收看次数超过 20 亿次（见图 20）。

图 20 2019 年虎牙电竞直播发展情况

资料来源：课题组根据调查得来。

同时，以网咖为代表的新型网吧将重点打造高端的“电竞馆”。因此自2012年开始，广州“网咖”电竞游戏的火爆，也让“网咖＋电竞”的网咖电竞馆在广州大量出现，如今已有40多家，其中相当一部分为连锁店。

（六）工业设计持续壮大

广州市工业设计行业门类齐全，不同类型工业设计业态共同发展；服务范围广泛，广州工业设计辐射能力强；行业竞争力较强，涌现出一批知名设计企业；新业态突飞猛进，个性化定制走在全国前列；产业园区加快发展，集群效应逐渐显现；平台加快建设，工业设计行业组织有序发展；工业设计软件广泛推广，知识产权工作稳步推进。截至2018年底，广州拥有工业设计公司（包括有完整工业设计研发部门的企业和专业工业设计公司）近2000家，企业数量快速增长；已培育6家国家级工业设计中心，21家省级工业设计中心，数量位居全国前三，并培育认定53家市级工业设计中心企业；就业规模持续扩大、开设工业设计专业的院校数量持续增加，全市工业设计从业人员已超过44万人，11所高等院校开设了工业设计专业。经核算，2018年，广州市文化创意产业实现增加值3200亿元，其中，工业设计产业营业收入达到694.98亿元，同比增长6.46%，初步估算增加值为300亿元左右（见图21）。2019年12月，

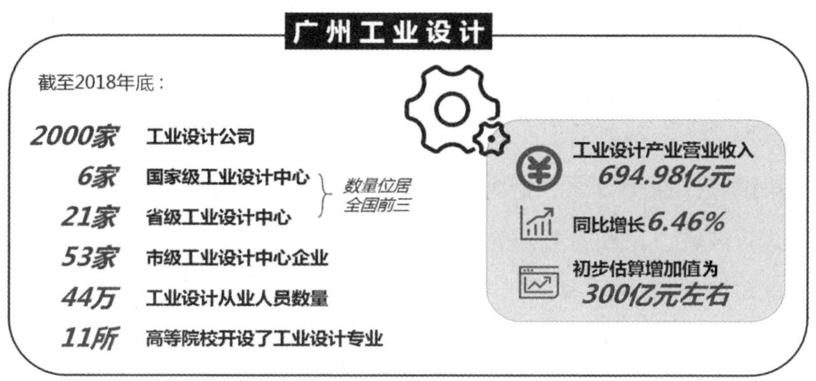

图21　广州工业设计产业发展情况

资料来源：课题组根据调查得来。

在第二届世界生态设计大会上，联合国工业发展组织发布首批全球“定制之都”案例城市，广州荣膺全球“定制之都”称号。

（七）超高清产业高质量发展

超高清视频产业正成为广州经济高质量发展新动能。目前，广州拥有乐金显示、视源电子、广州创维、4K 花园、珠江数码等一批超高清视频产业骨干企业。乐金显示 8.5 代 OLED 面板、粤芯芯片制造、广州创维智能产业创新基地、LG（乐金）化学偏光片、海康威视华南研发业务总部等项目纷纷落地，广州国际媒体港、广东优创合影 4K 内容创新基地、花果山超高清视频产业特色小镇等内容制作基地加快建设，进一步夯实广州超高清视频产业高质量发展基础，推动广州向“世界显示之都”不断迈进。广州地区促进 4K 产业发展联盟成立、2019 世界超高清视频（4K/8K）产业发展大会在广州成功举办，促进了超高清视频产业发展。近年来，广州成功培育全国首批 4K 电视网络应用示范社区，诞生了全省首个 4K 电视网络应用示范社区广氮花园南区、首个国家广电标准（AVS2）应用示范社区坚真花园、全国首部 4K 全景声粤剧电影《白蛇传·情》，在超高清视频产业应用领域取得显著成果。预计 2020 年广州超高清视频产业规模将突破 2000 亿元。

（八）知识产权有力保障文化科技企业创新发展

在知识产权保护方面，作为国务院批准的唯一的知识产权运用和保护综合改革试验区域，广州开发区依托综合改革试验，大力开展知识产权工作，全面跻身知识产权“国家队”行列，为文化科技企业创新发展保驾护航。2016～2018 年，全区专利权质押融资额近 20 亿元，居全市首位，其中 2018 年专利权质押融资金额首次突破 10 亿元，通过知识产权质押获得融资的企业超过 90 家。2019 年，全区新增国家知识产权示范企业 4 家，国家知识产权优势企业 53 家，分别占全市新增数的 57.1% 和 47.3%，与深圳全市新增数基本持平；全区获第21届中国专利奖21项，其中金奖1项，优秀奖20件。目前，该区通过国家知识产权管理体系认证的企业有1221家，共有国家知识产权示范企业10家、优势企业71家，省知识产权示范企业67家、优势企业36家（见图22）。

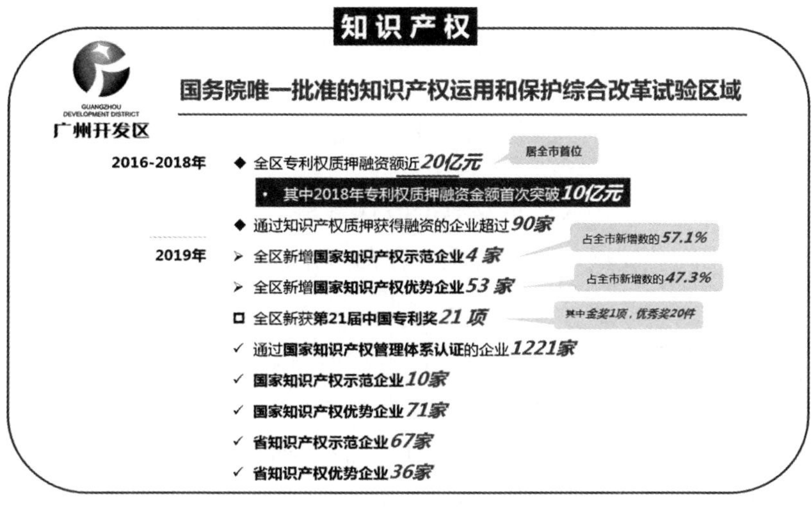

图22 广州开发区知识产权发展情况

资料来源：课题组根据调查得来。

（九）重点项目相继落地，带动作用日益增强

2019年，广州市有两大标志性的文化产业重大项目落地。由乐金显示集团与广州高新区科技控股集团共同投资的乐金显示OLED面板工厂于2019年8月29日正式投产。该项目总投资460亿元人民币，是国内首条全球最大尺寸、最先进的8.5代OLED面板生产线。目前一期已经建成，达产后计划实现玻璃基板月产能6万片，至2021年上半年二期建成达产，计划实现月产能9万片，年产值约200亿元人民币。乐金显示OLED面板项目的竣工，对广州市打造全球高端新型显示全产业链起到重要推动作用。

2019年6月15日，广州融创文旅城正式营业。项目占地总面积约220万平方米，总投资达500亿元。作为一个世界级的文旅综合体，广州融创文旅城拥有融创茂、雪世界、水世界、体育世界、融创乐园、高端酒店群、秀场及滨湖酒吧街八大复合业态。广州融创文旅城倾力打造独具特色的"雪世界"业态，可以容纳3000人娱雪、滑雪，是华南地区最大的室内滑雪场。

四 2020年广州文化产业发展的环境分析

（一）文明自信时代背景下，中国文化影响力日益增强

在文化自信与文化高质量发展的时代背景下，夯实文化根基、彰显大国实力是文化产业发展的重中之重。伴随着中国的大国崛起，文化产业的重要性日益上升。然而，中国文化产业与发达国家相比仍有一定差距。一方面，文化产业附加值占GDP的比重相对较低；另一方面，对海外文化产品的依赖度较高。但与此同时，随着优秀国产文化作品的涌现，国产文化内容正在崛起与复兴，中国观众对优质的国产IP也日益追捧。国产超级IP如《流浪地球》《哪吒之魔童降世》等逐渐在海外崭露头角。在政策层面，中国今年在亚洲文明大会上首提文明自信。这些都在为中国文化产业的崛起释放着强烈的信号。在"一带一路"建设大背景下，中国与共建"一带一路"国家的文化交流日益频繁，未来中国文化作品输出海外的机遇倍增，文化影响力提振的基础条件已经具备。我们预计，随着优秀国产文化内容的崛起，中国文化产业必将成为国之重器，向世界传递中国价值观。

（二）从供给端看，5G、AI、AR/VR等新技术涌现或将重构竞争格局

科技的进步正在深刻地改变文化产业的供求关系和价值链。新技术的发展已成为工业创新和升级的重要动力。未来，5G、物联网、VR/AR，尤其是应用程序将成为投资重点。AI和5G技术的逐步实施将带来更多的应用场景，还将促进AR/VR应用场景的爆发式增长。

5G、AI、AR/VR 等新技术将带来业态和商业模式的变化，例如 5G 和 AI 带来的直播和短视频格式的快速发展。AI 和 5G 等新技术的应用帮助文化媒体行业不断提高生产效率。

人工智能具有广泛的应用范围，并促进了文化媒体产业的创新和升级。工业和信息化部 2018 年底发布的《新一代人工智能产业创新重点任务揭榜工作方案》显示，我国高度重视进一步发展人工智能的深入应用。人工智能已成为文化和媒体行业发展的重要动力。这是一项技术创新，可以提高文化媒体的生产力，并为整个行业带来深刻的变化。

同时，文化媒体产业也是人工智能最重要的应用领域之一。在文化媒体行业的整个产业链中，人工智能已从内容创建、内容分发、内容审查向内容运营管理、内容消费等各个方面渗透。目前，人工智能已广泛应用于视频、游戏、数字出版、广告和营销领域，这些领域沉淀了大量的结构化数据，这些数据具有很高的数字化程度，因此深度学习、神经网络以及依赖海量数据进行训练的其他人工智能充分利用它们（见图 23）。例如，人工智能已用于游戏内容开发，为游戏制作模型、声音、NPC 等材料。

5G 可能会成为未来文化媒体行业的重要推动力。5G 将提供高达几 Gbps 的峰值速率、超低延时、巨大的容量以及更统一的用户体验。在 5G 时代，通信的内容、渠道、形式、目标和需求发生了变化。5G 技术将给文化产业带来深远的影响，并将在内容规划和创作、内容范围和影视作品的产品形式等许多方面带来变化。在内容创作方面，5G 技术将大大提高作品输出效率。娱乐公司可以利用 5G 的高速和低延时来通过 AR/VR 设备控制资料和组织故事情节，从而更轻松地完成影视作品的创作。

5G 还将促进影视作品的远程协同制作，通过云制作管理、任务分配和监督等方式实现多点联合制作，以提高制作效率。5G 还将推动内容访问的创新，并开放文化产业与现实生活的连接节点，如 VR 全景直播、智能影院、4K 电视等新兴通信场景有望诞生。此外，5G 还将推广超高清视频、VR 短视频等新产品形式，为用户带来更加极致的感官体验。根据英特尔的

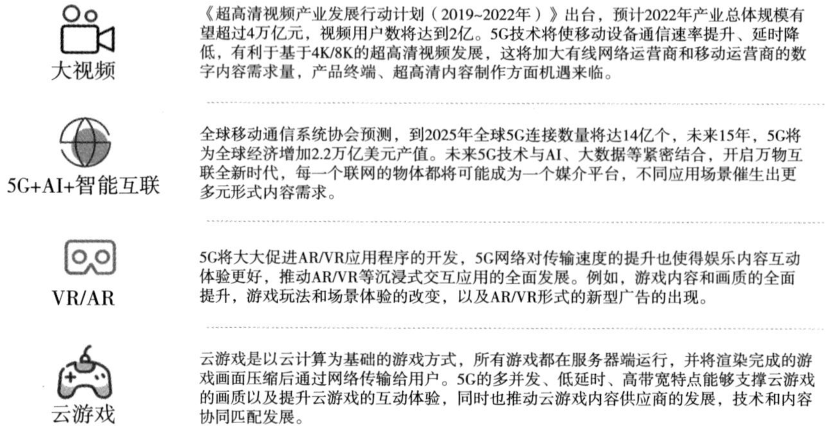

大视频

《超高清视频产业发展行动计划（2019~2022年）》出台，预计2022年产业总体规模有望超过4万亿元，视频用户数将达到2亿。5G技术将使移动设备通信速率提升、延时降低，有利于基于4K/8K的超高清视频发展，这将加大有线网络运营商和移动运营商的数字内容需求量，产品终端、超高清内容制作方面机遇来临。

5G+AI+智能互联

全球移动通信系统协会预测，到2025年全球5G连接数量将达14亿个，未来15年，5G将为全球经济增加2.2万亿美元产值。未来5G技术与AI、大数据等紧密结合，开启万物互联全新时代，每一个联网的物体都将可能成为一个媒介平台，不同应用场景催生出更多元形式内容需求。

VR/AR

5G将大大促进AR/VR应用程序的开发，5G网络对传输速度的提升也使得娱乐内容互动体验更好，推动AR/VR等沉浸式交互应用的全面发展。例如，游戏内容和画质的全面提升，游戏玩法和场景体验的改变，以及AR/VR形式的新型广告的出现。

云游戏

云游戏是以云计算为基础的游戏方式，所有游戏都在服务器端运行，并将渲染完成的游戏画面压缩后通过网络传输给用户。5G的多并发、低延时、高带宽特点能够支撑云游戏的画质以及提升云游戏的互动体验，同时也推动云游戏内容供应商的发展，技术和内容协同匹配发展。

图23　人工智能对文化产业的影响

资料来源：课题组根据调查得来。

《5G娱乐经济报告》数据，5G将在未来10年为全球媒体和娱乐行业带来1.3万亿美元的新收入。

（三）从出口端看，文化产业全球化趋势势不可当

文化传媒产业全球化趋势逐渐加强，优质内容出海迎来发展机遇。我国互联网人口红利消退，同时，东亚、东南亚、北美等海外人口红利不断带动发展，市场仍高速增长，出海正成为文化传媒领域未来发展的重要趋势，例如，手游出海使国内游戏厂商的成长天花板大大提高；在“一带一路”建设背景下，政策不断催化，未来文化传媒全球化趋势加强，影视出海也将迎来发展机遇。

（四）从需求端看，文化娱乐消费支出不断增长、需求更多元

一方面，人均可支配收入提升，文化娱乐消费支出不断增长。文化娱乐消费是新消费产业的重要代表。国家统计局数据显示，2019年全国居民人均可支配收入为30733元，全国居民人均消费支出21559元，全国居民人均教育文化娱乐消费支出2513元，增长12.9%，占人均消费支出的比重为

11.7%。近年来，随着人均可支配收入增长，居民消费能力进一步释放。整体结构变化以及用于文化娱乐消费的支出不断增长也催生出更多新业态和新消费模式，为整个产业发展带来了结构性红利。国内消费者正在逐步缩小与发达国家消费者之间的差距，消费结构正在迅速发生转变，文化娱乐消费拥有较大的成长空间。

另一方面，消费代际更替，需求更多元，付费意愿更明显。“90后”“95后”“00后”年轻消费群体正在成为文化传媒产业消费的主力群体，这类年轻消费群体整体消费能力不断上升，对精神需求更为重视，其内容消费方式也发生了很大变化，整体消费上呈现出个性化、圈层化等不同特性，需求更加多元化，并且拥有更成熟的付费习惯和版权意识，对于优质内容的付费意愿不断提升。这也催生出短视频、二次元虚拟偶像等新的热门细分领域，不同圈层追逐的小众文化也开始有了一定的生存空间。

（五）“新基建”为文化产业发展带来机遇

所谓新基建（新型基础设施建设），其实是相对于传统基建的“铁公鸡”（铁路、公路、机场）而言的。

2020年以来，在疫情影响、我国经济下行压力及外围市场扰动等诸多内外因素共振下，新基建被提到前所未有的高度。2020年3月4日中共中央政治局常务委员会召开会议，会议指出要加快5G网络、数据中心等新型基础设施建设进度。3月各地政府还推出了累计50万亿元的“新基建”计划，将加快促进我国产业迈向全球价值链中高端，推动我国经济实现高质量发展。相比于传统的“铁公鸡”，“新基建”涵盖了5G基建、特高压、城际高铁和城际轨道交通、新能源汽车充电桩、大数据中心、人工智能和工业互联网等七大领域。

新基建在三个方面表现出“新”的特征：新领域，以前的传统基建规模已经很大，基本满足社会需求，在全球占据领先地位，但以5G、人工智能、工业互联网等为代表的数字基础设施还落后于欧美发达国家；新主体，

"铁公鸡"的主要运作主体是政府和国企，这一轮新基建的主体则是民营企业，比如5G领域的华为、人工智能领域的商汤科技；新方式，新基建将大量采取PPP模式（Public-private Partnership），即政府和社会资本合作模式。在该模式下，由社会资本承担设计、建设、运营、维护基础设施的大部分工作，并通过"使用者付费"及必要的"政府付费"获得合理的投资回报；政府部门负责基础设施及公共服务的价格和质量监管，以保证公共利益最大化。

根据中泰证券研究测算，新基建可以拉动文体娱乐行业产出增长0.4%左右。对于文娱产业来说，新基建不仅能拉动文娱产业增长，还能实现新文娱时代的开启。新基建产生新经济，新文娱则是新经济中的一部分。新文娱是在5G、人工智能、工业互联网等新科技下诞生的文化娱乐，本质上还是文化，但是具有新的形态。新文娱主要有云游戏、AR/VR、超高清视频、智慧文旅等多个行业。2020年3月18日，华为发布"5G云游戏解决方案2.0"，鲲鹏云游戏的渲染方案升级，体验更好，成本更低。同一天，三七互娱旗下首款云游戏产品《永恒纪元》正式发布，并定于2020年3月31日正式上线运营。《永恒纪元》的云游戏版本不需要下载，在手机上点开就可以玩，因为所有的游戏画面渲染都在原创的华为鲲鹏云服务上运行，即使配置较低的手机，也可以非常流畅地运行，并且画质非常精细，当游戏出现新版本时，用户也不需要去更新，每次点开就是最新的版本。

广州文化产业要抓住新基建机遇，发挥广州先进制造业、互联网经济等产业优势，着力培育"数字土壤"，让新基建真正释放出新动能，加强与这些产业的融合发展。一是保持战略定力。从短期的拉动GDP、创造就业看，新基建的作用有限，但从长远来看，它们将成为提升文化产业竞争力的重要手段，因此必须予以重点扶持和发展。二是加强顶层设计。要进一步强化对文化产业与新基建融合发展的指导，制定产业政策，强化新基建配套政策支撑。三是聚焦重大项目建设。抓住粤港澳大湾区和"一带一路"建设机遇，加强对重大新基建项目的引进和培育，推动前瞻性、引导性的技术研发和创新。以“新基建之首”5G建设为突破口，打造一批5G产业化应用试点示范项目，示范带动新基建建设，抢占数字经济制高点。四是优化营商环境。调整优化准入标准，进一步放开基建投资领域的市场准入，吸引社会资本投入新基建。根据5G、人工智能、云计算等新业态的特征，创新监管方式，鼓励文化产业商业模式创新。

（六）文化产业监管体系日益完善

国家为引导文化传媒产业的健康发展，2018年2月，中共十九届三中全会审议通过《中共中央关于深化党和国家机构改革的决定》和《深化党和国家机构改革方案》，对涉及文化传媒监管机构、职责和部门的多项内容进行调整。此次调整涉及中宣部、广电总局、文化和旅游部，行业监管向专业化、规范化、有序化方向发展。组建国家广播电视总局分管广播电视和网络视听节目；原国家新闻出版广电总局的电影和新闻出版职能划转至中共中央宣传部，并分别外挂国家电影局和国家新闻出版署的牌子；国家广播电视总局设立媒体融合发展司，负责广播电视改革、三网融合等工作；组建文化和旅游部，不再保留文化部、国家旅游局。作为党的十九大后首次系统性机构改革，这次改革将对监管产生巨大影响。

2018年总体政策由中性趋向严格，监管部门针对各细分领域重拳出击，强化对行业不良内容和发展机制方向的管制。影视、游戏、自媒体等领域都面临重大调整，重点在于加强对视听节目、广告内容及导向的监督制约，对管理机构和直播平台按照严格的政策进行资质限制。同时，限制上市公司跨界投资影视及游戏产业，从资金层把控影视和游戏产业疯狂扩张的局面。2019年、2020年是政策落地执行的两年，随着监管新格局的确立，政策密集期或将到来；监管趋严以及退出渠道收紧，或将对投融资市场有所影响，融资相对困难。

（七）新冠肺炎疫情影响巨大，文化产业“危”与“机会”并存

新冠肺炎疫情对我国的社会经济产生了巨大的影响。疫情虽然给中小企

业生产经营活动造成了很大的负面影响，但也倒逼企业通过积极创新谋出路，进一步促进了文化产业新业态、新模式的发展，展现了文化产业“创新+”的良好发展态势。微信成为防控疫情最重要的线上“战场”之一，短视频平台成为疫情第一发布渠道，网络视频、数字音乐等数字文化产业快速增长。疫情让众多文化企业更加意识到要重视前沿性、颠覆性技术在文化领域的创新与应用，更加迫切地以技术创新推动产品创新、模式创新和业态创新，增强产品竞争力，顺利度过寒冬。可以预见，运用这些前沿技术的文化产业相关领域也将得到更好的发展机遇。

五　2020年广州文化产业发展趋势分析及重点行业展望

（一）发展趋势分析

1. 头部效应贯穿内容产业，精品化大势所趋

在文化产业的各个领域——影视、动画、出版、音乐——都在发生着头部效应，头部企业、平台、作品占据着资源高地。从市场的角度来看，随着人们的欣赏水平的提高和对高质量内容的追求，中国娱乐公司继续押注优质内容，各个娱乐垂直行业呈现高质量内容的盛况，并频频引爆市场。从电影业到出版业，都因头部效应受到一定的负面影响。爆炸性作品和高质量作品的影响迅速增加，占有较大的市场份额，市场也朝着爆炸性 IP 和长期发展的方向转移。IP 即品牌，爆款的逻辑是赢者通吃。未来市场的格局将会强者恒强，只有拥有持续不断打造优质内容的能力才能实现在文化产业中基业长青。

2. 内容平台争霸升级，垂直精耕迫在眉睫

在内容日益精品化的趋势下，大而全的内容平台之间的竞争趋于白热化，必须依赖强大的资本，以支撑对头部作品资源与卓越内容生产团队的争夺。因此，对于多数资本积累较弱的新兴企业而言，其发展逻辑已经从

“横向思维、做大平台”转向“纵向思维、做深做透”。网络文学呈现出垂直精耕的趋势，一些平台以男性读者为核心，主打武侠、玄幻、科幻类作品；晋江原创网则以女性读者为核心，专注言情类作品。自媒体平台也呈现垂直细分化的趋势，从聚焦群体的阅读，衍生到电影、时尚穿搭等的细分需求，构建了多层次的粉丝群体。我们预测垂直内容极客将会受到资本市场青睐，特别是那些能在细分领域构建起能力护城河的内容极客会更受欢迎。

3. 内容驱动，全链运营成效初现

伴随超级 IP 的诞生，以 IP 为核心的“泛娱乐”布局正成为中国文化产业最重要的趋势之一。“内容为王”的时代正在落幕，取而代之的是“内容 + 商业运营”双轮驱动的未来——通过对 IP 的不断挖掘、运营与衍生，联动出版、网络文学、动漫、影视、游戏、主题乐园、消费品等各垂直领域，形成完善的商业开发体系，通过全链运营实现 IP 价值的最大化。BAT（百度、阿里巴巴、腾讯）等互联网巨头已经走在商业运营的前列，率先实现了针对爆款作品的跨界衍生，从网文到漫画、电视动画、游戏、舞台剧和真人剧、动画电影等。文化企业通过对 IP 的全链运营，实现各市场间粉丝的相互转化。我们预计，伴随市场法律法规的完善，中国 IP 商业运营需要明确站位，培养商业开发和运营能力，建立并完善优秀产品的变现机制，从而抢占成功先机。

4. IPO 退出分析：IPO 企业数量下降，均选择境外上市

2018 年 IPO（首次公开募股）企业数量较少，共 8 家，且均选择美股或港股上市，爱奇艺、哔哩哔哩、腾讯音乐相继赴美上市。对于 A 股市场来说，IPO 受政策波动影响较大，与 A 股市场相比，美国市场更为成熟，流动性强。2019 年第一季度共 2 家企业——猫眼娱乐和豆盟科技实现 IPO 上市，它们均选择港股上市，累计发行规模达 2.63 亿美元。

根据课题组预测，2019 年广州文化产业将保持较高的增长态势，全市文化产业增加值将为 1600 亿元左右，占全市 GDP 的比重进一步上升到 6.77%；而 2020 年，受新冠病毒肺炎疫情的影响，文化产业增速呈现下降趋势，全市文化产业增加值预计为 1700 亿元左右，鉴于全年广州

市 GDP 受影响更大，文化产业增加值占 GDP 的比重将提升到 7.08%（见图 24）。

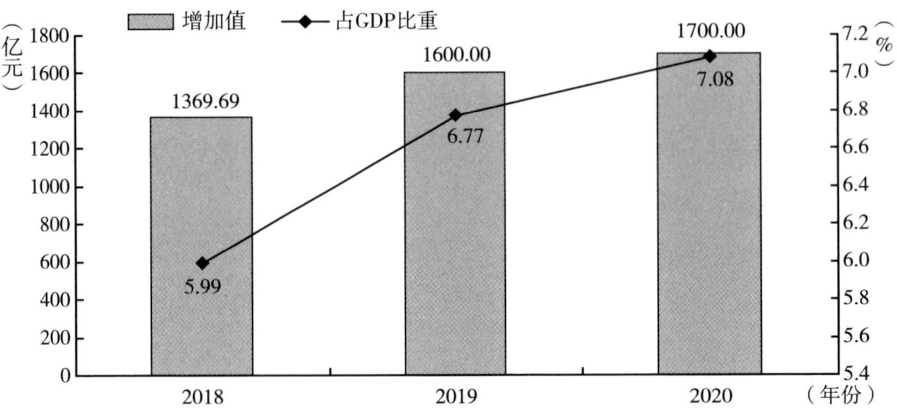

图 24　2019～2020 年广州文化产业增加值预测

（二）重点行业展望

融资最为活跃的细分领域：网络游戏、媒体网站、影视音乐、VR/AR、电竞、移动广告、超高清视频产业等。

1. 短视频行业快速崛起

目前，短视频已成为互联网第三大流量入口、互联网文娱市场“第一大时间杀手”。目前行业呈现两强争霸格局，字节系与快手系领先优势明显，腰部平台竞争激烈，尾部平台面临生存考验。短视频 MAU（月活跃用户量）超 8 亿（渗透率 70% 以上），月均使用时长超过手游、在线视频。根据艾瑞统计，短视频市场规模已反超在线视频，2019 年达 1006.5 亿元（YoY +115.5%），预计 2021 年将超 2000 亿元。

2. XR 产业

随着技术的效益不断提高，XR 将不再只有“漂亮的演示、概念和试用程序”，而将成为从研发到市场再到维护整个产品周期中“不可或缺的生产力工具”。XR 已经准备好进入“增长阶段”。尽管要满足所有行业的需求需要，“投入大量的内容迁移工作”，但 XR 可以让企业的“上市时间更短、总成本更低、雇员更专业、顾客更满意”。网页 AR 即将流行，实用性取代新奇性成为促成成功的要素。

3. 电竞产业

电子竞技概念的诞生，标志着人类将竞技运动的定义边界从实体世界拓展到了虚拟世界。据 Newzoo 统计数据，2013 ~ 2018 年全球电子竞技观众人数逐年增长，2018 年全球电子竞技观众人数达到 3. 95 亿人，预计到 2019 年，全球电子竞技观众人数将达到 4. 54 亿人。根据 Esports Earnings 统计，2015 ~ 2018 年全球奖金最高的十大电子竞技游戏奖金总额逐年攀升，2018 年奖金总额已经攀升至 1. 31 亿美元，较 2017 年奖金总额增加 4102 万美元。电竞的观众人数大幅增加，观看时长从 2018 年的 1530 万小时飙升至 2019 年的 9850 万小时，增幅超过 540% 。

目前我国已成为全球电竞产业发展最快、最受关注的地区之一，并成为全球首个开展电竞主客场的地区。过去三年内，我国电竞用户数量增长率持续保持在 20% 以上，英雄联盟世界总决赛等诸多头部电竞赛事在中国举办，进一步推动中国电竞用户规模的增长。伽马数据（CNG）显示，2018 年，我国电竞用户规模达到了 4. 28 亿人。2018 年我国电子竞技产业规模已经达到 912. 6 亿元，同比增长 18. 1% 。

未来五年，我国电竞行业将保持年均 18. 75% 左右的增速，至 2024 年，中国电竞行业市场规模有望突破 2700 亿元。预计未来在主流网络与电竞游戏融入、娱乐观念转变、新兴技术推动、电子竞技赛事进化等多重因素的影响下，行业还将继续保持快速发展的态势。

游戏直播的市场份额进一步向以虎牙、斗鱼为代表的直播平台集中，根据伽马数据（CNG）的统计，2019 年上半年虎牙、斗鱼及哔哩哔哩、快手四家平台占据主要游戏直播平台近 90% 的游戏开播量（见图 25），中国游戏直播市场马太效应进一步加剧。广州趣丸网络科技有限公司旗下的 TTG 电竞俱乐部拥有“王者荣耀战队”、“和平精英战队”和“皇室战争战队”，其中王者荣耀“TTG. XQ 战队”是广东地区第一支也是唯一拥有联赛席位的电子竞技战队。趣丸网络引入顶级电竞赛事并创办广州特色赛事，期待未来通过电竞、旅游、文化等线上和线下相关产业的结合联动发展，为企业和地区创造新的经济增长点。

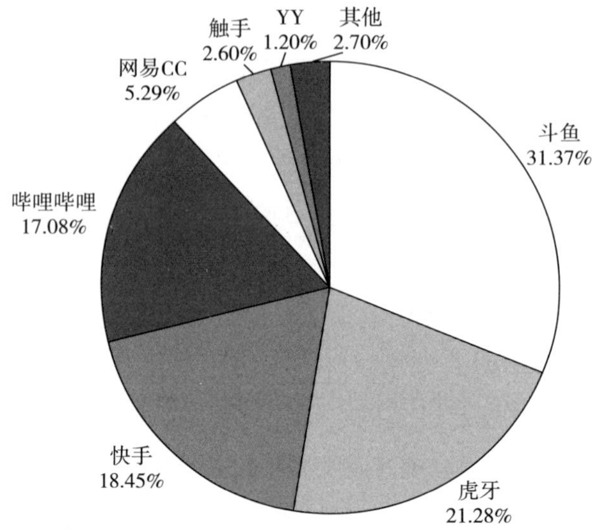

图 25　2019 年 1～6 月游戏直播平台开播量占比

资料来源：伽马数据。

4. 移动广告

移动广告是通过移动设备（手机、PSP、平板电脑等）访问移动应用或移动网页时显示的广告，广告形式包括图片、文字、插播广告、html5、链接、视频、重力感应广告等。广告技术的进步和创意广告格式的发展，推动应用内广告的创新和发展迈入新阶段。在 2019 年，应用商店情报供应商 App Annie 就曾预测，采用应用内广告吸引新用户的应用数量将增长 60%。到 2021 年，应用内广告将迎来一个令人兴奋的新成就：总价值将达到 1210 亿美元的历史新高。

5. 文旅空间科技创新

科技手段正是演艺娱乐 IP 转化的重要载体和表现手段，借助 VR、全息投影等舞台技术，可以更好地将抽象的演出 IP 具象化，提升体验感。文创艺术不应该是高高在上，躺在博物馆、展览馆的“艺术品”。通过将文化和科技更好地融入贴近生活的业态中，将久远的生活拉到现实，将远方的诗意带回近前，文创艺术应该致力于改变大众的生活品质及生活质量，让更多的人感受到艺术的生活及生活的艺术。文旅中的“黑科技”，正在变得越来越“黑”，而且黑得“五彩斑斓”，黑得“色彩缤纷”。直接触达客群并给人以科技感的，仅仅是外化的一小部分技术，内化的部分越来越超出常人的知识范畴。

近年火爆的沉浸式场景，能够被感知的只是精致的画面、全方位的视角、好玩的互动，其内化的系统协同、体感反馈、边缘融合、高效算法等技术，一般人看不到，却是体验感极大丰富的真正核心。例如 Team-Lab 的沉浸式产品体系，既有文青向的《花舞森林》组合，也有亲子向的《未来游乐园》组合。前者综合运用投影、体感互动、触控交互等技术功能（以及更加漂亮的文案），打造互动式的虚拟花海。观众的一举一动都会影响花的诞生、绽放乃至凋谢枯萎。Team-Lab 的代表作是艺术馆业态对“广角幕、全息投影、触控交互、体感交互、系统整合”的充分吸收。迪士尼海盗园的大项目里可以拆出特种电影、特技表演、水上游乐、骑乘设施、隧道观光等小业态，任一小业态都可以直接形成闭环空间产品，适当的衔接和穿插配合最终带来了极致的体验。

“无人车 + 人脸识别 + 语音对话”的 AI 公园于 2018 年 11 月在北京海淀开放。虽然目前人工智能技术的直接落地场景还比较模糊，但其未来潜力不可估量。甘肃省博物馆的“优友”讲解员机器人可以针对不同观众的需求进行自定义讲解，与观众进行语音对话互动，提供引路功能。在商业地产、主题乐园、展厅展馆环境下，应用服务型机器人完全可行。传统的高投入典型——过山车，也可以凑上爆款技术，甚至水上乐园业态也可以叠加 VR 技术。德国的银河埃尔丁水上乐园定制设计的头显完全防水（深达数米），同时利用无线充电、NFC（近场通信）和直通式摄像头等技术。

6. 智能语音

智能语音即实现人与机器以语言为纽带的通信。人类大脑皮层每天处理的信息中，声音信息占 20%，它是沟通最重要的纽带。人机对话将方便人们的工作与生活，完整的人机对话包括声音信号的前端处理，将声音转为文字供机器处理，在机器生成语言之后用语音合成技术将文本语言转化为声波，从而形成完整的人机语音交互。消费级智能硬件是最早显示出市场潜力的赛道，市场各方都在瞄准消费级智能交互终端。而智能交互终端的背后还有广阔的生态，包括语音开放平台、语音操作系统、内容等，近年来智能语音行业正在经历从单一商业模式向多元化商业模式的变迁，技术输出的“厚度”增加，“边界”扩大，也带来了技术落地曲线的加速度增加。

目前全国有超过250家企业参与智能语音语义市场。互联网巨头、技术提供方、设备商和行业集成商应分别重视连续性投入支持问题、基础开发模块标准化程度提升与商务团队配置问题、设备售后服务优化问题和软件研发能力建设问题，迎接人机交互升级带来的行业价值链扩张。

智能语音在泛传媒领域的应用主要包括合成主播自动播发稿件，将外语音视频新闻或节目自动翻译，根据画面同步匹配字幕，以及为新闻稿件文字自动合成语音等。

广州趣丸网络科技有限公司是一家集即时语音通信、游戏社交、游戏联运发行、职业电竞等业务于一体的文化创新型企业。企业核心产品“TT语音”是目前国内领先的移动游戏垂直社交平台。该公司是以TT语音为核心技术切入点，以“垂直社交+互动娱乐”为发展策略，集游戏研发设计、游戏发行和联运、泛娱乐社交平台运营等业务于一体的现代化高新技术企业，是广东省内首家将即时语音技术与虚拟组织管理相结合的企业。

7. 超高清视频产业

超高清视频是指分辨率在4K以上的视频，画面精细程度可以提升4倍、16倍甚至更高，观众可以看到层次丰富、超级清晰的画面，从而享受到更具感染力和沉浸感的新体验。视频是信息呈现、传播和利用的重要载体，是电子信息产业的核心基础技术之一。超高清视频以其更强的信息承载能力和应用价值，将有力推动经济社会各领域的深刻变革。2019年，随着企业积极性提高、政策支持力度加大、产业支撑能力提升，我国超高清视频产业生态体系已初步建立，产业处于快速发展期。

展望2020年，端到端关键标准将陆续出台，若干短板环节有望获得突破，产业链各环节快速升级换代，行业应用市场规模不断壮大，产业推进措施进一步实质化，区域产业基地更具特色，将带动我国超高清视频产业持续快速发展。围绕超高清视频标准，工业和信息化部、国家广播电视总局已征集标准提案30多项；中国超高清视频产业联盟已发布《超高清电视机技术规范》等四项标准，《全4K超高清视频质量评测技术规范》等三项测试认证规范，进一步促进了超高清视频市场规范化。

前端设备关键产品产业化加速，将弥补产业短板；5G、VR、AI与超高清融合，将促进行业应用规模扩大；公共服务平台和区域产业载体不断完善，对产业的支撑服务力度将不断加大。预计2020年，前端设备、网络传输、终端呈现等产业链环节设备将持续升级换代，促进4K/8K摄影机、摄像机国产化更成熟；8K采编播集成能力更强，带动国产化比例提升；5G和双千兆建设促进网络传输速率普遍提升到80Mbps，能够完全满足4K视频播放，部分满足8K视频播放；8K电视价格有望亲民化；教育、医疗、户外广告等领域8K商用显示有望快速推广。

若干短板环节有望突破，产业链各环节快速升级换代。我国企业已推出4K/8K摄影机、4K/8K摄像机、8K采编播系统、8K非线性编辑系统等多种超高清视频前端设备，主导设计、集成建造了全球首台“5G+8K”超高清视频全业务转播车，丰富了超高清视频内容制作工具，为内容供给创造了软硬件条件。

行业应用市场规模不断壮大。结合5G商用、人工智能、云计算等发展信息，超高清视频在新媒体、文教娱乐、安防监控、医疗健康、智能交通、工业制造等重点领域的应用案例逐步增多，提供了以视频为核心的行业应用示范。预计2020年，与新技术融合，将开拓超高清视频行业巨大的应用市场，进而产生广泛的社会效益。在“超高清+5G”方面，随着5G商业牌照正式发放、5G网络正式商用，展望2020年，“超高清+5G”融合发展能够有效提高内容生产效率，增加行业系统集成解决方案，推动行业应用市场规

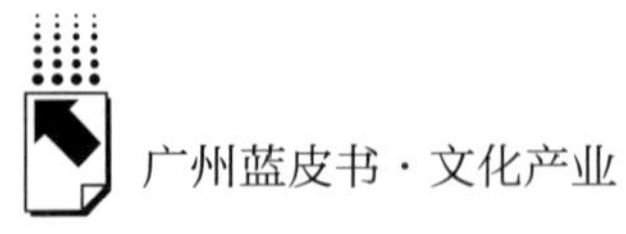

模不断壮大。

产业推进措施进一步实质化，区域产业基地更具特色，将带动我国超高清视频产业持续快速发展。三部委、十几个地方已出台超高清视频产业发展行动计划，明确了超高清视频产业和应用发展的行动目标、主要任务，央地联动、多点开花、差异化发展的产业局面逐步形成。预计2020年，部委和地方政策推进措施将进一步明确。项目基金支持进入实质化阶段，将有效覆盖超高清视频产业关键环节；超高清频道、协同中心、创新中心、标准检测验证公共平台将逐渐增多，有助于完善内容供给、集成创新、标准评测、人才培训等支撑服务，加强产业端到端集成和整合能力，推动全产业链协同发展，为建设协同、健康、有序产业发展提供落地、支撑条件。

8. 夜间文旅经济

不断延长的工作时间影响了中国人的睡眠时间。据报道，中国的都市人平均每晚只有6.5小时的睡眠时间，与2013年平均每晚睡眠8.8小时相比有了大幅下降，其真实睡眠时间甚至可能比本文给出的数字更小。

新的酒吧和餐厅，以及桌游咖啡馆、夜市、24小时书店和虚拟现实游戏场所等活动场所不断地涌现，为那些想在结束长时间工作后放松身心的人提供了丰富多彩的选择。消费者一直在寻找更加多样化的享乐方式，因此，只有能提供最独特和新奇体验的活动场所才会在他们面前脱颖而出。

丰富多彩的夜间娱乐活动需要满足不同受众的特定需求，这是因为他们希望在紧张的工作之余享受纯真的快乐，越来越多的成年人在尝试诸如蹦床、主题游泳乐园等童趣休闲方式。夜间旅游也已成为旅游目的地夜间消费市场的一个关注重点。随着地方政府在2018年的推动政策的施行，携程旅游平台及其他旅游平台上的“夜间旅游”订单数量也同比增长了9%。美国消费者新闻与商业频道（CNBC）在2019年9月一份题为《灯光秀和现场乐队：中国想通过促进夜间消费来刺激经济增长》的报告中多次提及“夜间经济”一词。

六　对策建议

（一）大力支持文艺精品创作，提升产业竞争力

一是安排专项资金，重点引进一批国内外高水平文艺精品，采购一批优质文化惠民项目，推进演艺市场、文娱市场等复苏，广泛征集反映抗疫事迹的舞台剧、电影、电视剧、纪录片、出版物以及网络视听作品等，择优予以扶持。对引进的国内外高水平文艺精品剧目给予一定补贴。

二是打造世界级文旅爆款 IP。对成功申报世界遗产和新创建为国家级文旅综合度假区、国家 AAAAA 级旅游景区、国家公园、国家级旅游业改革创新先行区、国家全域旅游示范区、国家生态旅游示范区、中国红色旅游国际化示范基地、全国都市旅游功能区、国家级文化产业示范区、国家级文化和科技融合示范基地等的国家级文旅产业品牌，给予一次性奖励。

（二）引进和培育骨干文旅企业，提升文旅企业经营管理水平

一是加大文旅招商力度，探索建立文旅项目流转和企业搬迁利益分配机制，通过主题项目招商、集聚平台招商、产业要素招商，引进央企、大型文旅运营商和专业文旅集团，推广 PPP 模式，综合开发文旅项目。对实际投资金额超过 10 亿元且税收解缴关系在广州市行政区域内的文旅企业，按照当年投资金额（不含土地使用费）的 1% ~3%，给予不超过 5000 万元的补助。重点打造 5 家左右在全国有较强市场竞争力和辐射带动力的文旅龙头企业，积极参与国际国内文旅市场竞争，形成跨界融合的产业联盟。对新入选全国文化企业 30 强、中国百强旅游投资企业、全国星级饭店百强、中国文旅百强榜的文旅企业，分别给予一定的奖励。

二是加快提升文旅企业经营管理水平。鼓励举办旅游饭店服务技能大赛、导游服务技能大赛、红色故事讲解员大赛、文创产品大赛等各类行业竞赛，对获奖单位和个人给予表彰和奖励。支持适时举办文旅企业人才招聘

会，组织企业外出招引人才，给予适当补助。引导文旅企业完善企业管理制度，创新经营机制，推进导游收入分配制度等改革，推动旅游服务提质增效，增强企业竞争力及抗风险能力。

（三）积极打造国际会展旅游城市，建设中国邮轮旅游发展实验区

一是积极打造国际会展旅游城市。依托广交会、广州文交会等重大会展平台，全面提升旅游对大型会展的宣传、保障、服务能力。办好广州国际旅游展览会等大型国际旅游展会，吸引国际会议展览公司来穗发展，支持举办国际化、跨领域的旅游专业展会，将广州培育成促进旅游交易、活跃旅游市场的会展平台型城市。给予广州文交会及其系列展会品牌推广扶持。

二是建设中国邮轮旅游发展实验区。以国家实施“一带一路”倡议、推进粤港澳大湾区建设为契机，借助自贸区平台，以南沙国际邮轮母港为依托建设中国邮轮旅游发展实验区。编制广州邮轮旅游总体规划，争取实施更加优化简便的邮轮通关，邮轮航线审批，邮轮货物保税、免税退税和邮轮船供物资审批等政策。推动邮轮产业上下游配套、邮轮目的地产品推广。争取引进国内外著名的邮轮公司在广州设立全国或区域总部，开通邮轮旅游线路。参与投资邮轮旅游产业链，开辟以东盟为重点的“21 世纪海上丝绸之路”沿线区域邮轮旅游线路，形成面向世界、连接港澳、辐射内地的多层次旅游网络，建设广州标准、中国特色的邮轮旅游发展实验区。

（四）培育文化新技术新模式新业态，激活文化消费

一是加快人工智能、大数据、5G、VR/AR、AI、4K/8K、云计算、物联网、区块链等新技术在文化产业领域的应用，促进新技术与内容生产相互渗透融合。培育壮大数字文娱、数字动漫、在线旅游、智慧传媒、数字文博等新业态，支持一批高成长创新型中小文旅企业加快发展。推动文化产业智能化转型升级，支持智能技术和创新服务在新闻出版、广播电视电影、文化艺术等行业中的应用，实现服务模式和业态的创新。加大广州市文化产业发展专项资金对新兴文化科技企业的支持力度，助力广州文化产业转型升级。

支持电信运营企业为受疫情影响严重的中小微文化企业免费提供6个月以上的云视频会议等云上办公服务。

二是发放“广州文旅惠民券”。采取政府补贴、平台让利、商家打折相结合的方式，激活文旅消费。结合传统支付平台和移动支付平台，每年分季度发放“广州文旅惠民券”，在演艺、旅游、影视、音乐、娱乐等文化旅游领域，发放总量不超过2000万元的“广州文旅惠民券”。与文旅企业合作，共同推进持续的文旅消费活动，在指定的文化旅游场所凭消费券享受优惠折扣，享受更优质的文旅产品和服务。

（五）设立产业基金，加大金融支持文旅产业力度

一是设立广州文旅产业振兴基金。按照“市场运作、有偿使用”原则，引入社会资本、金融机构、类金融机构设立市级层面的文旅产业振兴基金。依托现有的产业引导基金，争取合作设立文旅子基金，撬动和激活社会资本投资文旅产业基础设施、重点文旅项目、文旅新业态等方面的建设。鼓励有条件的区设立文旅产业发展基金。支持企业设立文旅产业促进基金。

二是创新文旅投融资渠道。制定全市文旅市场准入负面清单，按照“非禁即入”原则，鼓励全市文旅市场向社会资本全面开放。进一步推进文旅领域简政放权，依照法律法规减少行政审批层级，推进社会投资文旅产业审批流程优化和服务方式创新。降低民间资本进入文旅基础设施等领域的各类门槛。

（六）加快重大文旅项目建设，增强产业发展后劲

整合文旅要素资源，加快文旅综合体和旅游集聚区的开发。围绕文旅产业核心要素，重点策划文旅主题项目。引导建设一批主题鲜明、功能完善、宜游宜业的文化旅游产业示范基地，鼓励各地建设文创产业园区和文创街区。打造一批品牌价值高、主题特色突出、具有重大示范效应和产业集聚拉动作用的特色文化旅游小镇。对文旅大项目的前期规划设计费用给予补贴。

（七）加大政府采购支持力度，扩大文旅市场宣传营销

一是加大政府采购支持力度。提前安排公共文化服务政府采购，对符合条件的项目提高首付款比例，重点采购演艺音乐、新闻出版、广播电视等行业的公共文化服务项目。面向市属文艺院团、市属文化企业购买演出，实现以购促演、以购代补，加大对文旅演艺项目、驻场演出的扶持力度，发挥“文旅+”杠杆效应，促进演出市场复苏。

二是加大文旅市场宣传营销力度。加大疫情过后旅游市场宣传推广力度，实施精准营销，组织策划形式多样的主题宣传推广活动，稳固和提升广州文旅的关注度及品牌影响力。鼓励文化和旅游企业在疫情解除之后开展各种形式的市场营销推广活动，积极开拓客源市场。采取线上线下相结合的方式开展广州文旅全媒体推广，推广广州旅游线路产品。鼓励广州市文旅企业围绕以产业对接、成果展示、交流合作等形式举办或参与境外和国内的品牌推广和营销活动，提升广州文旅产业在国际国内的整体形象。按推广规模和活动级别给予办展补贴、参展补贴和活动补贴。

（八）加强文旅产业空间规划，保障文旅产业用地

一是扩大文旅产业用地供给。紧抓广东省作为国务院授权和委托用地审批权试点省份之一的良机，积极利用省级、市级用地指标发展文旅产业。强化重点产业项目用地保障，降低市级以上重点文旅建设项目土地出让底价，并给予土地储备、农转用指标、项目审批、基础设施配套等支持。

二是优化土地资源配置。积极推行旅游项目“点状供地”政策，鼓励各区通过“点状”规划和用地模式支持休闲农业和乡村旅游项目发展，推动全域旅游发展，提升旅游发展质量和效益。将有旅游开发价值的城市更新项目优先纳入城市更新年度计划，向该项目给予资金倾斜。鼓励农村集体经济组织以出租、合作、入股等方式盘活利用空闲农房及宅基地。支持在国有

林场现有生产生活区域改造建设特色民居、森林木屋、汽车帐篷营地等旅游服务设施。

三是探索集体土地整备利用。可成立集体土地整备中心，或引入市场主体建立集体土地整备的公司组织，并通过托管方式，对规划为经营性建设用地的农村集体存量土地进行整合和土地前期整理开发，统一招商。

创 新 篇

Innovation

B.2 广州与我国主要城市文化产业创新发展比较分析*

陈 刚 莫佳雯**

摘 要： 文化因素在经济活动中扮演的角色越来越重要，逐渐成为国家和地区经济增长的重要组成部分和新的增长动能。为进一步了解广州与我国主要城市文化产业与科技融合发展情况，本文从创新环境、创新资源、创新能力和公共基础四个维度构建了中国城市文化产业创新发展评价指标体系，对包括广州在内的我国九大城市文化产业创新发展情况进行了测评和

* 本文是广州市软科学专项课题“广州科技创新对新动能增长的贡献研究”（项目编号：201901040002）的阶段性研究成果。

** 陈刚，广州市社会科学院产业经济与企业管理研究所副研究员、博士后，研究方向为文化产业经济；莫佳雯，广州市社会科学院产业经济与企业管理研究所研究人员、硕士，研究方向为城市经济。

对比分析。研究发现：从文化产业创新发展整体表现来看，广州文化产业创新发展综合实力在九大样本城市中排在北京和上海之后，虽然处于第三位，但也面临着深圳、杭州、南京等城市的激烈追赶；广州在创新环境和公共基础上表现相对较弱，与排名靠前城市之间的差距较大，这是广州文化产业创新发展的主要短板，也是未来广州提升文化产业创新发展整体综合水平的主攻方向；从二级指标表现看，广州在市场活力和社会资本投入两个方面具有较强的优势，尤其在市场活力方面具有绝对优势（排名第一），而在人力资源、文化资源和业态融合三个方面表现较为一般，在市场结构、产业基础、公共设施和商业设施三个方面广州表现较差，处于相对劣势。此外，结合研究结果，本文认为应该从加强专业人才培养、深挖特色文化资源、培育龙头企业和独角兽、加快文化科技融合、加强消费市场引导、加快公共文化基础设施建设等方面进一步推动广州文化产业创新发展。

关键词： 文化产业　城市文化　文化创新　广州

一　引言

进入21世纪以来，文化因素在经济活动中扮演的角色越来越重要，并逐渐成为经济发展的新形态和新动力。文化产业具有可重复性、多层次性以及持续性的产业优势特征，是受资源物质载体限制较弱的一种可持续性发展产业，同时文化产业又是一种新兴的朝阳产业，逐渐成为国家和地区经济增长的重要组成部分和新的增长动能。自2000年我国在“十五”计划中第一次提出文化产业的概念以来，文化产业在国家经济生活中的分量开始不断增加。2009年《文化产业振兴规划》的发布，标志着文化产业上升为国家战略性产业；随后《文化部“十三五”时期文化产业发展规划》提出到2020年，文化产业成为我国国民经济支柱性产业；党的十九大报告又提出要“激发全民族文化创新创造活力，建设社会主义文化强国”。近年来，随着国家和地方财政对文化建设的支持不断加强，我国文化领域经费支出逐年增加，文化产业发展规模也呈现不断壮大趋势。从2004年国家将文化产业作为一类全新产业进行专门统计起，我国文化产业增加值规模以15%以上的年均增速快速增长。截至2018年底，我国文化事业领域财政支出规模达928.33亿元，文化产业实现增加值高达3.87万亿元，较之2004年增长了10.3倍之多，文化产业增加值占国内生产总值的比重也由2004年的2.15%上升到2018年的4.30%，文化产业对国民经济增长的促进作用不断增强。从对国民经济增长的贡献看，2004～2012年，文化产业对国民经济增长的年均贡献率为3.9%，而2013～2018年年均贡献率进一步提高至5.5%。

在当今时代，高新科技已经成为社会生产力发展的火车头，突飞猛进的高新科技为文化产业与信息产业融合提供了良好的基础。从文化产业特质上看，文化产业兼顾文化和经济两大特性，是在现代经济社会中逐渐发展起来的一个新的产业领域，属于经济服务性产业。近年来，随着我国经济增长新旧动能的不断替换，文化产业与高新技术之间的不断融合开始为我国和各地方经济增长注入新的增长动能，对国民经济增长的促进作用也越来越大。鉴于此，本文通过建立中国城市文化产业创新发展评价指标体系，来测算和评价广州与我国主要城市文化产业与科技创新之间的融合程度，对比分析城市文化产业与科技创新之间的融合发展对广州及我国主要城市在加快文化产业发展、加速产业转型升级、推动新旧动能转换进程等方面的重要现实意义。

二　城市文化产业创新发展水平的评价方法和测算过程

（一）评价指标体系建设

1. 理论基础

通过学习相关文献综述，本文发现对于文化产业创新发展的理解，从整体上看可以分为狭义上的文化产业创新发展和广义上的文化产业创新发展。狭义上的文化产业创新发展是指文化产业与科技创新相互融合过程中产生的新兴产业，该产业具有文化和科技双重特性，主要是将文化产业进行科技化，即用先进科学技术来助推文化产业的进一步发展。广义上的文化产业创新发展的概念主要来自2009年欧洲有关“创意”和“创新”问题的讨论，这一概念突破了传统文化产业的范畴，而将文化创意与科技创新作为两种要素资源结合起来，成为一种双向融合的跨界概念[①]。早在2012年，党的十八大报告就已提出“促进文化与科技融合，发展新型文化业态”，在某种程度上也体现了这一广义概念。本文在理论研究时采用的是广义上的文化产业创新发展概念。

在文化产业与经济增长发展领域研究方面，通过对已有研究进行梳理，我们发现文化产业与国民经济发展之间是一种相互影响、相互促进、互为因果的作用机制。一方面，文化产业不仅能够有效提升国民经济增长速度和质量，而且能通过溢出效应和联动效应促进产业结构调整和优化升级（郭梅君[②]；翁旭青[③]）。具体表现为，文化产业能够通过资源转化、价值提升、结构优化和市场扩张等途径推动经济发展方式的转变[④]，在转变过程中，文化产业能够为国民经济发展提供人才、知识溢出和价值链提升等高质量生产要素[⑤]。而以文化资本为主导的非正式制度也能为社会提供一种自律机制，促进社会合作，有助于减少规范主体服从规则的社会总成本，从而以较低成本解决市场经济发展过程中存在的固有矛盾[⑥]。另一方面，国民经济的不断发展又会反过来推动和促进文化产业的发展和升级。文化产业作为文化与产业

① 于平、李凤亮主编《文化与科技创新发展报告（2013）》，社会科学文献出版社，2013。

② 郭梅君：《创意转型：创意产业发展与中国经济转型的互动研究》，中国经济出版社，2011。

③ 翁旭青：《文化创意产业与地区产业结构优化的关联度研究——基于杭州市的实证分析》，《经济论坛》2015年第8期。

④ 厉无畏：《创意产业与经济发展方式转变》，《社会科学研究》2012年第6期。

⑤ 徐娟：《中国文化创意产业促进经济发展方式转变的机制与实现路径》，《改革与战略》2013年第10期。

⑥ 忻尚卿：《经济所举办6—13场“政治经济学新秀”圆桌论坛》，《上海经济研究》2019年第12期。

的有机结合，具有产业关联性广、波及力强等优质特性，其产业功能在促进国民经济高质量增长、增加社会就业和推动产业结构转型升级中发挥重要作用[①]。尹宏认为城市经济转型与文化产业发展之间具有较强协同性，两者之间的协同作用符合后工业化阶段的一般规律，发展文化产业可以有效化解城市经济转型过程中存在的难题，实现城市经济可持续发展[②]。文化对我国经济发展的重要作用和促进效应已经得到了国内众多学者的广泛认同。

在文化产业创新发展理论研究方面，通过对已有相关研究成果的学习和梳理，我们发现国内学者最早将文化产业与科技创新结合起来进行研究的是清华大学国家文化产业研究中心主任熊澄宇教授，他以科技融合创新视角对文化产业的综合发展问题进行了深入分析。研究发现，科技融合创新能够大大拓展文化产业的发展空间，加速文化产业发展[③]。随后，尤芬和胡惠林[④]、解学芳[⑤]等学者发现文化产业发展具有一定周期的波动性，虽然表面上受我国经济长波的影响较大，但从本质上看，科技创新才是影响我国文化产业发展的决定性因素，且文化产业与科技创新在融合发展过程中也表现出较为明显的内在规律，主要表现为文化产业的演化周期与科技创新周期呈高度正相关，即文化产业的演化周期随科技创新周期的缩短而缩短。科技创新的不断更新和应用不仅推动着对文化内容和创意的革新，也丰富了文化产品的载体形式，推动着文化产业不断向更高层次发展。吴忠泽[⑥]、解学芳[⑦]等学者认为科技创新是未来推动文化产业高质量发展的必然选择，科技创新必将成为

---

① 李建军、万翠琳：《文化创意产业与城市经济发展互动机制研究》，《上海经济研究》2018年第1期。

② 尹宏：《发展创意文化产业促进城市经济转型》，《宏观经济管理》2016年第3期。

③ 熊澄宇：《科技融合创新拓展文化产业空间》，《瞭望新闻周刊》2005年第7期。

④ 尤芬、胡惠林：《论技术长波理论与文化产业成长周期》，《上海交通大学学报》（哲学社会科学版）2007年第4期。

⑤ 解学芳：《论科技创新主导的文化产业演化规律》，《上海交通大学学报》（哲学社会科学版）2007年第4期。

⑥ 吴忠泽：《科技创新：现代文化产业翱翔之翼》，《中国软科学》2006年第2期。

⑦ 解学芳：《基于科技创新的文化产业发展脉络研究》，《科技进步与对策》2008年第11期。

文化产业发展的重要支撑，引领我国现代文化产业蓬勃发展，文化科技创新将贯穿文化产业发展的历史道路和未来路向。于平①、王志刚②、王资博③等人认为我国文化产业发展与科技创新程度紧密相连，科技创新在文化产业发展过程中起着科技支撑、核心动力、价值引领和智力支持的作用，科技创新能够有效加快并促进我国新型文化业态的演进和发展，文化科技化是我国实施文化强国战略的重要内驱力。余菲菲等人对文化产业的可持续发展动力机制进行深入分析后发现，“文化—技术”融合以及科技创新决定了文化产业的可持续发展和区域协调性④。李凤亮和谢仁敏⑤、谈国新和郝挺雷⑥等学者认为文化产业创新发展主要通过科技创新引领文化产业结构的优化和价值链的跃升，科技创新是文化产业发展的“第一引擎”。在有序的市场竞争引导下，文化产业创新发展不仅会催生出新的文化业态，也会推动传统文化产业的转型，重新组合文化产业领域产业链。戴艳萍和胡冰认为创新已成为新时期发展的主旋律，科技创新是“互联网＋”时代下推动产业发展的不竭动力，是保障我国文化产业在全球市场中拥有核心竞争力的不熄引擎⑦。

在文化产业创新发展量化分析方面，从整体上看，近年来国内学者对这一领域的研究才逐渐展开，相关成果相对较少。胡惠林和王婧从文化资源丰富程度、重点文化产业发展、文化产业融合、文化产业市场主体等九个维度构建了中国文化产业发展指数（CCIDI），用以度量我国各地区文化产业发展表象特征和文化产业的内涵支撑体系，印证我国及省区市文化产业发展状

① 于平：《全球化进程中的文化科技自觉》，《福建艺术》2010 年第 3 期。

② 王志刚：《推进文化科技创新加强文化与科技融合》，《求是》2012 年第 2 期。

③ 王资博：《文化强国战略下文化科技化的演进》，《求索》2013 年第 7 期。

④ 余菲菲、张颖、孟庆军：《“文化—技术”融合视角下我国文化产业可持续发展研究》，《学术论坛》2013 年第 1 期。

⑤ 李凤亮、谢仁敏：《文化科技融合：现状 · 业态 · 路径——2013 年中国文化科技创新发展报告》，《福建论坛》（人文社会科学版）2014 年第 12 期。

⑥ 谈国新、郝挺雷：《科技创新视角下我国文化产业向全球价值链高端跃升的路径》，《华中师范大学学报》2015 年第 2 期。

⑦ 戴艳萍、胡冰：《基于协同创新理论的文化产业科技创新能力构建》，《经济体制改革》2018 年第 2 期。

况、发展阶段、发展特征及规律①。彭翊以文化产业的投入、驱动、产出三个环节为切入点构建了中国省市文化产业发展评价体系，在揭示文化产业发展的内在因素和动力的基础上，综合考虑了经济、社会、政治等因素对文化产业的影响，评价指标包含产业生产力、产业影响力、产业驱动力三大一级指标，文化资源、文化资本、人力资源、经济影响、社会影响、市场环境、公共环境、创新环境等八个二级指标②。贾佳等人认为文化产业与科技创新融合涉及典型产业上、中、下游产业链关键环节，从创新绩效、创新规模、创新成果、创新质量和创新潜力等五个维度构建了区域文化科技融合创新指标体系③。

随着科技创新对我国经济社会生产生活的影响不断增加，越来越多的国内学者开始重视科技创新对文化产业发展的影响，对科技创新在文化产业发展过程的影响机理进行多方面探讨。首先，从研究内容上看，由于文化产业是近些年才被国家层面重视和大力推动的新兴产业，国内外学者对此进行的相关研究相对有限，而文化产业创新发展作为文化产业发展的升级版，其定义也存在一定的争议，内涵过于广泛。目前学术界对此进行的相关研究主要集中在科技创新文化价值取向、文化产业与科技创新之间的联系以及科技创新推动文化产业发展等领域。国内外学者将文化产业创新发展作为一个整体进行研究的成果相对偏少，也没有建立适合于分析我国文化产业创新发展的理论体系，且鲜有研究以城市作为样本分析。其次，从研究方法上看，随着科技创新与传统文化产业融合程度不断增强，文化产业覆盖范围也开始不断拓宽，而当前的相关研究大多数注重从定性角度分析文化产业与科技创新之间的融合发展问题，主要以理论分析为主，研究的内容主要集中在文化产业的定义、内涵和特征等一般共性和概念方面，而对不同地区之间的差异化比较分析相对较少，缺乏相应的实证分析，造成研究不够深入，未形成系统科

① 胡惠林、王婧：《中国文化产业发展指数报告（CCIDI）》，上海人民出版社，2012。

② 彭翊：《中国省市文化产业发展指数报告》，中国人民大学出版社，2015。

③ 贾佳、许立勇、李方丽：《区域文化科技融合创新指标体系研究》，《科技促进发展》2018年第12期。

学的基础理论体系和研究框架，因此不能更加形象具体地分析文化产业创新发展情况。最后，从研究对象上看，无论是研究文化产业还是研究文化产业创新，国内外学者都侧重于选取国家和省市层面的研究对象，鲜有研究涉及城市之间的差异化研究。城市相对于省级地区，技术进步和科技创新水平对文化产业发展的差异化影响更大，城市之间文化资源差异化特征更加明显，且文化产品消费市场更具地域特性，文化产业创新发展基础、发展能力和发展环境更具多样性。在全球新一轮信息革命大浪潮中，如果城市文化产业发展不能与现代技术革新（如“互联网 +”、大数据等）进行充分的融合，将会导致城市之间文化产业发展的差距进一步加大；反之，则会进一步推动我国城市之间的文化产业协调发展，推动我国更快实现文化强国战略目标。

2. 指标构建

借鉴已有关于文化产业与科技创新的相关研究成果，以及相关指标体系建设经验，本文选择北京、上海、广州、深圳、杭州、成都、西安、武汉和南京等文化资源丰富、文化产业规模较大以及文化产业与科技融合发展成效明显的几大城市作为分析样本，建立基于城市级别的文化产业创新发展评价指标体系，从创新环境、创新资源、创新能力、公共基础四个维度对比分析各城市文化产业与科技融合发展情况。其中，创新环境反映了城市文化产业创新发展过程中面临的外部发展环境，创新环境能够有效提升科技创新与文化产业融合效率，并最终影响文化产业创新发展成果的形成、发展和市场化能力；创新资源和创新能力反映了城市文化产业与科技创新融合发展过程中要素资源投入水平和科技创新能力，并最终影响城市文化产业与科技创新融合发展效果；公共基础衡量了文化产业与科技创新融合发展过程中城市能够为创新发展成果提供的商业化能力和价值，具体逻辑如图 1 所示。

创新环境反映了城市文化产业与科技融合发展所处的创新发展环境，共设置市场结构和产业基础两个二级指标。在市场结构方面，用文化产业增加值占地区 GDP 比重来反映文化产业发展对地方经济发展的贡献，用电影票房总收入占服务业增加值的比重来反映文化产业发展质量以及对服务业发展

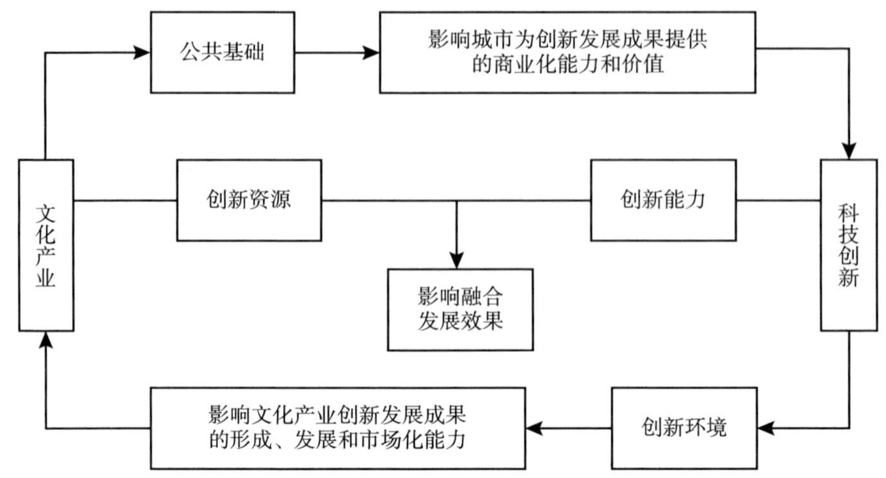

图1　文化产业创新发展评价体系内在要素逻辑

的影响；用文化产业（规上企业）从业人员总量，文化、体育和娱乐业固定资产投资以及市级文化或文化创意产业发展规划实施数量三个指标反映城市在文化产业创新发展过程中能够提供的发展基础。

创新资源反映了城市文化产业与科技创新融合发展过程中投入的各种要素资源，共设置人力资源、文化资源和资本投入三个二级指标。在人力资源方面，用规模以上文化企业从业人员比例反映城市文化产业人力资源投入强度，用国家级非物质文化遗产代表性项目代表性传承人总量反映文化产业领域人力资源的质量，用万人拥有在校大学生数量反映人力资源的发展基础和潜力；在文化资源方面，用国家及以上级别文化遗产（非物质文化遗产）数量和纳入国家传统工艺振兴目录项目数量反映地方拥有的文化资源的规模，用3A及以上景区数和公共图书馆藏书量反映城市的公共文化资源存量；在资本投入方面，用文化、体育与传媒财政支出占GDP比重表示政府财政对文化产业创新发展的投入力度，用纳入文化和旅游部文化产业重点项目规划投资金额和文化、体育和娱乐业固定资产投资占全社会比重表示城市文化产业资本投入的质量和强度。

创新能力反映了城市文化产业创新发展过程中的科技创新能力和文化产

业与科技融合能力。共设置业态融合和市场活力两个二级指标。在业态融合方面，用城市文化创意 + 赋能能力指数、文化创新媒体声量强度、城市文化创意 + 创意生态指数三个指标分别表示业态融合能力、文化与自媒体融合程度以及文化产业与科技融合生态环境发展情况，用文化科技融合 TOP 30 企业品牌数量反映各城市文化产业与科技融合的现状和规模。在市场活力方面，用全市居民人均教育文化娱乐消费支出反映各城市文化产业市场需求活力和规模，用中国文化企业品牌价值 TOP 50 企业总产值表示各城市文化产业领域具有龙头带动作用的创新主体的规模和质量，用已纳入文化和旅游部文化产业重点项目达产收益率表示各城市文化产业市场资本效益情况。

公共基础是支撑整个城市文化产业与科技融合发展的重要基础，丰富的公共基础设施能够为各城市文化产业创新发展成果提供强大的商业化平台，实现创新成果商业化价值。共设置公共设施和商业设施两个二级指标。在公共设施方面，用公共图书馆数量和博物馆数量表示各城市能够为居民提供的公益性文化设施实力。在商业设施方面，用影剧院数量、万人电影院银幕数、文化馆数量三个指标反映各城市文化产业产品进行商业化的能力。

综上，本文创建的城市文化产业创新发展评价指标体系具有文化和创新的双向特征，如果说创新是它的典型特征的话，文化则是它的基本特征。创新环境可以看作各城市文化产业与科技融合发展的基础条件，在一定程度上反映了当前阶段各城市文化产业与科技融合发展的水平和潜力；创新资源反映了各城市文化产业与科技融合发展的资源拥有量；创新能力反映了各城市文化产业与科技融合发展并不断壮大的能力，在一定程度上也反映了城市文化产业与科技融合未来发展的趋势；公共基础则反映了各城市文化产业与科技融合发展的基础平台以及对融合后产品的商业化能力。

（二）数据说明

在本文创建城市文化产业创新发展评价指标体系中，我们大多直接使用各城市政府发布的官方数据或公开出版物数据，而类似占比、收益率等相对指标，则是在原始数据基础上进一步整合得来的。从总体上看，本文所构建的评价指标体系数据来源可分为两种：一是各个城市的统计年鉴、统计公报、专业年鉴、政府网站报告和著名智库报告等；二是各大研究机构出版的调研或评价报告。本文使用的样本城市相关数据均来自各城市2018年国民经济与社会发展统计公报、各城市2019年统计年鉴、《中国统计年鉴—2019》、各城市所在省级区域2019年统计年鉴、《中国文化及相关产业统计年鉴—2018》、《中国城市统计年鉴—2019》、2018中国电影市场年报、《文化产业项目手册（2018年度)》、2018年中国城市文化创意指数排行榜、文化和旅游部文化品牌服务平台品牌资源数据库、Wind数据库以及其他文化产业发展相关数据库。

由表1可知，样本城市在文化产业创新发展方面存在一定的差异性，在创新资源、创新能力和公共基础方面均表现出范围广、强度大、地区差异明显等特征。创新资源、创新能力和公共基础维度基础指标的标准差均值为316.2、325.2和30.7，指标之间的差异性较为明显，而创新环境维度基础指标的标准差均值为12.2，差异性较小，说明样本城市文化产业创新发展的环境差异性相对较小。从各基础指标表现上看，样本城市在国家级非物质文化遗产代表性项目代表性传承人总量、纳入文化和旅游部文化产业重点项目规划投资金额等方面差异较大。在27个基础指标中，这两个指标的极大值与极小值比值都在40以上，且差异程度较大。

表1　指标描述性统计

一级指标	二级指标	三级指标	均值	标准差	极小值	极大值
创新环境	市场结构	文化产业增加值占地区GDP比重(%)	8.94	5.90	4.62	24.13
		电影票房总收入占服务业增加值比重(%)	0.15	0.03	0.10	0.22
	产业基础	文化产业(规上企业)从业人员总量(万人)	28.39	18.08	5.47	54.14
		文化、体育和娱乐业固定资产投资(亿元)	75.10	35.71	39.18	131.04
		市级文化或文化创意产业发展规划实施数量(个)	2.33	1.22	1	5

续表

一级指标	二级指标	三级指标	均值	标准差	极小值	极大值
创新资源	人力资源	规模以上文化企业从业人员比例(%)	3.22	1.57	0.92	5.51
		国家级非物质文化遗产代表性项目代表性传承人总量(人)	38.56	47.85	3	124
		万人拥有在校大学生数量(人)	612.47	394.94	79.71	1270.83
	文化资源	国家及以上级别文化遗产(非物质文化遗产)数量(个)	31.78	32.16	8	102
		3A 及以上景区数(个)	76.22	54.29	14	202
		公共图书馆藏书量(万册)	3240.53	2590.88	452.70	7894.21
		纳入国家传统工艺振兴目录项目数量(个)	5.89	6.05	0	19
	资本投入	文化、体育与传媒财政支出占 GDP 比重(%)	0.05	0.01	0.02	0.06
		纳入文化和旅游部文化产业重点项目规划投资金额(亿元)	33.82	33.20	0.72	110.17
		文化、体育和娱乐业固定资产投资占全社会比重(%)	1.26	0.56	0.63	2.37
创新能力	业态融合	城市文化创意+赋能能力指数	15.92	6.53	8.61	23.90
		文化创新媒体声量强度	3.78	5.12	0	16
		城市文化创意+创意生态指数	7.51	4.35	5.04	18.69
		文化科技融合 TOP 30 企业品牌数量(个)	2.56	2.74	0	9
	市场活力	全市居民人均教育文化娱乐消费支出(元)	4074.93	1015.73	2908.76	5640
		中国文化企业品牌价值 TOP 50 企业总产值(亿元)	608.14	1240.83	0	3808.24
		已纳入文化和旅游部产业文化重点项目达产收益率(%)	0.49	0.90	-0.01	2.84
公共基础	公共设施	公共图书馆数量(个)	15.44	6.91	2	24
		博物馆数量(个)	76.67	60.11	10	179
	商业设施	影剧院数量(个)	200.22	79.18	109	347
		万人电影院银幕数(块)	1	0.22	0.76	1.38
		文化馆(个)	14.44	7.32	1	25

（三）权重测算

1. 指标无量纲处理

考虑到本文所选基础指标对文化产业创新发展均产生正向影响，因此在对指标进行无量纲处理时，不需要再关注指标大小走向对系统的影响问题。具体做法如下：假设系统初始矩阵为 $X = (x_{ij})_{mn}$，$i = 1, 2, \cdots, n$；$j = 1, 2, \cdots, m$，其中 m 表示指标个数，n 为样本城市数量，x_{ij} 为第 i 个城市的第 j 个基础指标值。指标的无量纲处理公式为：

$$x_{ij} = \frac{X_{ij} - \min\{X_j\}}{\max\{X_j\} - \min\{X_j\}} \tag{1}$$

其中，$\max\{X_j\}$ 表示指标 j 的最大值，$\min\{X_j\}$ 表示指标 j 的最小值，X_{ij} 表示经过无量纲处理的指标值[①]。

2. 基础指标权重赋值

借鉴张卫民等[②]、钟昌宝等[③]、李春艳等[④]、段从宇和迟景明[⑤]、黄永斌等[⑥]的做法，利用熵值法[⑦]对无量纲处理后的基础指标进行赋值操作。指标 j 的信息熵 e_j 测算公式为：

---

① 由于熵值法要求对指标进行取对数处理，因此对 x_{ij} 进行平移，以消除负值，测算方式为：$y_{ij} = x_{ij} + 0.5$。

② 张卫民、安景文、韩朝：《熵值法在城市可持续发展评价问题中的应用》，《数量经济技术经济研究》2003 年第 6 期。

③ 钟昌宝、魏晓平、聂茂林等：《一种考虑风险的供应链利益两阶段分配法——正交投影熵值法》，《中国管理科学》2010 年第 2 期。

④ 李春艳、徐喆、刘晓静：《东北地区大中型企业创新能力及其影响因素分析》，《经济管理》2014 年第 9 期。

⑤ 段从宇、迟景明：《内涵、指标及测度：中国区域高等教育资源水平研究》，《高等教育研究》2015 年第 8 期。

⑥ 黄永斌、董锁成、白永平：《中国城市紧凑度与城市效率关系的时空特征》，《中国人口·资源与环境》2015 年第 3 期。

⑦ 熵值法在社会系统应用时是指信息熵，其数学含义与物理学中的热力学熵等同，是对无序系统的一种度量，指标变异程度越大，对应的信息熵值就越小，指标提供的信息量就越大，该指标的权重也应该越大；反之亦然。熵值法获取的指标权重的大小仅取决于指标的变异程度，因此能有效地避免主观性因素对评价结果的影响。

$$e_j = -k\sum_{i=1}^{m}(\varpi_{ij} \times \ln\varpi_{ij}) \tag{2}$$

式中，$\varpi_{ij} = y_{ij}/\sum_{i=1}^{m} y_{ij}$，假设各个评级样本中 j 项指标值均相同，则存在$\varpi_{ij} = 1/m$。此时，信息熵达到极大值，满足 $e_j = 1$，即：

$$e_j^{\max} = -k\sum_{i=1}^{m}\frac{1}{m}\ln\frac{1}{m} = k\ln m = 1 \tag{3}$$

可进一步求出 $k = 1/\ln m$，利用公式（4）可计算信息熵 e_j，且满足 $e_j \in [0, 1]$。

对于第 j 项指标值而言，指标的差异化程度与对应的信息熵值呈正相关性。因此，指标 j 的权重 w_j 为：

$$w_j = \frac{1 - e_j}{\sum_{j=1}^{n}(1 - e_j)} \tag{4}$$

根据各指标的权重和无量纲值，可进一步测算城市 i 产业、人口或空间发展水平得分：

$$R_i = \sum_{i=1}^{m} w_j y_{ij} \tag{5}$$

各指标权重测算结果如表 2 所示。

表 2　广州与我国主要城市文化产业创新发展评价指标及相应权重

一级指标及权重(%)	二级指标及权重(%)	三级指标	权重(%)
创新环境(18.445)	市场结构(7.458)	文化产业增加值占地区 GDP 比重(%)	3.908
		电影票房总收入占服务业增加值比重(%)	3.551
	产业基础(10.987)	文化产业(规上企业)从业人员总量(万人)	3.572
		文化、体育和娱乐业固定资产投资(亿元)	3.667
		市级文化或文化创意产业发展规划实施数量(个)	3.748
创新资源(36.782)	人力资源(10.895)	规模以上文化产业从业人员比例(%)	3.508
		国家级非物质文化遗产代表性项目代表性传承人总量(人)	3.845
		万人拥有在校大学生数量(人)	3.542

续表

<table>
<tr><th>一级指标
及权重</th><th>二级指标
及权重</th><th>三级指标</th><th>权重</th></tr>
<tr><td rowspan="7">创新资源
(36.782)</td><td rowspan="4">文化资源
(15.15)</td><td>国家及以上级别文化遗产(非物质文化遗产)数量(个)</td><td>3.895</td></tr>
<tr><td>3A 及以上景区数(个)</td><td>3.751</td></tr>
<tr><td>公共图书馆藏书量(万册)</td><td>3.710</td></tr>
<tr><td>纳入国家传统工艺振兴目录项目数量(人)</td><td>3.794</td></tr>
<tr><td rowspan="3">资本投入
(10.737)</td><td>文化、体育与传媒财政支出占 GDP 比重(%)</td><td>3.294</td></tr>
<tr><td>纳入文化和旅游部文化产业重点项目规划投资金额(亿元)</td><td>3.753</td></tr>
<tr><td>文化、体育和娱乐业固定资产投资占全社会比重(%)</td><td>3.690</td></tr>
<tr><td rowspan="7">创新能力
(26.971)</td><td rowspan="4">业态融合
(15.341)</td><td>城市文化创意 + 赋能能力指数</td><td>3.584</td></tr>
<tr><td>文化创新媒体声量强度</td><td>3.916</td></tr>
<tr><td>城市文化创意 + 创意生态指数</td><td>4.004</td></tr>
<tr><td>文化科技融合 TOP 30 企业品牌数量(个)</td><td>3.836</td></tr>
<tr><td rowspan="3">市场活力
(11.63)</td><td>全市居民人均教育文化娱乐消费支出(元)</td><td>3.622</td></tr>
<tr><td>中国文化企业品牌价值 TOP 50 企业总产值(亿元)</td><td>4.023</td></tr>
<tr><td>已纳入文化和旅游部文化产业重点项目达产收益率(%)</td><td>3.985</td></tr>
<tr><td rowspan="5">公共基础
(17.801)</td><td rowspan="2">公共设施
(7.034)</td><td>公共图书馆数量(个)</td><td>3.360</td></tr>
<tr><td>博物馆数量(个)</td><td>3.674</td></tr>
<tr><td rowspan="3">商业设施
(10.766)</td><td>影剧院数量(个)</td><td>3.687</td></tr>
<tr><td>万人电影院银幕数(块)</td><td>3.656</td></tr>
<tr><td>文化馆(个)</td><td>3.424</td></tr>
</table>

假设城市 i 的文化产业创新发展指数为 U_i，具体测算表达式为：

$$U_i = \sum_{j}^{m} w_{ij} y_{ij} \tag{6}$$

式（6）中，m 表示评价体系中基础指标的数量，按照指标所属维度分类，可依次求出创新环境水平 U_{i1}、创新资源水平 U_{i2}、创新能力水平 U_{i3} 和文化基础水平 U_{i4}。

三　广州与我国主要城市文化产业创新发展比较

（一）整体比较

通过广州与国内主要城市文化产业创新发展指数总体得分比较可以看出（见图2）：

第一，广州与我国主要城市文化产业创新发展水平总体得分大致呈三个层次分布。其中，北京和上海两大直辖市城市评分均在100分以上，远高于其他城市，可列为第一层次；广州、深圳、南京、杭州四个城市得分基本在80～90分，且彼此之间分值相差不大，可列为第二层次；成都、西安、武汉三个城市得分均在80分以下，可列为第三层次。

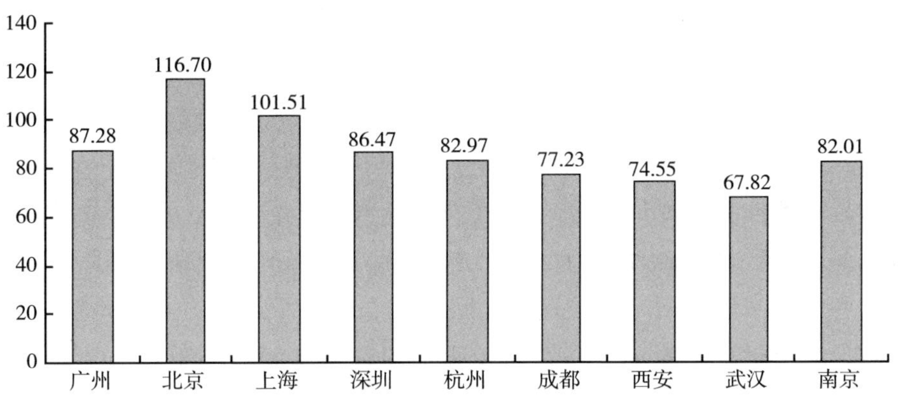

图2　广州与我国主要城市文化产业创新发展指数得分比较

第二，广州城市文化产业创新发展指数得分在样本城市中排名第三，与北京和上海两市相比具有一定的差距，略高于深圳，虽然具有一定优势，但也面临被其他城市超越的可能。测算结果表明，广州城市文化创新发展指数总体得分为87.28，与北京相差29.42分，与上海相差14.23分，仅略高于深圳（86.47），对杭州（82.97）和南京（82.01）的领先优势不明显，有

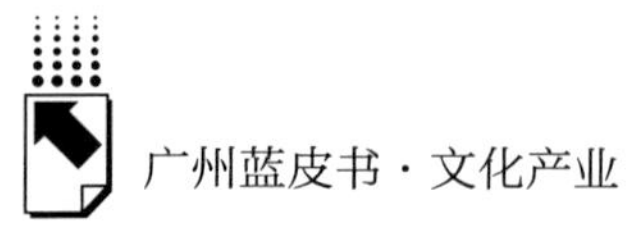

被超越的可能。

第三，从各构成维度的表现看，广州在创新资源和创新能力方面与北京和上海之间的差距相对较小（见图 6、图 10），而在创新环境和公共基础方面的劣势较为明显（见图 3、图 13），这是制约广州城市文化产业创新发展水平提升的主要短板，也是未来提升广州文化创新发展综合水平的主攻方向。

（二）分项指标比较

进一步从各样本城市文化产业创新发展指数四大一级指标及其所含二级指标的具体表现看，广州及各样本城市在一级指标和二级指标得分表现上又呈现不同的差异性特征。

1. 创新环境

从创新环境维度看，广州得分为 13.86，在九大城市中排名第八，与武汉（12.19）和南京（14.36）处于同一发展水平，劣势较为明显。北京在创新环境中的表现十分突出，远高于其他城市，是样本城市中唯一得分值在 20 以上的城市，上海、深圳、杭州、成都和西安五市得分值较为接近（见图 3）。从构成创新环境的二级指标得分表现可以看出，市场结构得分偏低是造成广州创新环境得分不高的主要原因，而产业基础表现一般也对广州创新环境产生了较大影响。可见，广州在文化产业市场结构和产业基础方面与其他城市之间存在一定差距，均不具有比较优势。从其他城市得分表现看，强大的产业基础是北京创新环境获得较高分值的主要原因，上海和深圳两市在产业基础上也具有很强的比较优势，而在市场结构方面，杭州、成都和西安三市的得分占据前三位，比较优势较为明显（见图 4、图 5）。

（1）市场结构。从市场结构指标看，广州得分为 4.75，在九大城市中排名第八，仅高于武汉（3.73），与排名第一的杭州（9.47）之间存在较大差距。从具体指标表现看，文化产业增加值在广州 GDP 中的比重相对偏低，电影市场对服务业拉动性不强，共同造成了广州文化产业市场结构得分偏低（见图 4）。

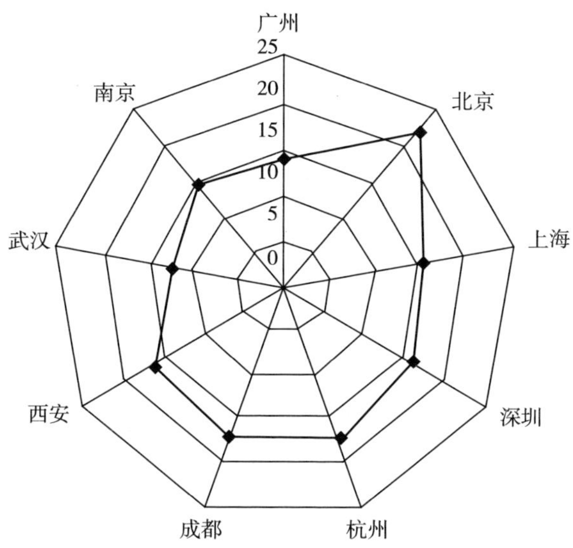

图 3　创新环境得分

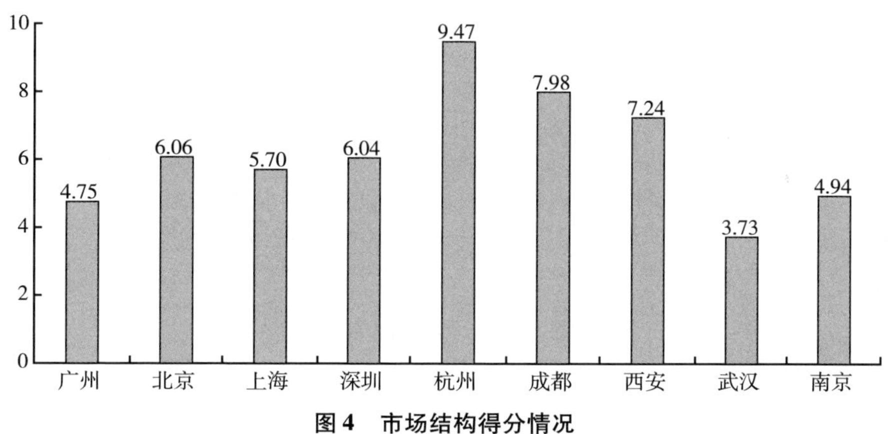

图 4　市场结构得分情况

从市场结构构成看，2018 年广州市文化产业增加值为 1369.69 亿元，增加值规模仅为杭州的 41.82%，与北京（2700.4 亿元）、上海（2081.42 亿元）、深圳（1783.45 亿元）等城市差距明显。从文化产业增加值占地区 GDP 比重看，广州文化产业增加值仅占其地区 GDP 的 5.4%，而杭州的占比却高达 24.13%，远高于广州，且北京（9.64%）、上海（6.79%）、深圳

(7.93%) 等城市均高于广州，九大城市中只有武汉 (4.62%) 略低于广州。从电影市场规模上看，2018 年广州市电影总票房为 20.9 亿元，低于北京 (35.0 亿元)、上海 (34.1 亿元) 和深圳 (21.8 亿元)，在九大城市中排名第四，属于中等偏上，比较优势不明显。从电影票房总收入占服务业增加值比重看，2018 年广州电影票房总收入占服务业增加值比重为 0.13%，仅略高于武汉 (0.1%)，低于其他城市。

(2) 产业基础。从产业基础指标看，广州得分为 9.11，在九大城市中排名第六，与排名第一的北京 (16.11) 之间存在较大差距 (见图 5)。从具体指标表现看，广州市文化产业 (规上企业) 从业人员总量较少，文化、体育和娱乐业固定资产投资处于中游水平，市级文化或文化创意产业发展规划实施数量相对不足是造成广州产业基础得分不高的主要原因。

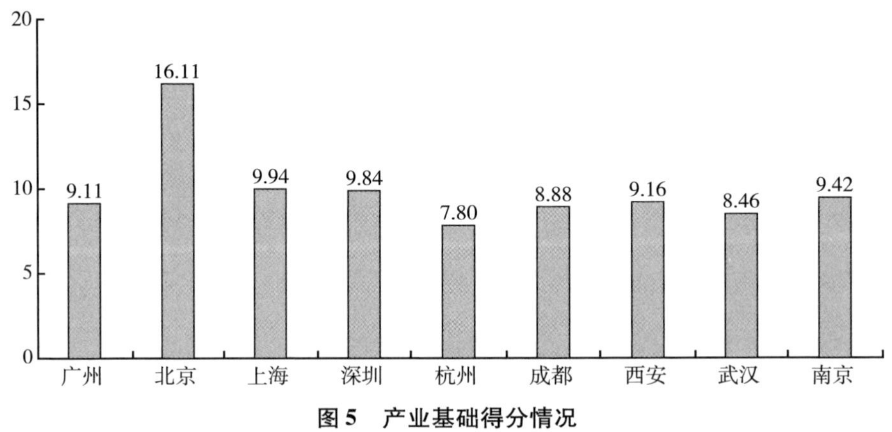

图 5　产业基础得分情况

从文化产业 (规上企业) 从业人员总量来看，2018 年广州文化产业领域 (规上企业) 就业规模为 32.75 万人，与北京 (54.14 万人)、深圳 (51.94 万人) 和上海 (43.78 万人) 相比仍存在较大差距，这也是造成广州产业基础得分不高的主要因素。从文化、体育和娱乐业固定资产投资来看，2018 年广州文化、体育和娱乐业固定资产投资为 56.2 亿元，在九大城市中排名第五，仅占排名第一的西安 (131.04 亿元) 的 42.89%，与排名第二和第三位的北京 (121.73 亿元) 和成都 (112.35 亿元) 相比，也存在较大差距，仅与上海

（56.74 亿元）相当。深圳的文化、体育和娱乐业固定资产投资规模排名末尾，仅为广州的 69.72%，但深圳的产业基础得分排名却高于广州，这主要得益于其文化产业（规上企业）从业人员规模相对较大。从各城市市级文化或文化创意产业发展规划实施数量来看，2018 年广州实施了 2 项，仅比成都、西安多 1 项，与上海、深圳、杭州三市并列，比产业排名第一的北京少了 3 项。

2. 创新资源

从创新资源维度看，广州得分为 32.2，在九大城市中排名第四，与南京（33.65）和武汉（30.49）处于同一发展层次。北京在创新资源中的表现最为突出，是样本城市中唯一得分超过 40 的城市，占据绝对优势，上海紧跟其后，其创新资源得分直逼 40，表现较为突出（见图 6）。

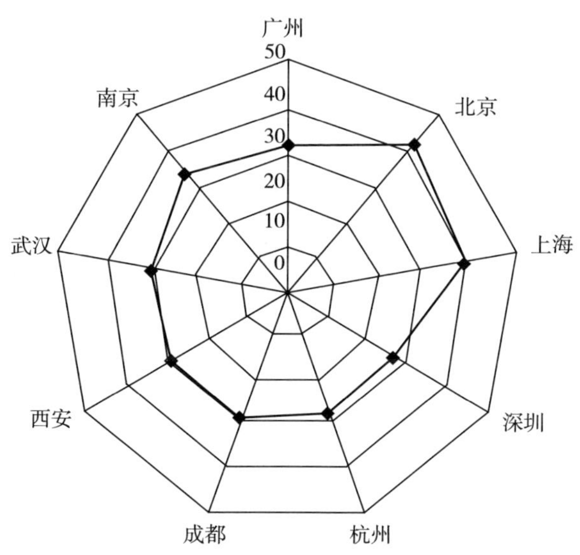

图 6　创新资源得分

从构成创新资源的二级指标具体表现可以看出，文化资源得分偏低是造成广州创新资源得分不高的主要原因，尽管广州的创新资源在九大城市中排名第四，但在分值上与排名前列的城市差距较大。此外，广州在资本投入领域表现相对较好，具有一定比较优势，在一定程度上拉高了创新资源分值，但在人力资源、文化资源方面的比较优势偏弱，且广州在人力资源、文化资源和资本投入方面均与排名最靠前的北京和南京之间存在一定差距（见图7、图8、图9）。从其他城市表现看，丰富的文化资源是北京、上海获得创新资源高分的主要原因，杭州在文化资源上也具有一定的比较优势；南京、武汉两市在资本投入上具有较强的优势，成都得分也比较靠前，而深圳表现较为一般（见图9）。

（1）人力资源。从人力资源指标看，广州得分为10.06，在九大城市中排名第四，与排名第一的北京（12.48）之间存在一定差距（见图7）。从具体指标表现看，规模以上文化企业从业人员比例不高，每万人拥有在校大学生数量优势不明显，国家级非物质文化遗产代表性项目代表性传承人数量偏少是造成广州文化产业创新发展过程中人力资源得分不高的主要原因。

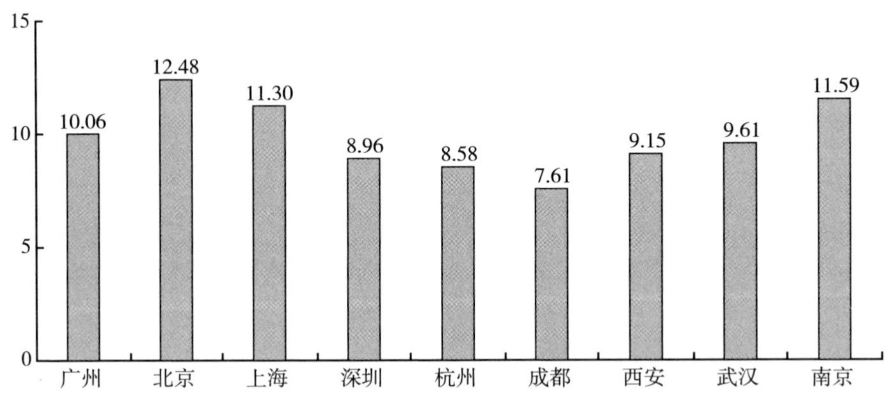

图7　人力资源得分情况

从规模以上文化企业从业人员占比来看，2017年广州规上文化企业从业人员比例为3.8%，与排名前三的深圳（5.51%）、南京（4.88%）以及北京（4.34%）之间存在一定差距，规上文化企业从业人员比例不高对广州整个文化产业人力资源底层建设的支撑作用不够充分。从每万人拥有在校大学生数量来看，2018年广州每万人常住人口中平均在校大学生人数约为729人，与西安（1271人）和南京（1010人）两市相比存在一定差距。从国家级非物质文化遗产代表性项目代表性传承人总量来看，广州拥有18个国家级非遗代表性项目代表性传承人，与北京（124人）、上海（120人）差距在5倍以上，与人力资源得分总体靠后的杭州（29 人）也存在较大差距，国家级非遗代表传承人作为文化产业创新发展的领军人，广州传承人总量当年增量较少，难以充分发挥对整体文化产业创新发展的引领和带动作用。

（2）文化资源。从文化资源指标看，广州得分为 11.11，在九大城市中排名第四，与排名第一的北京（20.53）之间存在较大差距（见图 8）。从具体指标表现看，国家及以上级别文化遗产（非物质文化遗产）数量较少，纳入国家传统工艺振兴目录项目数量不够多，3A 及以上景区数偏少，公共图书馆藏书量优势不明显是造成广州文化资源得分不高的主要原因。

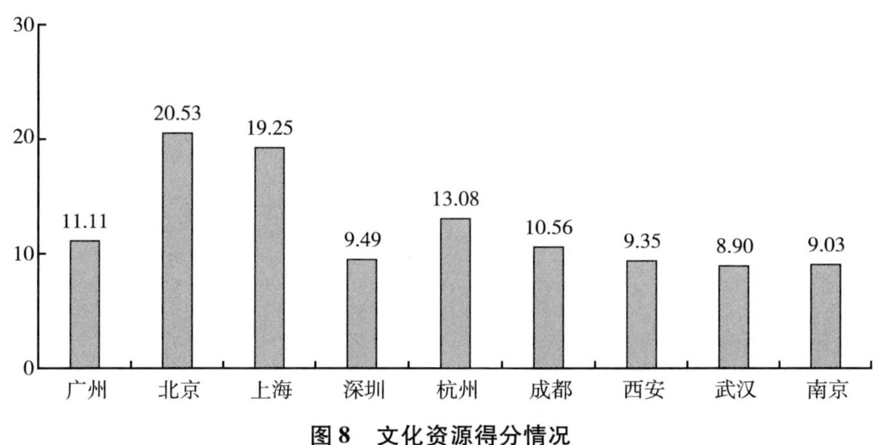

图 8　文化资源得分情况

从国家及以上级别文化遗产（非物质文化遗产）数量来看，2018 年广州有 16 项，北京（102 项）是其 6 倍多，上海（63 项）是其约 4 倍，成都和武汉两市与广州基本持平，这一表现主要与各地的文化底蕴相关。作为近些年才崛起的大都市，深圳在这方面的劣势相对明显，当前深圳仅有 8 项，也是九大城市中唯一不足 10 项的城市。从纳入国家传统工艺振兴目录项目数量来看，2018 年当年广州拥有 6 项，处于九大城市的中上水平，但与上海（19 项）和北京（11 项）差距较大。非物质文化遗产是现阶段城市推行文化产业创新融合发展的重要资源，广州市拥有的国家及以上级别文化遗产（非物质文化遗产）数量过少，纳入国家传统工艺振兴目录项目数量不多，使得文化产业创新发展的高端资源支撑力偏弱。从 3A 及以上景区数来看，截至2018年广州共拥有53个3A及以上景区，与北京（202个）、上海（109个）和杭州（85个）三市相比存在不小的差距，在九大城市中排名第六，处于相对劣势。从公共图书馆藏书量来看，截至2018年广州公共图书馆藏书量为2922万册，上海（7894.21万册）、北京（6701.2万册）和深圳（4296万册）分别是它的2.7倍、2.29倍和1.47倍，在九大城市中排名第四，略高于杭州（2224.7万册）和成都（2292.6万册），比较优势不明显。

（3）资本投入。从资本投入指标看，广州得分为11.03，在九大城市中排名第三，与排名第一的南京（13.03）之间存在一定差距（见图9）。从具体指标表现看，文化产业财政资金扶持力强，拥有较大规模的纳入文化和旅游部文化产业重点项目规划投资，为广州进行文化产业创新发展提供了具有比较优势的资本投入资源，但文化、体育和娱乐业固定资产投资占全社会比重较低是造成广州资本投入得分不高的主要原因。

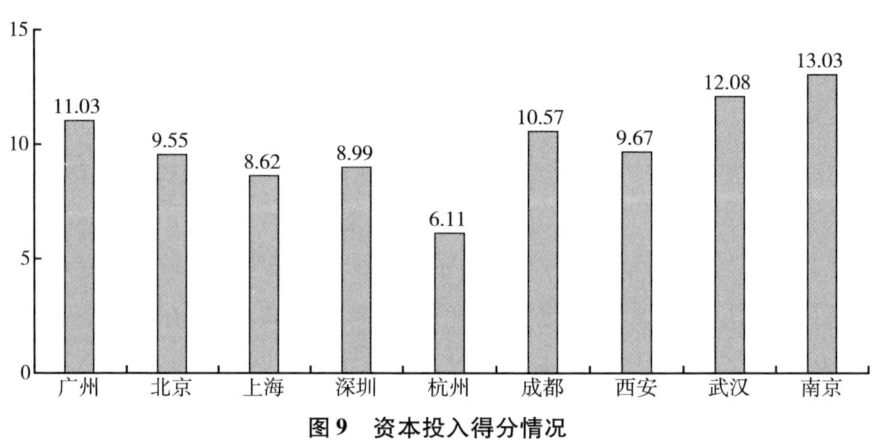

图9　资本投入得分情况

从文化、体育与传媒财政支出占GDP比重来看，2018年广州市文化、体育与传媒财政支出规模为14.72亿元，占全市GDP比重为0.064%，占比排名第一，在九大城市中具有绝对优势，深圳（0.057%）和上海（0.056%）占据第二和第三名，武汉（0.05%）和南京（0.052%）两市占比均在0.05%及以上，其他城市均在0.05%以下。文化、体育与传媒财政支出占比较高，表明广州市对文化、体育与传媒财政扶持的政策导向性更强。从纳入文化和旅游部文化产业重点项目规划投资规模来看，2018 年广州文化领域重点项目投资规模为 50.21 亿元，在九大城市中排名第二，具有较强的优势，值得注意的是，广州与排名第一的武汉（110.17 亿元）相比还存在较大差距，但遥遥领先于排名相对靠后的杭州（8.9 亿元）、北京（7.59 亿元）和上海（0.72 亿元）三市。文化和旅游部产业项目服务平台是文化和旅游部产业发展司组建的统一的项目征集管理、展示、推广、交易平台，不仅使参与企业能够得到公益性的宣传推广服务，也能直接反映对文化产业发展的重视程度以及城市高端文化产业发展情况。从文化、体育和娱乐业固定资产投资规模占全社会固定资产投资比重来看，广州市文化、体育和娱乐业固定资产投资占比为 0.95%，排名第五，处于相对劣势，在九大城市中略高于武汉（0.93%）、上海（0.87%）和杭州（0.85%）三市，与排名第一的南京（2.38%）存在较大差距。

3. 创新能力

从创新能力维度看，广州得分为 25.81，在样本城市中排名第二，高于深圳（25.57）和上海（24.14）等其他城市，但低于北京（31.33），具有较强的优势。南京（19.02）、杭州（18.78）、武汉（15.01）、成都（13.99）和西安（13.83）五市得分均在 20 以下，与广州存在一定差距（见图 10）。从二级指标表现看，市场活力表现突出是拉高广州创新能力得分的主要原因，但广州在业态融合方面优势相对不明显，与排名前列的城市之间存在一定的差距。从其他城市得分表现看，高度的业态融合是北京创新能力获得高分的主要原因，上海和深圳两市在业态融合和市场活力上分别具有较强的优势，且二级指标得分均衡，南京在市场活力上具备较强的优势，杭州、成都、武汉和西安四市在业态融合和市场活力上表现一般（见图 11、图 12）。

（1）业态融合。从业态融合指标看，2018 年广州得分为 11.93，在九大城市中排名第四，与排名第一的北京（23.01）之间存在较大差距，与其他城市相比，比较优势不明显（见图 11）。从具体指标表现看，城市文化创意 + 赋能能力指数和城市文化创意 + 创意生态指数较低，文化创新媒体声量强度偏弱，文化科技融合龙头企业带动作用不强是造成广州文化产业创新能力得分不高的主要因素。

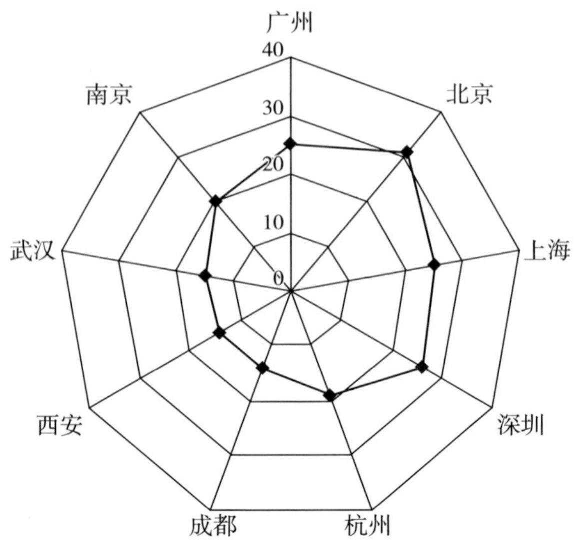

图 10　创新能力得分

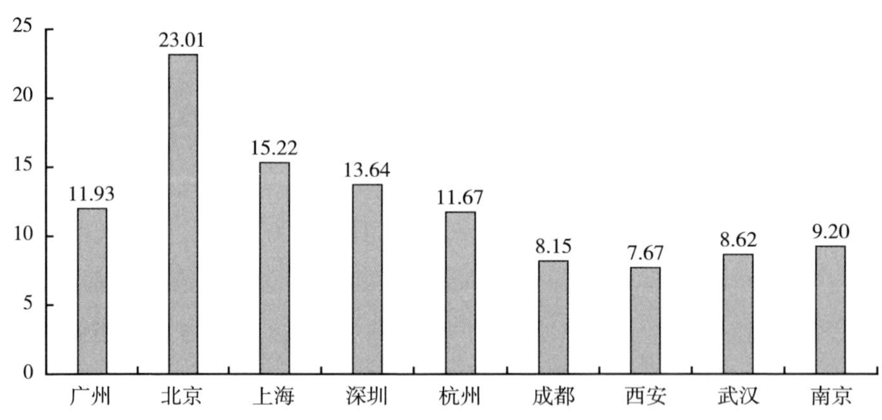

图 11　业态融合得分情况

从城市文化创意 + 赋能能力指数来看，2018 年广州赋能能力指数得分 18.796，与排名前四的北京（23.902）、上海（22.551）、深圳（21.053）和杭州（20.148）四市之间存在一定的差距。从城市文化创意 + 创意生态指数来看，2018 年广州创意生态指数为 6.829，低于九大城市创意生态指数均值 7.51，得分仅为排名第一的北京（18.691）的 36.5%，差距较为明显。

从文化创新媒体声量强度来看，文化产业微信公众号 KCI（关键胜任能力指标）指数前 50 名中，广州仅占 2 位，与排名的第一的北京（占 16 位）之间存在巨大差距，上海和深圳两市均拥有 6 个，在这方面的表现也强于广州，说明文化创新媒体对广州文化产业业态融合的推动作用还没有充分发挥出来。在文化科技融合方面，2018 年文化和旅游部评选出的文化科技融合 TOP 30 企业品牌中，广州地区仅有网易和分众传媒两家企业进入榜单，在公司数量上少于北京（9 家）、上海（4 家）、深圳（3 家），仅与杭州和南京两市相当，但多于武汉（1 家）、成都（0 家）和西安（0 家），比较优势不明显，说明广州在文化科技融合龙头企业培育方面还有很长的路要走。

（2）市场活力。从市场活力指标看，广州得分为 13.89，在九大城市中排名第一，具有绝对优势（见图 12）。从具体指标表现看，广州市居民人均教育文化娱乐消费支出在样本城市中最多，且已纳入文化和旅游部产业项目服务平台的文化产业重点项目达产收益率排名第一，这是广州文化产业领域市场活力获得高分的主要原因，但广州市对文化产业发展起龙头作用的文化企业品牌数量不多且规模偏小可能会限制未来广州文化产业市场活力的提升。

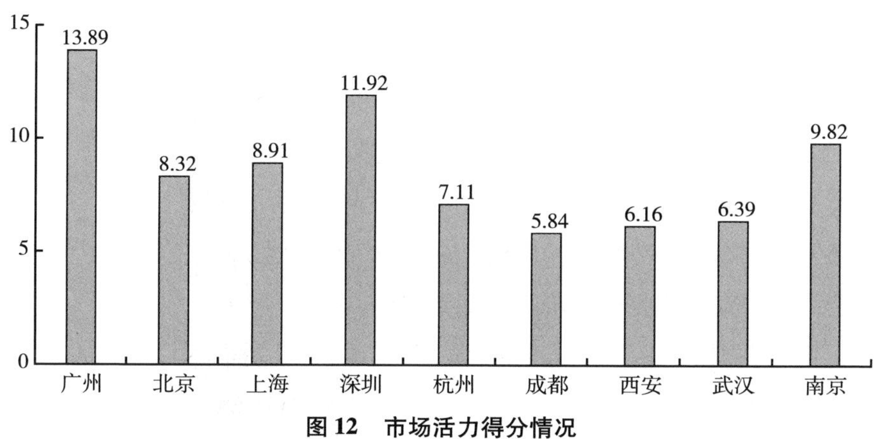

图 12　市场活力得分情况

从居民文化领域市场需求看，2018 年广州居民人均教育文化娱乐消费支出为 5640 元，略高于排名第二的南京（5541 元），与上海（4686 元）、北京（3999 元）和深圳（3935 元）相比具有明显优势，文娱领域消费支出规模直接反映了一个地区文化产业发展的市场需求程度，人均支出规模越大越能为地区文化产业创新发展提供强大的市场需求保障。在文化企业品牌价值表现方面，2018 年文化和旅游部评选出的中国文化企业品牌价值 TOP 50 企业中，广州市上榜的分众传媒、南方传媒和网易三家企业品牌价值总规模为 440. 35 亿元，品牌价值总规模在九大城市中排名第三，与排名前两位的北京和深圳相比，仍存在较大差距。广州地区上榜企业数量仅为北京（14 家）的 21. 4%，品牌价值规模不足北京（961. 17 亿元）的 50%。虽然在上榜企业数量上广州与深圳持平，但深圳地区上榜的腾讯、华侨城和华强方特三家文化类公司品牌价值总规模为 3808. 24 亿元，是广州的 8. 65 倍，差距巨大。从已纳入文化和旅游部产业项目服务平台的文化产业重点项目达产收益率来看，2018 年广州重点项目达产收益率为 2. 84%，远高于深圳（0. 51%）和上海（0. 42%），但投资规模仅有 5263 万元，远低于成都（总投资额 50. 95 亿元，收益率为 0. 0025%）。

4. 公共基础

从公共基础维度看，广州得分为 15. 4，在九大城市中排名第七，与深圳（17. 59）、成都（17. 64）和西安（16. 16）四市处于同一水平。上海在公共基础的表现最为突出，其次是北京，它们的得分均超过 20，杭州（19. 15）排在第三位（见图 13）。从二级指标构成看，广州在文化产业公共设施和商业设施上均不具有比较优势，与其他城市之间存在较大差距。从其他城市得分表现看，上海、深圳和杭州在商业设施领域优势较大，北京和上海在公共设施领域优势较大，杭州和成都两市在商业设施上有较强的优势，武汉和南京两市在两方面均表现较差。

（1）公共设施。从公共设施指标看，广州得分为 5. 76，在九大城市中排名第七，处于相对劣势，与排名第一的北京（10. 55）相比差距较大（见图 14）。从具体指标表现看，公共图书馆数量和博物馆数量相对偏少共同造成了广州在公共设施方面得分不高。

从公共图书馆数量看，2018 年广州市有 14 个公共图书馆，在数量上低

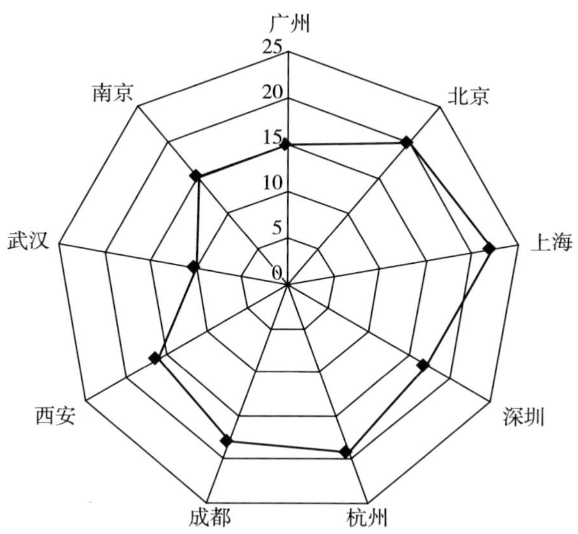

图 13　公共基础得分

于九大城市平均值（15.4 个），少于北京（24 个）、上海（23 个）、成都（22 个）、杭州（15 个）和南京（15 个）五市。从博物馆数量看，2018 年广州市博物馆总量为 29 个，北京（179 个）、西安（134 个）及上海（131 个）三市分别是它的 6.17 倍、4.62 倍、4.52 倍，九大城市博物馆平均拥有量（77 个）是它的 2.65 倍，劣势较为明显。

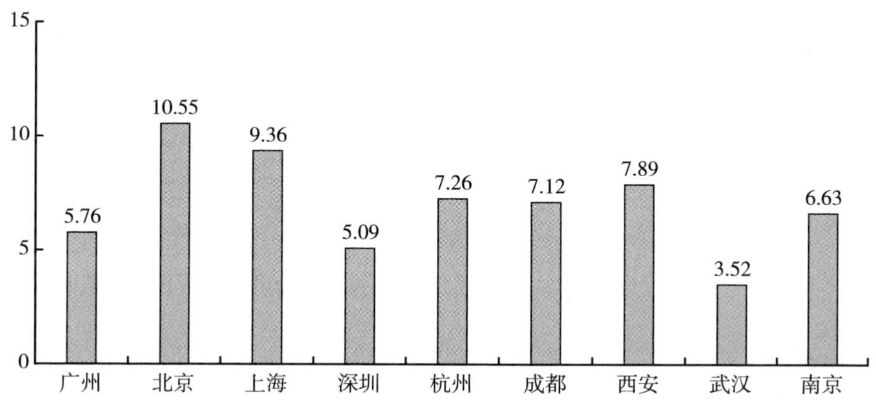

图 14　公共设施得分情况

（2）商业设施。从商业设施指标看，广州得分为9.64，在九大城市中排名第六，与排名第一的上海（13.21）之间存在一定差距（见图15）。从具体指标表现看，文化馆数量相对偏少，影剧院数量和每万人电影院银幕数均不具有比较优势，共同导致广州商业设施得分不高。

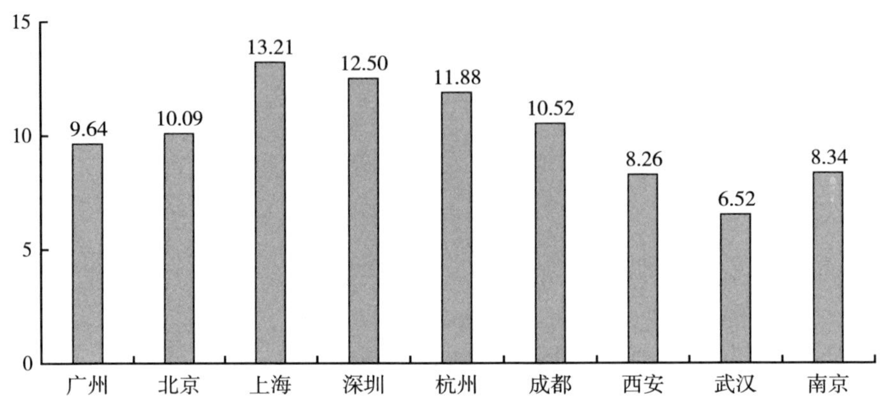

图15　商业设施得分情况

从文化馆数量来看，2018年广州市文化馆数量为12，与上海（25个）、成都（22个）和北京（20个）相比差距较大，且低于九大城市文化馆平均拥有量（14.4个），仅多于深圳（8个）和武汉（1个），处于相对劣势。从影剧院数量来看，2018年广州共拥有209个，少于上海（347个）、深圳（280个）和北京（238个）三市，略高于九大城市影剧院的平均值（200个），在九大城市中排名第四，在四大一线城市中广州处于垫底位置。从万人电影院银幕数来看，2018年广州万人影院银幕拥有量为0.96块，远低于杭州（1.38）和深圳（1.35），但多于其他城市，具有一定比较优势。

（三）广州与我国主要城市文化产业创新发展比较的总体评价

通过对样本城市文化产业创新发展进行系统性的对比分析，可以得出以下结论：

一是从城市文化产业创新发展总体水平表现来看，虽然广州的城市文化产业创新发展综合实力在九大城市中排在第三位，但与排在前两名的北京和上海相比仍有不小差距。此外，广州也面临着深圳、杭州、南京等城市的激烈追赶，广州要想保住综合实力前三的位置，仍有许多的工作要做。

二是通过城市文化产业创新发展指数四大维度的比较分析，可以发现，广州在创新环境和公共基础上表现相对较弱，与排名靠前的城市之间的差距较大，这是广州文化产业创新发展的主要短板，也是未来广州提升文化产业创新发展整体综合水平的主攻方向。

三是通过对城市文化产业创新发展指数的二级指标进行比较分析，可以发现，广州在市场活力和社会资本投入两个方面具有较强的优势，尤其在市场活力方面具有绝对优势（排名第一），说明广州在文化产业创新发展方面具备强大的市场需求动力。而在人力资源、文化资源和业态融合三个方面，广州表现较为一般；在市场结构、产业基础、公共设施和商业设施四个方面，广州表现较差，处于相对劣势，尤其在市场结构方面，广州的劣势较为明显（居第八位），主要表现为广州文化产业的市场规模较小，在地区生产总值中的占比较低，这与广州的经济总量以及广州在全国城市中的地位不匹配。

四　加快广州城市文化产业创新发展对策及建议

（一）加大文化产业人才培养力度，完善文化产业人才激励机制

文化产业要实现创新发展，人才资源是关键。当前，随着文化产业与高新技术融合的程度不断加深，文化产业对专门人才的知识与能力结构的要求也越来越高，而且这种需求模式已成为国家和地区占据文化产业未来发展制高点的制胜因素之一。广州想要在文化产业领域实现超常规、跨越式发展，就必须在培育和引进文化产业领域人才资源上进行顶层设计。

首先，要大力营造适合文化产业人才资源发展，尤其适应文化企业家发展的良好生态环境和文化产业创新创业氛围，充分认可文化企业家在文化产

业价值创造过程中发挥的主导作用，并以制度化的形式保障文化企业家在文化产业价值实现过程中付出智力要素的报酬和收益。

其次，要尽量留住现有文化产业领域人才资源。通过设立专项文化产业创新发展奖励基金等方法，激励对广州文化产业创新发展贡献突出的人才和团队。不断完善文化产业领域人才资源的管理和使用制度，建立符合市场发展要求的文化创新人才流动管理机制，充分发挥企业单位的用人自主权、人才自身的自主择业权。

最后，要完善在职人员的培训机制，积极鼓励引导广州本地高等院校加快文化产业创新发展重点专业和学科建设，不断完善和丰富文化产业创新发展相关课程设置，积极引导人才对计算机科学、市场营销、外语等跨专业领域的学习，有针对性地培养文化产业创新发展领域所需的专业人才。鼓励本地院校、职业培训机构、游戏动漫基地、行业协会等相关企业和部门积极开展文化领域的深层次合作，设立文化产业创新发展职业培训机构以及教学科研实习基地。

（二）深入挖掘本地特色文化资源，夯实文化产业创新发展基础

首先，做好广州本地特色文化资源的整理和再开发研究工作。鼓励各级政府部门积极组织一流专业团队，对广州的历史、手工艺、民俗以及文化遗产等特色文化资源进行深挖和研究，充分挖掘出这些特色资源对当前广州大力推动文化创新发展的价值和内涵，为进一步利用广州特色文化资源进行产业化、特色化、创新化发展打好坚实的基础。

其次，做好文化资源领域的统计、分析和规划工作。尽快做好广州本地特色资源的采集、整理等相关统计分析工作，完善统计、分析和信息公布等文化资源管理体系，摸清当前广州本地特色文化资源状况，建立文化产业创新发展特色文化资源数据库，充分了解广州进行文化产业创新发展具备的现有基础。

最后，推动特色文化产业创新发展。立足广州地方特色文化资源，挖掘和活化已有非遗项目，完善培育非遗传承人机制，充分利用现有高新科技，积极引导广州特色文化资源与高新技术融合，进行创造性转化和创新性发

展，提高文化产品市场竞争力，推动广州本地特色美食、手工业、游戏动漫、历史遗迹等特色文化资源的创新发展。

（三）培育文化龙头和独角兽企业，营造文化企业创新创业氛围

首先，大力培育一批实力雄厚、竞争力强和影响力大的本地龙头型文化企业，鼓励本地文化企业在游戏动漫、网络文化、影视演绎、出版发行、数字节目制作、网红经济等新兴文化产业领域充分发挥龙头作用，引导行业发展，使它们成为广州文化产业领域中市场的主导力量和文化产业创新发展的重要战略投资者，引领和带动广州文化产业创新发展。在全市范围内组建若干个跨城区、跨部门、跨行业、跨所有制的综合性文化产业发展集团，扩大广州文化产业创新发展市场规模，提升文化产业创新发展规模效应。

其次，完善政府部门关于文化产业创新发展规章制度，加大文化产业创新发展过程中的知识产权保护力度，加强对文化产业领域企业创新创业的保护和支持，让企业产品和专利在广州市场得到合法保护，加大文化产业领域对盗版行为的打击力度。制定和实施支持本地文化企业创新创业的扶持政策，进一步降低文化产业领域创新创业的市场准入门槛，为本地文化产业创新发展提供良好的制度环境，有效降低文化企业制度成本。

（四）加快推进文化产业转型升级，增强文化产业科技融合发展

当前，高新信息技术强大的行业融合性为广州文化产业进行创新发展提供了新的机遇。在世界范围内，内容产业的快速崛起为信息产业的升级换代带来了新的市场需求和发展机遇，数字技术的推广应用以及“互联网＋”的普及都对文化产业的创新和传播产生了重大影响，为文化产业发展提供了更加广阔的需求市场，为加速文化产业创新发展和加快文化产业转型升级提供了新手段，也为各种新的文化业态的变革创造了新的机遇。

首先，要鼓励企业充分利用高新技术和先进适用技术对广州传统文化产业生产模式和经营手段进行深入改造，加深文化产业与高新技术的融合程度，加快传统文化产业向现代文化产业的转型升级速度。充分运用电子出

版、数字影视、网络传输等现代信息技术和网络平台，不断催生新的文化产业发展业态，大力发展文化创意、文化博览、游戏动漫、影视演绎、出版发行、数字节目制作、网红经济等具有广阔的市场空间和开发潜力的新兴文化产业。抢占文化产业与高新技术深度融合的战略制高点。

其次，重视内容的开发和创新，重点推动广播、电视、报纸等传统媒介平台与互联网、移动通信等现代信息技术的互动融合，促进文化产业与信息、教育、体育和旅游等关联性较强产业之间的联动发展，大力推动“文化+”模式发展。在网络服务方面，要打造重点网站，扩大用户量，提升服务品质，实现规模效益。在广告会展业方面，努力构建一个全方位、多门类的广告媒介服务体系和服务平台，扩大服务涵盖范围，提升服务效率。在游戏动漫方面，积极开发和利用企业、科研单位、高等院校、行业协会等不同部门和平台的资源，建立游戏动漫研发生产园区，增强人力资源流动性，加快文化领域科技创新成果转化。鼓励支持有条件的文化企业、研发机构开发高端文化产品，抢占行业制高点，形成先天优势，拉动本地相关文化产业发展。

（五）正确认识本地文化消费市场，放大消费需求对文化的引领作用

一个国家或地区居民在文化领域消费支出水平的高低，是衡量其历史文化积淀、经济社会发展水平以及国民精神文化素养的重要标杆。在文化产品消费市场领域，广州具有明显的优势，近年来，广州人均文化教育娱乐支出规模在全国城市中一直排名靠前，说明广州在文化产业创新发展过程中自身已经具备强大的市场需求动力。因此，充分释放当前广州本地市场文化消费需求的潜能和活力，有效引导市场消费热度，推动文化产业转型升级，是广州加快文化产业创新发展的重要着力点之一。

首先，要引导文化企业在生产文化产品时应以人民群众市场需求为导向，对本地消费者或者文化产品市场消费者文化消费状况进行市场调研分析，提供与消费者需求相吻合的文化产品和服务。

其次，要加大对文化企业的刺激和激励，通过进一步放宽文化市场准入，让更多的民间资本进入本地文化产业领域，提升文化产业创新发展的市

场活力。

最后，加强文化企业进行文化产品创新的主观能动性，积极鼓励本地文化企业加大文化产品研发力度，加深文化产业与科技融合程度。加强政府部门对文化产品市场需求带动能力，鼓励各级政府部门通过购买文化产品、文化服务以及对文化产品消费进行适当补贴等途径，引导和支持文化企业向消费者提供多样化文化产品和服务。

（六）加快公共文化基础设施建设，提高文化产品投资的收益率

首先，继续加大财政对公共文化产品和文化服务的支持力度，进一步完善公共文化基础设施建设各项配套措施，夯实本地文化产业创新发展的公共基础。发挥政府部门的示范和带动作用，引导和带动更多的社会资金进入本地文化产业。重视公共文化服务项目或平台在本地文化产品市场推广中的媒介作用，积极传播、弘扬本地特色文化，不断丰富本地文化产品和服务的传播途径和展示形式，提高消费者对文化产品和文化服务的认知度和认同感。增强财政对公共文化发展的扶持力度，进一步推进、优化、完善广州公共文化服务体系建设，建立政府、非政府组织、企业和社区等不同主体共同构成的公共文化服务机制。

其次，不断拓展本地文化企业的市场融资途径，有效降低企业的融资成本。鼓励政府部门对文化企业实行减免税等优惠政策，积极鼓励和引导社会资本进入文化产业领域，培育多元化文化产业市场融资主体。

B.3
5G时代广州文化产业创新发展的思考*

秦瑞英**

摘　要： 第五代移动通信技术（5G）已成为全球主要国家和地区实施数字经济战略的先导领域，我国更是高度重视5G的发展，将其作为推进供给侧结构性改革的新动力、振兴实体经济的新契机，5G正在成为推动我国文化产业变革的重要力量。广州文化产业已经逐渐成为战略性支柱产业，文化与科技融合发展成效显著，众多新兴文化业态不断涌现，已成为新的增长点。广州市具有迎接5G技术推动文化产业创新发展的良好基础和条件，应该积极发挥5G建设全国领先的优势，加快5G在文化产业中的推广和应用，促进文化产业转型升级，提升产业数字化、智能化水平，补齐内容生产短板，构建数字文化产业监管新生态，加强知识产权保护，培育高素质复合型人才，推动广州文化产业高质量发展。

关键词： 文化产业　5G产业　文化新业态

---

* 本文是广州市软科学专项课题“广州科技创新对新动能增长的贡献研究”（项目编号：201901040002）的阶段性研究成果。

** 秦瑞英，广州市社会科学院产业经济与企业管理研究所研究员，博士，研究方向为产业经济、城市经济。

当前，5G已经成为全球科技创新的战略热点，美国、欧盟、韩国、日本均快速出台多项鼓励政策和激励举措，抢占全球5G发展的优势地位。我国更是把5G作为优先发展的重点领域、推进供给侧结构性改革的新动力、促进实体经济高质量发展的新机遇。2019年6月6日，工业和信息化部正式发放5G商用牌照，标志着我国进入5G商用元年。5G技术将促进文化要素在跨领域传播中优化组合，让文化产业得以拥抱移动互联网、大数据、物联网、人工智能等新技术，使“平台+技术+内容+垂直运作”成为未来文化产业的基本生态结构，为文化产业发展赋予更多的新内涵，它正在成为推动我国文化产业变革的重要力量。

一 5G技术及其发展

（一）5G技术及其发展现状

1. 5G技术

5G作为新一代信息通信技术演进升级的重要方向，是第五代移动电话行动通信标准的英语缩写，是第四代通信技术的延伸，是实现万物互联的关键信息基础设施。与4G相比，5G具有高速率、大容量、高可靠性连接、低时延等特征。它不仅能够大幅提升移动互联网业务能力，更可以拓展到物联网领域，开启万物互联的新时代。它不但是移动通信技术的一次进步，更可以带动其他行业大范围的进步。开放、智能、灵活的5G技术将推进运营商和企业客户共同完成数字化转变，促使他们面向新兴领域，积极探索技术和商业模式的创新与变革。5G技术缩短了时间，缩小了空间，刺激并加快了整个社会经济物质文化的整体互动发展。以“5G+”为特征的技术融合和产业变革将成为推动未来生产方式变革和社会进步的重要力量。

2. 发展现状

2018年以来，5G热度持续攀升，如今已是当下最热门的话题之一，成为“构筑竞争优势的战略必争地”。目前全球已有30多个国家发放了5G频谱，包括中国、美国、日本、韩国和欧盟在内的主要国家和地区都把5G列为优先发展的领域，提前布局5G试验和商用“时间表”，形成中国、韩国、美国、日本位于第一梯队，英国、德国、法国紧随其后的全球5G竞争格局。全球移动通信系统协会（GSMA）最新统计显示，截至2019年12月，全球已有46张5G商用网，1000万5G用户。预计2020年全球将有170家运营商推出商用5G网络，用户数将超过1.7亿。2025年，5G用户数将达到17.7亿（不含物联网）。全球移动供应商协会（GSA）发布的全球5G投资进展报告显示，截至2019年底，全球已有包括手机、热点设备、电视、无人机等共199款5G设备发布，其中，5G NR网络设备、智能手机、客户驻地设备和其他类型的终端设备已在各种市场上发售①。我国华为、OPPO、小米等多家企业已率先发布首款5G手机。

（二）我国5G创新发展全球领先

1.5G成为我国优先发展的战略领域

早在2013年，我国就已经逐步展开5G顶层前沿布局，明确了5G技术的突破方向。2013年4月19日，工信部、国家发改委和科技部共同支持成立“IMT－2020（5G）推进组”，旨在推动国际5G交流与合作，推动全球5G的标准化及产业化。先后发布《5G愿景与需求白皮书》《5G概念白皮书》等研究成果，明确了5G发展的愿景与需求、技术场景、网络技术架构、关键性能指标等。2016年，国家“十三五”规划纲要提出要积极推进5G和超宽带关键技术研究，2020年启动5G商用。《中国制造2025》提出的十大重点领域中，“全面突破第五代通信（5G）技术”位列第一，更加明确我国5G网络建设势在必行。

2.国际5G标准的领跑者

在5G标准研发上，我国也是率先启动，并正逐渐成为全球的领跑者。

① “5G Device Ecosystem－December 2019”，GSA，https：//gsacom.com/paper/5g－device－ecosystem－december－2019/。

国内领军通信设备企业大唐在2013年提出的5G关键能力指标和取值，被ITU（国际电信联盟）纳入5G愿景和框架建议书的技术指标当中。全球的5G NR标准必要专利之中，华为以2160族高居榜首，而中兴以1424族位列第三，大唐552、OPPO 222也是榜上有名。全球5G标准立项中，我国以21项遥遥领先于欧洲、美国、日本等国家和地区。我国主推的3.5GHz中频率已经成为全球产业界公认的5G商用主要频率。

3. 率先启动5G技术研发试验

早在2014年中兴通讯就联合中国移动在深圳完成全球首个TD-LTE 3D/Massive MIMO基站外场预商用测试。2016年，我国启动5G技术试验，并在统一规划下分5G关键技术验证、5G技术方案验证和5G系统组网验证三个阶段实施。2018年底，三阶段试验完成，结果表明5G基站与核心网设备已达到预商用要求。2019年6月6日，工业和信息化部正式发放5G商用牌照。截至2019年底，已有35款手机终端获得入网许可，国内市场5G手机出货量超过1377万部，国产5G手机芯片投入商用。

4. 融合应用加快推进

随着国内5G商用进程的不断加速，5G在工业互联网、农业、医疗、车联网、AR/VR、媒体直播等领域的应用不断创新、落地和深化。其中，超高清视频、智能制造、远程医疗、智慧城市、智慧交通、智慧能源等新兴业态和应用场景正在从愿景变为现实。

（三）5G在我国文化产业发展中的应用加快

1. 各地“5G＋文化”相关政策规划纷纷出台

5G已来不再是口号，国内不少省市已在抢先布局5G网络建设，纷纷出台5G产业相关政策或专项规划，将5G发展作为政府重点工作。天津、武汉、太原等城市在2018年就已出台5G专项计划和实施方案，提出推进5G试验、全面推动5G基站建设。2019年大部分省市密集出台行动方案、发展规划及政策。其中文化领域，大多都有超高清视频、VR/AR、智慧旅游、融媒体等应用场景，而超高清视频几乎是每个规划文件必提的5G应用场景（见表1）。

表1　国内5G在文化领域的应用规划

省	"5G+文化"应用场景	城市	"5G+文化"应用场景
河南	超高清视频、VR/AR、游戏娱乐、旅游体验、文化传播	深圳	超高清视频、云VR/AR
河北	超高清视频、冬奥会	广州	超高清视频
浙江	超高清视频、VR/AR、360度直播(杭州亚运会)	上海	超高清视频、休闲娱乐、文化旅游
江西	5G+VR在创意产业、文化和旅游的应用	北京	超高清视频、2019年北京世园会、2022年北京冬奥会
山东	超高清视频、智慧旅游	成都	超高清视频
四川	超高清视频	杭州	娱乐游戏
广东	超高清视频、演出赛事直播、游戏娱乐、景区宣传	许昌	VR/AR:沉浸式多媒体产业、智慧文旅
山西	5G融媒体、智慧旅游	济南	超高清视频、智慧旅游、5A景区实景VR体验、重点文体场馆实景VR体验
江苏	广播电视、文化娱乐	—	—
福建	超高清视频、VR/AR		

2.5G在文化领域的应用持续升温

目前，全国各地5G在文化领域的应用已经从规划进入现实，落地较多的是5G高清直播、5G智慧旅游、5G智慧博物馆、5G云游戏、"5G+VR直播"等。2019年3月全国两会期间，新闻中心周边区域首次实现了5G信号全覆盖。2019年8月，洛阳龙门石窟实现了对景区及周边重点区域的5G网络连片全覆盖，游客通过远程VR旅游、AR游龙门等应用，坐在家中就可以身临其境游龙门、观大佛。2020年，新冠肺炎疫情期间，5G技术更是在受到疫情影响较大的旅游业、文化娱乐、广播电视、教育等行业中发挥了重要作用。央视对武汉火神山和雷神山医院建设进行24小时5G视频直播，遍及全国的上亿人的"云监工"共同见证了中国奇迹。中国联通开展5G文旅互动直播服务，使数亿观众可以宅家"云游"河南红旗渠等景区，四川红军飞夺泸定桥纪念馆、上海自然博物馆、中国（海南）南海博物馆、河南郑州博物馆等文博场馆，以及河南龙门石窟、山西乔家大院等名胜古迹；

中兴通讯携手运营商助力中国移动线上家庭的云课堂业务，快速引入海量优质教育资源，满足广大学子“停课不停学”的需求。

3. 数字文化产业发展迅速

随着互联网和数字技术的广泛应用，文化生产端和消费端都出现了非线性链接，动漫游戏、网络文学、网络音乐、网红直播、微电影等迅速发展，发展数字文化产业成为我国建设网络强国、数字中国、智慧社会的一个重要着力点。《中国数字文化产业发展趋势研究报告》显示，2017 年，我国数字文化产业增加值为 1. 03 万亿 ~ 1. 19 万亿元，总产值为 2. 85 万亿 ~ 3. 26 万亿元。随着 5G 商用的普及，数字文化产业将实现爆发式扩张，预计 2020 年，产值规模将达到 8 万亿元。

二　5G 技术对文化产业的深刻影响

（一）推动文化产业的重大变革

基于 5G 的新数字技术，将实现机械化生产向智能化生产、标准化生产向个性化创作、集中生产向“去中心化”组合的转变，5G 带来的信息传输便利将优化文化产业的生产流程，促进生产要素与产品的高效流通，带来文化产业全要素的效率升级。同时，以 5G 为核心的新技术的应用和推广，带来文化产业结构与产业组织的巨大变化。一方面将加快传统文化产业的数字化、网络化、智能化转型步伐，另一方面将催生一批批的新业态、新模式。新的文化产业类型，尤其是与科技相关的文化产业与文化产品将逐渐发展壮大。产业细分将不断增强，文化产业下的细分行业会获得巨大发展空间。产业结构的变化势必带来产业组织的相应变化，促进文化企业的加速分化，科技型文化企业将成为文化产业发展的主力。文化产品生产可以充分利用数字经济部门网络化、扁平化、去中心化的特点，从而降低生产多种文化产品所分摊的研发成本，实现文化经济发展提质增效和文化产业发展的顺势创新。

（二）促进数字技术的发展

5G 的加快应用将为人工智能、云计算、大数据、物联网、边缘计算提供更加高速、清晰、可靠的运行基础，促进这些新技术的发展，并结合高清视频、无人机、VR/AR、机器人等技术共同推动各行各业转型升级，从而实现生产方式的变革、生活品质的提高和社会治理能力的提升。

（三）加深文化产业融合发展

技术创新是产业融合最重要的推动力。5G 技术的广泛应用必然会对产业的融合发展起到极大的推动作用。一方面，文化产业自身的融合发展将加快加深。在 5G 技术的支持下，多个文化产业行业间的融合将得以实现，并将扩大各行业间融合的深度和广度，如在传媒领域，5G 网络将会实现广泛的互联网连接，带来移动终端的扩张。在不论是电脑与智能手机，还是家电、机器设备等每一个联网的终端上，人们都可以随时随地收发信息，使得媒体无处不在。另一方面，在 5G 技术的强大支撑下，跨行业的融合发展将进一步加强，通过供给模式的转变、创新能力的突破、发展动力的整合，将重新定义文化产业与其他产业的融合方式，实现更大范围的效应提升，如新型信息化和工业化将深度融合，引发产业领域的深层次变革。

（四）推动文化产品和业态的创新

5G 技术的创新应用将会使文化产品种类和形态更加多元化，催生更多智能化、人性化、创新性、低成本的文化产品。报纸、杂志、影视、动漫、游戏、音乐、广播、演艺等传统业态的数字化程度将不断加深，更多可视化、交互性、沉浸式的文化产品和服务将不断涌现。在广播电视领域，5G 与 AI“声音代理人”技术的结合将实现高度自动化的人机协同新模式，衍生出 AI 虚拟主持人、虚拟主播。在 5G 技术的加持下，智能手机与 AI 的结合可以使普通用户成为高质量电影或视频的创作者，并能够实现作品的创作、分享和保存都在云端完成。“5G + 智能 IoT 设备”“5G + VR/AR”“5G + AI”

等也将改变人们的观影方式，可以使人们沉浸到真实的影视场景中并得到震撼的观影体验。在音乐领域，歌手异地远程合奏、彩排、演出将通过5G技术更顺畅地实现。

（五）激发新的消费需求

进入5G时代，更加丰富的消费形态将促使用户的体验需求产生重大变革。伴随着中国新一轮的消费升级与消费分级，消费群体的收入差异、地域差异、文化差异和代际差异将更为明显，消费理性化、个性化、差异化、体验式趋势将不断加剧，从而带来文化产品生产和消费的显著分层现象。5G技术有利于培育新供给，实现生产数字化、传播网络化、消费个性化，释放数字经济在文化领域的动能，培育新的文化消费增长点。

三　5G智能应用背景下广州文化产业创新发展基础与成效

（一）政策支持

1. 率先谋划5G产业

广州作为国家中心城市之一，高度重视5G产业发展，提早谋划，密集出台相关政策规划，推动5G应用加速向各行各业渗透，促进5G产业集聚发展。2019年6月在一线城市中率先出台《2019年度广州市5G网络建设工作方案》，提出要加快5G试验验证，推动4G向5G的平滑演进及规模组网。实现主城区和重点区域5G网络连续覆盖，建成全国领先的5G网络，率先实现5G试商用。2019年12月，《广州市加快5G发展三年行动计划（2019—2021年）》提出，加快5G终端、网络、平台、系统集成等领域的研发和产业化，将广州建设成网络设施完备、应用场景丰富、产业集聚明显的5G领先城市，在5G发展上走在全国前列。2020年3月，出台《广州市加快5G产业发展若干措施（征求意见稿）》，从支持鼓励基站建设、攻克关键技术、示范带动、人才培育等方面制定具体激励措施，以打造良好的5G发展环境，促进5G与实体经济的深度融合发展。

2. 引导文化产业创新发展

近年来，广州市不断加大文化产业的政策引导和资本的支持，尤其是近两年高度重视新技术对文化产业融合创新发展的巨大作用，出台了一系列政策文件（见表2）。2016年，审议通过《广州市加快推进传统媒体和新兴媒体融合发展行动方案》，协调安排5000万元专项资金。2018年底，发布广州首份文化产业发展综合性政策文件《广州市人民政府办公厅关于加快文化产业创新发展的实施意见》。2018年12月发布专项规划《广州市加快超高清视频产业发展行动计划（2018—2020年）》。2019年8月，印发《广州市促进电竞产业发展行动方案（2019—2021年）》；10月，出台《广州市推动城市文化综合实力出新出彩行动方案》，在文化产业壮大工程中提出要搭建“文化+”发展战略平台，加快5G技术与高清/超高清视频技术的结合应用。2020年，广州市级财政计划安排“广州市文化产业发展奖励扶持资金”，每年投入约5亿元专项用于促进广州文化产业发展。

表2　近两年广州市文化产业创新发展政策

时间	政策文件	重点内容
2018年12月	广州市人民政府办公厅关于加快文化产业创新发展的实施意见	巩固和壮大数字内容产业；打造动漫游戏产业之都；推进传媒影视融合发展；培育全球文化创意设计之城；超前布局文化产业前沿领域，促进虚拟现实产业、超高清视频产业健康有序发展，开拓混合现实娱乐、智能家庭娱乐等消费新领域
2018年12月	广州市加快超高清视频产业发展行动计划（2018－2020年）	加快超高清视频内容生产，促进优质超高清视频内容供给，推进超高清视频技术加快应用于电视网络、教育、娱乐等行业，创建国家级超高清视频内容制作基地
2019年8月	广州市促进电竞产业发展行动方案（2019－2021年）	做大做强电竞产业主体、鼓励电竞游戏原创作品研发、加强电竞企业研发能力建设、培育和引入国际顶级电竞赛事、加强电竞媒体建设、大力推进电竞场馆建设、推进电竞产业聚集发展、支持电竞产业新型消费探索和创新、鼓励和支持电竞企业拓展国内外市场、推动粤港澳大湾区电竞产业联动发展

续表

时间	政策文件	重点内容
2018 年 5 月	广州市时尚创意(含动漫)产业发展专项资金管理办法	设立中国广州动漫品牌特别扶持项目;对原创动漫游戏类项目给予扶持;对产品和服务出口类项目予以扶持;对参展办展类项目予以扶持
2019 年 10 月	广州市推动城市文化综合实力出新出彩行动方案	培育发展文化创意产业;打造动漫游戏产业之都;加快发展文化装备制造业;搭建"文化+"战略平台;深化文化旅游融合发展
2020 年 3 月	广州市关于积极应对疫情影响促进文化旅游产业健康发展的若干措施	统筹安排 3 亿元财政资金用于促进文旅产业复苏;培育新技术新业态,安排资金重点支持 4K/8K 超高清视频产业发展,拨付时尚创意(含动漫)产业发展专项资金,奖励和补助文旅企业 5G、VR、人工智能、大数据、区块链等技术运用

(二)5G 产业落地加快

1. 5G 基础设施建设

作为全国首批 5G 商用城市，广州加快 5G 基础设施建设。基站方面，2018 年 5 月发布《广州市信息基础设施建设三年行动方案（2018—2020 年）（征求意见稿）》，拟定的目标是到 2020 年建设 5G 基站 0.2 万座。《2019 年广州市 5G 网络建设工作方案》，再次明确 2019 年度计划建设 1 万座 5G 宏基站，实现主城区和重点区域 5G 网络连续覆盖。截至 2019 年 10 月底，广州市已建成 5G 基站 12041 座，远远超过计划目标。智慧灯杆建设方面，制订《广州市智慧灯杆及道路合杆整治技术导则》及《广州市智慧灯杆（多功能杆）系统技术及工程建设规范》等配套文件，完成从化生态设计小镇、天河南二路、广钢新城等试点建设，建成智慧灯杆 114 根。

2. 推出多个首创5G 应用场景

广州重点在无人驾驶、智慧物流、智慧城市、智慧金融、工业互联网、智能装备、高清视频等领域，发挥 5G 赋能作用。成功打造了全球首个基于 3.5GHz 频段 5G 网络覆盖的机场、全省首个"5G 智慧河涌"应用场景、全国首条常规公交5G运营线路等。培育形成“5G+智慧医疗”“5G+超高清视频”等一批成熟应用，以广州开发区为核心的5G产业发展生态圈已初具规模。

（三）文化产业发展势头强劲

1. 支柱产业地位不断加强

近年来广州文化产业规模不断提高，产业地位持续提升，自2014年文化产业增加值占GDP比重超过5%，成为国民经济支柱产业以来，发展势头保持强劲。文化产业增加值年均增速近11%，领先于经济增长速度，2018年文化产业增加值为1369.69亿元，占GDP的5.99%（见图1）。规模以上文化产业法人单位2369家，比2017年增加221家，增长10.3%；上市文化企业33家，高新技术文化企业1305家。

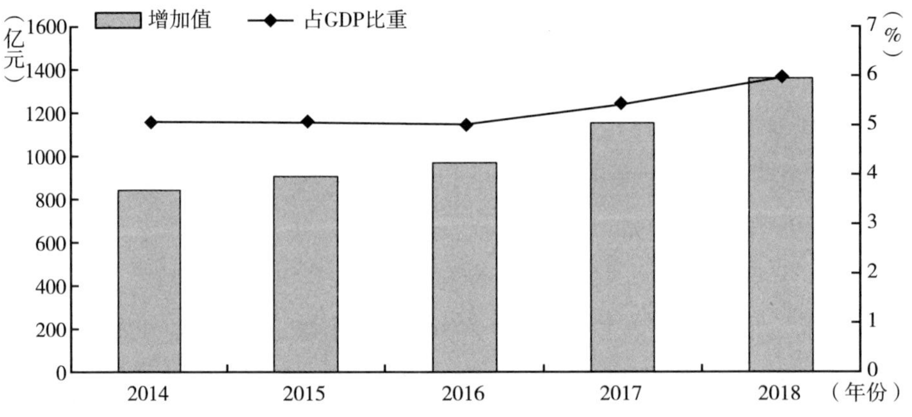

图1　2014～2018年广州文化产业增加值及占GDP比重

资料来源：广州市统计局。

2. 文化家底越来越丰厚

广州不断加强培育形成文化产业特色集群，增强文化产业竞争力，产业集聚效益日趋增强，已成为国家重要的动漫游戏基地、音乐产业基地、国家文化与科技融合发展基地、文化金融创新发展基地、文化装备生产基地。2018年，广州市共有文化创意产业园区（基地）约222个。其中国家级园区（基地）16个，省级园区（基地）10个。2018年，认定永庆坊、众创五号空间文化产业园、柯木朗艺术园等13个市级文化产业示范园区。广州高新区被认定为第二批“国家级文化和科技融合示范基地”，广州国际媒体港获批国家级广告产业园核心区，园区产值超过500亿元。涌现了羊城创意产业园、TIT创意产业园等一批有较大影响力的文化产业园区。

3. 文化消费市场愈加活跃

广州充分挖掘文化消费潜在需求，新兴文化消费形式不断涌现，文化消费日益活跃。城镇居民人均文化消费水平在全国一线城市中保持首位。2018年，广州城市居民家庭人均文化娱乐消费支出达到5640元，占城市居民人均消费支出的13.4%，是全国城市居民人均文化娱乐消费支出的2.53倍，高出全国平均占比2.2个百分点（见图2）。

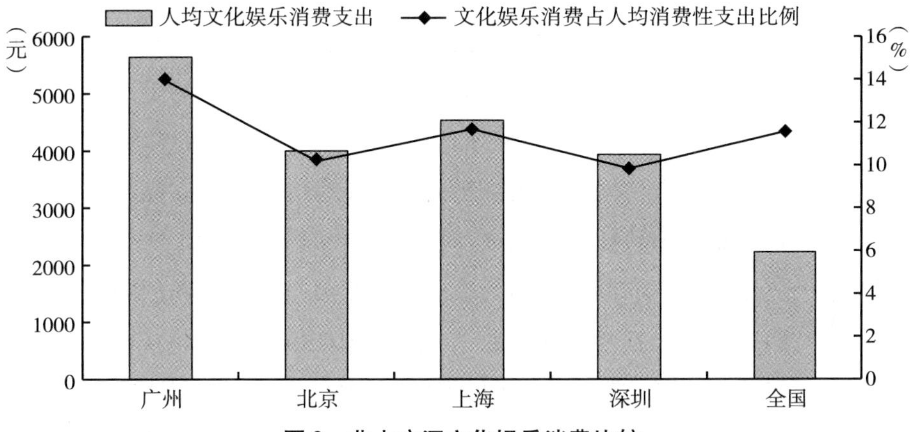

图2　北上广深文化娱乐消费比较

资料来源：各市统计年鉴（2018、2019年）。

注：其中上海为2017年数据，其他城市和全国为2018年数据。

（四）文化与科技融合发展成为一大亮点

1. 广州文化科技创新优势明显

“文化+科技”已成为广州文化繁荣和科技创新的一大亮点。早在2014年广州高新区就被科技部等部门认定为“国家级文化科技融合示范基地”，成为全省列入示范基地的唯一城市。这几年，广州重点实施科技创新驱动，着力推进“文化+科技”，尤其是扶持文化与“互联网+”产业的融合发展，根据标准排名城市研究院发布的“2018 年中国城市创新创业活力排行榜”，在“互联网+”指数方面，广州城市数字化优势明显，仅次于深圳，排名第二。

2. 发明了一批文化科技融合的关键技术

广州重点支持软件动漫、电子信息、移动互联网等战略性新兴产业关键技术的研发，自主创新产品产业化步伐不断加快。经过多年的发展，已经形成了数字和网络的技术基础及强大的应用优势，为文化与科技融合的快速发展提供了有力支撑。

3. 涌现了众多文化科技企业骨干

2019 年，广州市文化科技企业已有 2000 多家，在游戏设备、网络游戏、数字音乐、互联网文化、创意设计、文化设备制造等领域培育了网易、奥飞动漫、原创动力、漫友文化、京信通信、海格通信、多益网络、欢聚时代、酷狗、毅昌科技、励丰文化科技等一批具有国际竞争力的重点企业。

4. 文化科技融合发展平台支撑有力

广州文化与科技加快融合发展离不开众多平台的强有力支撑。国家级文化和科技融合示范基地科技型文化项目蓬勃发展，汇聚了励丰文化科技、多益网络、天翼爱音乐、酷漫居等为代表的文化科技企业，不断创新涌现数字文化体验、网络游戏、智慧文博、数字音乐、智能家居等产业新业态。此外还有黄花岗科技园、TCL 文化产业园、毅昌创意产业园、广东地理科技与文化创新创意产业园、花果山超高清视频产业特色小镇等园区。文化科技企业创新创业平台方面，也已经拥有广东文投创工场、氪空间、广科创客梦工场、广州创新谷、科创咖啡、创大创客空间等多家国家级众创空间，为文化产业融合发展提供强有力的支撑。

（五）文化新业态成为文化产业发展新增长点

近年来，广州市文化产业新业态不断涌现，文化旅游、网络游戏、互动社交、动漫、新媒体等发展成为新兴的优势产业，并呈现向中高端靠近的上扬发展态势。

1. 数字文化产业国内领先

随着“文化 + 科技”战略的深入实施，广州在文学、影视、音乐、文化遗产、游戏等领域与数字技术的融合越来越深入，数字文化产业在文化产业发展以及数字经济中正发挥着日益重要的牵引作用。腾讯研究院发布的《数字中国指数报告（2019）》显示，不论是数字中国总指数还是数字文化分指数城市排行榜中，广州均在10强之列，居北京、上海、深圳之后，排名第四。在数字文化指数的分项指标中，广州在动漫、游戏领域居全国第二，在影视和文学领域居全国第三，在新闻和电影领域居全国第四，在音乐领域排名较为落后，居全国第六（见表3）。

表3　数字文化细分市场的十强城市排名榜

排名	新闻	影视	文学	动漫	短视频	电影	音乐	游戏
1	北京	北京	重庆	北京	北京	上海	上海	深圳
2	深圳	深圳	深圳	广州	石家庄	北京	重庆	广州
3	上海	广州	广州	上海	深圳	深圳	北京	北京
4	广州	上海	上海	重庆	郑州	广州	深圳	上海
5	成都	成都	成都	深圳	重庆	成都	成都	重庆
6	重庆	杭州	东莞	成都	天津	武汉	广州	成都
7	武汉	重庆	北京	苏州	西安	杭州	苏州	东莞
8	杭州	武汉	苏州	东莞	沈阳	重庆	东莞	苏州
9	南京	西安	武汉	杭州	保定	苏州	武汉	武汉
10	天津	长沙	郑州	武汉	哈尔滨	南京	杭州	杭州

资料来源：腾讯研究院，《数字中国指数报告（2019）》，2019年。

2. 动漫产业走在全国前沿

广州动漫产业发展较早，基础雄厚，动漫文化氛围浓厚，对人才的吸引力强大，动漫作品的数量与质量都领先全国。2018年，广州动漫游戏产业增加值约400亿元，约占全国动漫业总产值的1/5。拥有以奥飞娱乐、星原文化、咏声动漫等上市企业为龙头的400多家企业，其中，有50多家原创企业，具有覆盖动画电影制作、发行，衍生品设计、制造、销售等各个环节的全产业链条。动画品牌的国际影响力日益增强，《喜羊羊与灰太狼》《猪猪侠》等成为国内外知名 IP，广州本土出品的 3D 动画《美食大冒险》系列 2013 年第一季开播后，就在 200 多个国家和地区发行，创下我国国产原创动漫海外出口第一的纪录。

3. 数字音乐成为国内龙头

广州在改革开放初期曾以“流行音乐发源地”闻名，2004 年又诞生了我国第一个网络音乐 PC 客户端——酷狗音乐。2018 年广州酷狗计算机科技有限公司全年营业收入有近 100 亿元。2019 年酷狗音乐在线音乐月活用户数有 26799.1 万，略低于 QQ 音乐，远超酷我音乐，位列第二。广州除酷狗音乐外还拥有荔枝、天翼爱音乐、沃音乐等多个国内知名的数字音乐企业。音乐产业园区建设成效显著，广州市拥有广东国家音乐产业基地（包括广州南方广播影视传媒园区、广州飞晟园区）和羊城创意园等国家级音乐园区，以及星海艺术产业园和在建的广州珠江钢琴文化产业园等。

4. 网络直播处于全国第一梯队

随着互联网的普及，尤其是移动互联网的极大普及，我国直播平台和 App 如雨后春笋般激增，网络直播行业发展迅猛。在广州欢聚时代信息科技有限公司的 YY 直播、广州虎牙信息科技有限公司的虎牙直播、广州酷狗计算机科技有限公司的酷狗直播、广州网易计算机系统有限公司的网易 CC 直播等网络直播企业中，YYLive、虎牙均进入“中国十大最具影响力直播平台”，在国内直播平台中处于第一梯队。2019 年中国在线直播主流平台 PC 端月均活跃用户数排名中，YY 直播和虎牙直播分列第二、第三位，其中 YY 直播在娱乐类平台中居首位。YY 直播在线移动端月均活跃用户数在全国娱乐类主流平台中居第二，虎牙直播在游戏类平台中居第二①。

四　5G 时代广州文化产业创新发展的对策建议

近年来，广州围绕建设全球区域性文化中心城市的战略目标，不断深入

① 资料来源：艾媒咨询，《2019～2020 年中国在线直播行业研究报告》。

推进“文化+”战略，加快科技创新，促进产业融合发展，新兴文化业态、文化生产模式和商业模式不断涌现，但依然存在文化与科技融合深度不够、范围不够广，创新能力不足，数字文化企业数量不多，高品质文化产品匮乏，高素质复合型文化人才不足等突出问题。面对5G带来的极好机遇，广州应积极迎接新技术，提前布局，促进文化产业创新发展。

（一）拥抱5G，加快文化产业转型升级

随着5G的广泛应用，数字科技的加持将促进文化生产要素的优化组合，为文化产业赋予更多的新内涵。但作为一种技术，即使再新的技术，也不可能改变文化产业的核心和本质。在5G时代，文化产业仍要将内容当作核心竞争力，以创意创新为本。迎接5G，广州一是要主动拥抱5G技术，借助5G与大数据、物联网等新技术的有效组合带来的新机遇，研究文化消费新需求、文化产业新趋势，激发文化产品新供给；二是要加快运用新技术，强化智能技术、信息技术、数字技术等在文化产业全产业链中的融合渗透，以更多样更智能的方式呈现丰富多彩的文化资源，以更便捷更高效的传播手段，为消费者提供差异化、个性化的高品质文化产品；三是要借助5G等的技术创新，优化产业结构，促进转型升级。充分利用5G的高网速、低延时特点推动虚拟现实、增强现实、混合现实等技术商用，加快旅游业、印刷出版业、艺术表演业、传统媒体产业、电影电视业等传统产业形态的转型升级，大力发展高清视频、数字视听、数字出版、数字音乐、数字互动娱乐、电竞产业、影视产业、数字教育等以数字内容为核心的相关产业。

（二）加快技术融合，助力文化产业数字化、智能化发展

5G融合大数据、人工智能等新一代网络信息技术，为文化产业技术创新提供了宽广舞台。广州应加快推进数字技术向文化领域的深度渗透和应用，增加文化科技附加值，提升文化产业数字化、智能化水平。一是要加大研发投入力度，鼓励引导文化企业、科研院所强化创新创意设计，加强内容创作、产品研发、展演展陈等环节的研发力度；二是发挥5G等技术在文化

传播、文化展陈、产品流通等领域的创新作用，推动商业模式创新；三是要实现精准服务，聚焦文化领域的数据挖掘及自主决策技术研发，用技术更精准便捷地了解和反馈用户需求，促进产业链条的自主优化，发掘隐形消费市场；四是要融合创新要素，发展科技文化产业园区，发挥高校、文化创意公司等文化机构的创新能力，打造运行成本低廉的智能创新园区；五是要建立文化产业智能服务平台，强化政府引导，从政策、用地、资金、人才等方面加以支持引导，支持产业园区搭建智能服务平台，依托广州市文化金融服务中心平台，强化文化与5G，与金融产业的深度融合，打造综合性智能文化金融服务平台。

（三）满足大众多彩文化需求，补齐内容生产短板

基于5G的新科技与文化产业的融合为文化产业精准化发展创造了良好条件。广州应充分利用5G、大数据等技术手段，积极探索能更好满足人们差异化、高品质文化需求的发展路径，增强文化产业综合实力。一是要准确定位文化需求。充分挖掘和利用大数据，把握人民群众，尤其是年轻一代的文化需求特点及其变化情况，为文化产业的发展提供可靠、准确的信息支持。二是要主动适应多样化需求。应将多样化的文化需求作为产业发展着力点，在发现需求、满足需求的过程中紧跟产业发展的步伐，避免发展脱轨。三是要均衡城乡文化需求。针对城乡地区不同的文化消费习惯、模式，提供相应的文化产品，根据不同年龄、地域、职业、性别等社会差异提供有针对性的、消费者喜闻乐见的数字文化产品及服务。

（四）健全制度体系，构建数字监管新生态

当今世界技术革新迭代加速，而文化产业领域本身就创新活跃，比较容易出现受旧制度制约或监管真空的情况。随着5G的广泛应用，将会涌现更多的新业态、新模式、新产品，就需要积极探索和创新适合其特点的监管方式，建立健全文化市场警示名单、黑名单制度，构建“事前、事中、事后监管”的全链条动态监管体系。吸纳利益相关者的共同参与与监督，确保

监管政策制定、实施过程的透明性和合法性。在注重经济效益的同时，更要注重社会效益。根据文化市场新动向，适时完善相关法规，加强数字文化市场的动态监管，不断创新监管方式，加大执法工作力度。发挥社会监督作用，保障消费者权益，强化经济性监管与社会性监管的统一。

（五）推进区块链技术应用，完善数字文化知识产权保护

随着5G与数字技术发展的提速及其应用领域的拓展，数字版权的法律保护将会面对一些新的问题。侵权盗版仍将是制约5G时代文化产业发展的主要因素之一。以5G技术为核心的区块链技术自诞生以来就被认为是能够极大促进文化产业，尤其是其版权保护、交易的发展。因而，广州可探索利用区块链技术强化正版源头管理，提高盗版识别能力，增强行政执法能力，鼓励版权保护技术和模式创新。探索将区块链技术应用于文化产业的投融资服务，文化资产交易去中介化，文化产品权益资产化、货币化、证券化等领域。鼓励企业自主创新，引领企业重视文化产品知识产权保护，建立基于5G技术的侵权保障体系，打击盗版和侵权事件。加强数字文化知识产权法律的宣传普及，营造良好社会文化氛围。

（六）加大激励力度，培育高素质文化产业人才

文化产业是拥有高文化水平或者高人力资本配置的知识密集型产业，随着5G技术的应用和相关技术的进一步完善，“文化+5G”技术等各领域融合的复合型人才的需求量将会进一步扩大。首先，广州要大力推进人事管理制度改革，确保职能部门人事管理与行业生产和市场诉求一致，构建符合5G时代文化产业特点的利益分配新模式。其次，要建立完善的人才激励机制，提高人才配置结构。通过项目补助，绩效奖励，提供优质的住房、教育和医疗条件等形式，加强对文化产业战略性、前沿性研究人才或机构的支持和引进，扩大文化精英人口，吸引创意人才、科技创新人才、经营管理人才和数字内容人才。再次，要加强国际人才交流合作。发挥粤港澳大湾区核心城市的引领作用，以及南沙粤港澳人才合作示范园区的先天优势，打造国际

文化人才交流平台，集聚高端文化人才。最后，要加快构建多元化的数字文化产业人才培养体系。充分利用广州教育资源优势，把学历教育和职业教育培养培训体系相结合，鼓励高等院校、职业技术教育院校利用现有资源，加强与文化企业，尤其是文化创意企业的合作，培养“科技文化+垂直知识”复合型人才。

参考文献

刘多：《5G对经济发展影响有多大?》，《学习时报》2019年7月3日，第6版。

黎文娟、乔标、邵立国：《中国5G发展现状与未来趋势》，《学习时报》2017年2月22日，第3版。

本刊经济研究部、杨祖增：《解码5G：商用进展、产业影响和地方行动》，《浙江经济》2019年第8期。

范周：《数字经济变革中的文化产业创新与发展》，《深圳大学学报》（人文社会科学版）2020年第1期。

吴承忠：《5G智能时代的文化产业创新》，《深圳大学学报》（人文社会科学版）2019年第4期。

徐咏虹主编《广州文化创意产业发展报告（2019）》，社会科学文献出版社，2019。

B.4
以广州塔为中心打造中央文化商务区的构想

王世英*

摘　要： 中央文化商务区（CCBD）是世界文化名城的重要标志。广州要建设世界文化名城，应有属于自己的CCBD。广州塔是广州最具全球影响力的城市地标和城市符号，广州塔附近布局了众多重量级的文化设施，加上国际化专业团队，让广州具备了建设CCBD最重要的条件。同时，也存在市政府缺乏对CCBD的明确定位、文商旅配套不完善、片区之间存在交通断裂点等限制因素。建议明确将广州塔地区定位为全球顶级CCBD，将广州塔片区、花城广场片区、琶洲片区和二沙岛片区整合进统一的CCBD空间中，打通广州塔CCBD四个片区之间的交通断裂点，建设广州塔CCBD文化体验和消费高地，组建广州塔文旅集团，将广州塔大IP推向世界。通过实施这一系列措施将广州塔地区打造成为世界著名的CCBD。

关键词： 广州塔　中央文化商务区　世界文化名城

一　中央文化商务区（CCBD）是世界文化名城的重要标志

世界文化名城一般都有自己的文化地标，也有围绕地标形成的文商旅标

---

* 王世英，广州市社会科学院产业经济与企业管理研究所研究员，博士，研究方向为城市经济、产业经济。

志性区域。这些标志性区域兼具中央文化区（CCD）和中央商务区（CBD）双重特征，逐步成为这些城市的中央文化商务区（英文缩写 CCBD）。

埃菲尔铁塔是巴黎最著名的地标建筑，位于夏约宫到军事学院的城市轴线和塞纳河的交会处，不仅坐拥塞纳河，还有战神广场。埃菲尔铁塔及其周边地区成为全世界访法游客到巴黎的必游之处，围绕埃菲尔铁几平方公里的区域，形成了埃菲尔 CCBD。

上海东方明珠塔，1995 年建成后很快代替外滩成为上海的新标志，而且成为中国首批 5A 级景区之一。塔内有太空舱和旋转餐厅，底层有著名的“上海城市历史发展陈列馆”。在东方明珠塔附近坐落着上海艺术馆、上海海洋水族馆、上海大自然野生昆虫馆、迪士尼旗舰店、上海一圈青年文化主题公园、吴昌硕纪念馆、上海国际会议中心、中国平安金融大厦、东方明珠游船码头，还有数不清的著名餐饮服务企业等。很显然，东方明珠塔区域已经成为集观光餐饮、购物娱乐、浦江游览、会务会展、历史陈列、旅游代理、商务办公于一体的上海 CCBD。

北京作为驰名世界的历史文化名城，最著名的文化地标莫过于故宫。以故宫为核心，南起永定门，北到钟鼓楼，长达 7.8 公里的传统中轴线，是北京最富有文化气息的区域。后来，北京将传统中轴线向北向南延伸，形成了由北中轴（时代轴线）、传统中轴线（历史轴线）、南轴线（未来轴线）三部分构成的城市大轴线。围绕这条城市大轴线形成了具有世界影响力的富有历史文化特色的城市文商旅聚集区，可以称之为北京 CCBD。

西安作为周秦汉唐历史文明古都著称于世。直到 20 世纪 80 年代，大雁塔一直是西安市内最高建筑，也是西安最著名最古老的历史文化地标性建筑。2003 年后，西安曲江新区以世界历史文化遗产大雁塔为中心，建成大雁塔北广场、大唐不夜城。在附近配套建成了唐大慈恩寺遗址公园、陕西民俗大观园、陕西戏曲大观园、大唐芙蓉园、曲江池遗址公园、秦二世陵遗址公园、寒窑遗址公园等文化公园。尤其是从大雁塔南广场向南延伸至唐城墙遗址的长达 2100 米的大唐不夜城步行街，漫步其中，几乎每一步都充盈着浓浓的文化气息。整个大唐不夜城分为商业步行街、贞观广场、文化交流广场、庆典广场及唐城墙遗址公园五个功能区。在商业步行街两侧布局了西安音乐厅、西安美术馆、曲江太平洋电影城、陕西大剧院等重点文化设施。2018 年，大唐不夜城经过升级改造，将文化与旅游和商业进行更深层次融合，加之不断推出各种文化演艺活动，迅速蹿红，成为国内外游客到西安的网红打卡地。经过近 20 年的发展，在西安形成了一个以大雁塔为核心，集文化旅游、文化创意、高端商务、精品商业等于一体的 CCBD。①

观察许多世界文化名城，会发现这些城市均围绕某一文化地标形成以文化旅游为特色、文商旅高度发达的区域——CCBD。CCBD 是一个城市文商旅的高地，是一个城市的旅游打卡地，是一个城市文化体验和消费最集中的地方，是一个城市具有文化特色的高端商务区域，是一个城市最聚集人气的区域。

二 广州塔地区具备建设 CCBD 的条件

广州是拥有 2200 多年悠久历史的中国历史文化名城，正在致力于打造世界文化名城。作为世界文化名城，必须拥有自己的具有高度辨识度和世界知名度的文化地标和 CCBD。盘点广州的著名建筑或者景点，最具辨识度的莫过于广州塔。广州塔是全球范围内可以指代广州和引起广州联想的地标性建筑，就如埃菲尔铁塔之于巴黎，自由女神像之于纽约一样。同时，广州塔周边地区已有或者即将拥有一系列重量级文商旅设施，使广州塔地区具备建设 CCBD 的条件。

（一）广州塔是广州最具全球影响力的城市地标和城市符号

广州塔位于珠江景观轴线和新城市中轴线的交会处，与海心沙岛和珠江新城 CBD 隔江相望，是广州的新城市地标。广州塔高 600 米，是中国第一高、世界第四高的旅游观光塔。目前，广州塔是集都市观光、至高游乐、时尚餐饮、婚庆会展、影视娱乐、环保科普、文化教育、购物休闲等多功能于一体的 4A 级旅游景区。拥有世界最高旋转餐厅、最高惊险之旅（游乐设施）、最高户外观景平台和空中邮局 4 项吉尼斯世界纪录。广州塔白天挺拔雄伟，晚上

① 本文界定的西安 CCBD 是一个区域的概念，与西安曲江新区推出的作为园区的 CCBD 不同。

绚丽多彩，登顶广州塔，能将广州城市景观尽收眼底。广州塔是“羊城新八景”之首和广州最受欢迎的旅游景区之一，已经成为国内外游客来广州的必到景点。据不完全统计，每年参观广州塔的游客数量超过2000万人次。

2010年，美轮美奂的亚运会烟花表演使广州塔一夜间扬名四海。2016年，广州塔成功入选福布斯全球20大文化地标名单，显示了广州塔的世界知名度。2017年，《财富》全球论坛在广州塔举办了“广州市欢迎酒会”，同时上演了“《财富》论坛广州塔灯光秀”，向参会的世界500强企业领袖、政府官员、国内外主流媒体展现了广州美丽灵动的城市魅力。广州塔在承接政府重大接待和各种户外接待晚宴等项目中显示了独特优势，成为名副其实的城市会客厅。在广州建设CCBD，领衔角色非广州塔莫属。

（二）广州塔附近拥有并布局了众多重量级文化设施

广州塔周边已经拥有一系列重大的文化旅游设施，为广州塔地区建设CCBD提供了得天独厚的条件。广州塔以东是广州人工智能与数字经济试验区琶洲核心片区，坐落着阿里巴巴华南总部、腾讯微信总部、科大讯飞华南总部、唯品会总部等数字经济头部企业。沿着滨江东路—阅江西路北侧的滨水步行道往东走一公里多，是依托珠江—英博国际啤酒博物馆的珠江琶醍啤酒文化创意艺术区（酒吧街），本文称为东区或琶洲片区。广州塔以南规划布局了广州美术馆、广州博物馆、广州科学馆和岭南广场（3馆1场），加上TIT创意园，为南区或广州塔片区。广州塔的西北方向是二沙岛文化消费区，坐落着星海音乐厅、广东美术馆、广东华侨博物馆、国彩艺术馆和舒曼钢琴学校等文化设施及机构，为西区或二沙岛片区。广州塔的正北方向是珠江中的海心沙亚运公园，再往北是花城广场及两侧的广东博物馆、广州图书馆、广州大剧院、广州第二少年宫等著名文化设施，为北区或花城广场片区。广州塔及相邻区域布局了如此众多的文化设施，在整个广州市是独一无二的，在全国，甚至世界上也是不多见的。

（三）国际化专业团队为建设CCBD提供运营人才基础

一个城市的CCBD必须有强大团队进行专业化运营才能不断创造出新魅

力。与广州塔类似，多数城市的地标是广播电视台或观光塔，这些地标虽然为各地增添了不少魅力，但运营管理是一道难题。许多地方的广播电视塔运营处于亏损状态，需要政府财政不断补贴输血，直接影响了可持续发展和服务质量提升。幸运的是，广州塔很早采取了市场化运营管理模式，成立了广州塔旅游文化发展股份有限公司（以下简称“广州塔公司”）。该公司由广州市城市建设投资集团有限公司（占90%股权）和广州广播电视台（占10%股权）组成。广州塔公司大胆引进具有先进经营理念的国际化经营团队，同时，重视培养本土经营管理人才，经过不懈努力，广州塔经营5年就实现了盈利。仅2018年，广州塔的营收就超过了6.3亿元，纳税超过9800万元，为广州塔的可持续发展提供经济保障，也为整合周边资源、打造CCBD提供了物质基础和人才储备。

广州塔作为广州至高性的城市地标和文化符号，本身区位优势非常明显，周边地区聚集并布局了众多文化设施和机构，该区域已经成为广州文化体验和文化消费高地。加上运营管理团队具有广阔全球视野，使广州塔地区具备了建CCBD的最基本条件。

三　广州塔建设CCBD的限制因素分析

虽然广州塔片区已经成为广州城市会客厅，每年吸引2000多万人次的国内外游客来此打卡，但多数游客到广州塔主要是为了拍照留念，以证明自己到过广州，拍过照后，许多游客就匆匆离开。有人形容广州塔是国内外游客的拍照背景板。当然，在自媒体空前发达的时代，即使只作为背景板对广州的宣传作用也是巨大的，但广州塔本可以发挥更大作用，不仅是地标旅游中心，还应该是文化消费中心、广州文化商务中心，更可以成为向全世界展示和宣传广州的中心。广州塔之所以尚未完全发挥应有的作用，是因为目前尚存在三点制约因素。

（一）市级层面尚未出台明确CCBD定位的规划

广州塔片区、花城广场片区、琶洲片区和二沙岛片区地理上相邻，但到目前为止，广州尚未有明确将四大片区整合为一个 CCBD 进行建设运营的定位。之前，广州已有新中轴线规划，也有三个十公里珠江景观带规划，但对于处于新中轴线和精品珠江交会处的广州塔片区，主要定位于集都市观光、至高游乐、时尚餐饮、婚庆会展等多功能于一体的景区。广州塔公司虽然提出了要将广州塔建设成 5A 级景区的目标，但受制于管理范围和管理权限，无法将四大片区作为一个整体进行谋划，进行整合营销和运营。没有 CCBD 定位，导致市级层面没有出台统筹四大片区联动发展的策略，无法有效促进广州塔片区与其他三个片区的深层次联动。

（二）广州塔片区文旅商综合配套不完善

广州塔落成后很快成为公认的广州城市新地标。但 10 年来，广州塔片区文商旅配套设施建设进度缓慢。规划中的“3 馆 1 场”（广州美术馆、广州博物馆、广州科学馆和岭南广场），除广州美术馆已经封顶外，广州博物馆和广州科学馆建设尚未开始。岭南广场还处于概念规划阶段，只是地铁 12 号线施工围挡墙上的“岭南广场”地铁站名默默地告诉人们，这里未来会是一处展示岭南文化的体验和消费空间。

广州塔片区的文商旅配套设施不完善，导致在广州塔每年吸引的超过 2000 万人次的庞大客流中，除了少部分游客登塔体验消费以外，多数游客只是将广州塔作为拍照背景，滞留时间短，未能转化为文化体验者和消费者。相比之下，上海东方明珠塔附近有丰富的文化旅游配套设施，游客选择很多，这样自然拉长了游客滞留时间，也让游客更多地体验上海文化的方方面面。

（三）交通断裂点影响与四个片区的互动

目前，广州塔片区与花城广场片区、琶洲片区和二沙岛片区存在三个交通断裂点，将彼此的客流分割开来。

第一，广州塔片区与花城广场片区的地面步行交通存在断裂点。虽然广州塔和珠江新城有地铁 3 号线和 APM 线两条地下轨道交通相连，地下交通的路程时间不过几分钟，但对于步行游行者而言，他们更希望地面景观在视野中连续不中断，如果需要改乘地下轨道交通到达对岸，会导致视觉体验的中断，因此，许多旅游者由于地面步行交通的中断，就止步于广州塔片区或花城广场片区。据广州文旅部门估计，花城广场每年的游客超过 8000 万人次，而与花城广场仅有一江之隔的广州塔每年游客为 2000 万人次，这说明地面步行交通的断裂点直接影响了两岸游客的相互转化，特别是花城广场游客向广州塔游客的转化。

第二，广州塔片区与琶洲片区存在地面步行交通断裂点。广州塔向东沿着滨江东路—阅江西路北侧的滨水步行道，在黄埔涌与珠江的交会处出现断裂点。这个断裂点直接影响了广州塔片区游客与珠江琶醍酒吧街、会展中心片区游客的双向流动。

第三，广州塔片区与二沙岛片区存在轨道交通断裂点。广州塔到二沙岛片区的公共交通只有公交车，线路和车次不足等因素导致较少人将广州塔游览与二沙岛片区的星海音乐厅和美术馆的文化体验和消费直接联系起来。

由于这些交通断裂点的存在，广州塔片区、花城广场片区、琶洲片区和二沙岛片区成为一个个孤岛，没有形成有效的客流和消费的交流联动。

四　建设广州塔 CCBD 的几点构想

以广州塔为中心，整合周边文商旅资源，在广州建设具有世界影响力的 CCBD，以下几个点非常重要。

（一）确立全球顶级城市 CCBD 的战略定位

广州致力于建设全球城市、世界文化名城，必须有与之相匹配的高端文化要素集聚、文商旅协同发展的文化体验和消费高地。由于广州塔具有至高性、唯一性和高辨识性的优势，周边的花城广场片区、琶洲片区和二沙岛片区拥有丰富的高等级文化设施，为将广州塔 CCBD 建设成为“全球顶级的城市 CCBD”提供了坚实的核心基础设施支撑。

未来，广州塔CCBD不仅会是广州最聚人气的文化体验高地，而且会成为岭南文化最集中的展示地，成为全球优秀文化在广州的汇聚地，成为向全世界展示广州过去、现在和未来的最佳窗口。

广州塔CCBD未来发展时应按照全球顶级CCBD的定位，在设施建设、活动策划、营销传播和运营管理等各个方面对标世界顶级CCBD，最终将广州塔CCBD建设成为世界顶级的城市CCBD。

（二）将四大片区整合进广州塔CCBD空间格局中

在未来规划中，广州塔片区、花城广场片区、琶洲片区、二沙岛片区应整合进广州塔CCBD统一的空间中，使四个片区连接成为一个整体。届时，不论是市民还是游客，只要踏进一个片区，就可以方便游览体验整个区域。

首先，将花城广场片区与广州塔片区进行南北方向整合，形成“2塔7馆1港1园2广场”的文化基础设施格局。2塔为广州塔和赤岗塔；7馆分别为广东省博物馆、广州图书馆、广州大剧院、广州市第二少年宫、广州美术馆、广州科学馆和广州博物馆；1港为广州国际媒体港；1园为TIT创意园；2广场是花城广场和岭南广场。经过南北方向的整合，就突破了广州塔片区原有的“2塔3馆1广场”（广州塔、赤岗塔、广州美术馆、广州博物馆、广州美术馆和岭南广场）的空间格局。

其次，往东将琶洲片区纳入广州塔CCBD发展规划范围。近期，将把琶醍酒吧街纳入广州塔CCBD统筹运营范围。中期，实现琶洲西区和国际会展中心与广州塔片区的联动。广州人工智能与数字经济试验区琶洲核心片区发展迅速，为广州塔CCBD转型为数字化的文化体验和消费高地提供了有利条件。加上琶醍酒吧街和珠江—英博国际啤酒博物馆，广州塔CCBD就形成了“2塔8馆1港1园1街2广场”的空间格局。

最后，将二沙岛片区与广州塔片区整合运营。二沙岛的星海音乐厅、广东美术馆、广东华侨博物馆和国彩艺术馆都是著名的文化消费设施。将二沙岛4个场馆纳入联动运营范围，最终形成广州塔CCBD“2塔12馆1港1园1街2广场”的宏大空间格局。

将花城广场片区、广州塔片区、琶洲片区和二沙岛片区四个相邻的片区进行统筹规划和营销策划，可以极大增强广州 CCBD 的综合实力、吸引力和辐射力。

（三）打通广州塔 CCBD 四大片区之间的交通断裂点

要实现四个片区在空间上的整合和运营管理上的深度联动，最迫切的任务是打通四个片区之间的交通断裂点。

向北：建设联通广州塔与珠江新城的步行桥——彩虹桥，将花城广场与广州塔连接成为一个整体，实现花城广场和广州塔游客的顺畅对流。可以考虑在广州塔码头和广州塔财富码头附近建设两座横跨珠江的步行彩虹桥。双彩虹桥不仅可以有效促进花城广场与广州塔之间的游客对流，而且彩虹桥本身作为城市中轴线和珠江上的景观，也会成为一道亮丽的风景线。

向东：在黄埔涌与珠江的交会处建设一座步行桥，将被黄埔涌隔断的滨江步行道联通起来。联通起来后，就可以建设从广州塔到琶醍酒吧街的1314（一生一世）米的爱情大道，使之成为充满浪漫色彩的爱情圣地。

向西北方向：广州地铁 12 号线开通后，从广州塔下的岭南广场站到二沙岛站只有一站，3 分钟左右可以实现两地互达，届时，两个片区游客和消费者的互动将变得非常容易。

在广州塔片区，建议将所有机动车交通改为地下交通，形成一个从花城广场跨越彩虹桥，向南直到岭南广场的全步行的文化旅游空间。

（四）将广州塔 CCBD 建设成广州文化体验和消费高地

广州塔 CCBD 四大片区各自都拥有丰富的文化旅游、商业和商务资源，可以通过不断创新为市民和游客提供高品质的文化消费产品和服务。

首先，以广东省博物馆、广州图书馆、广州大剧院、广州博物馆、广州美术馆、广州科学馆、星海音乐厅、广东美术馆、广东华侨博物馆为主要依托，主要满足市民和游客多层次的文化体验和文化消费需求。

其次，在广州塔片区除了经营好现有各种项目外，可以考虑将广州市

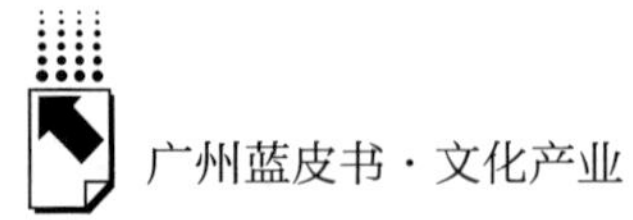

城市规划展览中心中有关广州未来规划的精华部分搬进广州塔，利用广州塔巨大的客流量向全世界展示广州诱人的未来。还可以充分利用广州人工智能与数字经济试验区数字企业众多的优势，开发各种新颖的数字化文化体验项目。

再次，将广州塔 CCBD 打造成广州重要的游客集散地。开发多条以广州塔为起点的线性旅游项目，例如：珠江滨水步行道漫步项目；海珠环岛路贯通后，推出以广州塔为起点和结点的海珠环岛游项目；在目前珠江夜游线路的基础上，将珠江夜游拓展成环岛夜游项目；增加类似纽约曼哈顿环岛一日游一样的海珠环岛昼游项目；串联起岭南印象园、黄埔军校和黄埔古港，推出广州历史印记旅游项目；串联起微信总部、广州人工智能与数字经济试验区琶洲核心片区，推出数字经济体验游项目；等等。

最后，将国际媒体港、TIT 创意园、珠海珠影文化创意园打造成为文化创意的高地，使之成为高端商务的聚集区，吸引国内外著名文创企业入驻，形成文化创意人才聚集和文化创意成果不断涌现的创新高地。

（五）组建广州塔文旅集团将广州塔大 IP 推向世界

广州塔公司经过多年探索，已经将广州塔打造成为一个具有良好盈利性的景区。广州塔的经营管理品牌效应在业界显现出来，外地一些地标性景区已经邀请广州塔公司对其进行运营管理。鉴于如此良好的发展基础，广州市应该因势利导，早日组建广州塔文旅集团，全面负责建设运营广州塔 CCBD，通过不断丰富广州塔 CCBD 的经营业态，不断提升经营创新水平，将广州塔 CCBD 打造成为具有世界影响力的文化高地，成为广州建设世界文化名城的有力支撑。

参考文献

李鹏、杨照鹏等：《西安中央文化商务区（CCBD）区域发展初探》，《建筑与文化》

2014 年第 9 期。

IUD 中国政务案例研究中心：《CCBD + QCIC 撑起曲江文化产业新版图》，《领导决策信息》2015 年第 5 期。

林媚珍、纪少婷、王倩倩：《景观电视塔旅游价值评价体系构建及应用研究——以广州塔、东方明珠塔为例》，《华南师范大学学报》（自然科学版）2015 年第 5 期。

王济民：《城市标志物的文化功能与治理效用——以埃菲尔铁塔为例》，《治理研究》2019 年第 4 期。

王曼怡：《我国特大城市 CBD 金融集聚差异化发展研究》，社会科学文献出版社，2016。

李丰杉、蒋三庚等：《中国特大城市中央商务区（CBD）发展指数研究》，首都经济贸易大学出版社，2017。

蒋三庚等：《中国特大城市中央商务区（CBD）经济社会发展研究》，首都经济贸易大学出版社，2017。

郭亮、单菁菁主编《中国商务中心区发展报告 No.4（2018）——CBD：迈向高精尖的产业发展》，社会科学文献出版社，2018。

郭亮、单菁菁主编《中国商务中心区发展报告 No.5（2019）——营造 CBD 国际一流营商环境》，社会科学文献出版社，2019。

B.5
产业生态视角下广州文化企业融资风险分担机制研究

黄文娣　顾乃华[*]

摘　要： 文化产业已经成为广州的战略新兴产业，产业发展离不开资金推动，文化企业轻资产高风险的特性导致的融资风险过大、融资渠道不畅等问题，阻碍了广州文化产业的进一步发展。通过调查发现，近几年广州虽已出台了一些缓解文化产业融资难问题的政策措施，但在实施过程中仍存在系统性设计不完善、融资风险分担补偿机制不合理、政策落地不实等问题。本文基于系统论视角，从整体性和层次性出发，分析文化产业融资系统中各参与主体之间的相互关系和作用机理，构建以政府为主导，企业、金融机构、第三方服务机构、社会公众等多层次的风险分担机制，探索了加强融资系统整体设计、完善再担保机制、加强各主体协调合作等具体实施路径，以期改善广州文化产业融资瓶颈，推动广州文化产业高质量发展。

关键词： 融资风险　文化产业　文化保险　系统论

党的十九大报告指出要“健全现代文化产业体系和市场体系，创新生

---

* 黄文娣，惠州学院经济管理学院讲师、暨南大学产业经济研究院访问学者，研究方向为产业经济；顾乃华，博士，暨南大学“一带一路”与粤港澳大湾区研究院常务副院长、产业经济研究院研究员，暨南大学博士生导师，研究方向为产业经济、文化产业经济。

产经营机制，完善文化经济政策，培育新型文化业态”。2018 年广州市出台的《广州市人民政府办公厅关于加快文化产业创新发展的实施意见》，进一步明确了广州文化产业的高端战略定位。在此背景下，近几年广州文化产业快速发展，文化及相关产业增加值年均增速约 13%。产业发展离不开政策和资本的推动，广州的文化金融快速发展，银行、保险等对文化产业的支持力度越来越大。然而从实践来看，广州区域金融对文化产业发展的现实支持，与广州文化产业的战略定位以及与文化产业的潜在金融需求之间，还是有较大差距。虽然从国家到广州市各层面都出台了促进中小企业、民营企业融资的各种政策，但具有轻资产、高风险特性的中小文化企业在实际融资中，依然举步维艰，难脱困境。

文化企业特别是中小文化企业融资难、融资贵、融资慢的老问题，在不断变化的新形势下，需要被重新思考。建立文化产业融资链条，涉及多方利益，只有在综合考虑多方共同利益的前提下，才能实现最终的融资目的。因此，风险合理分担是其中的核心问题，更是复杂的系统工程。目前已有研究和政策实践大多从单一主体视角对风险进行分析和管理，如银行视角、企业视角等，这些分析在强调某一主体利益的同时，容易忽视其他主体利益，使得融资可操作性不强。本文基于系统论视角，将文化企业融资视为一个整体系统，从文化企业、金融机构、第三方服务机构、政府、社会公众等主体出发，分析系统内各主体之间相互关系与作用机理，构建以政府为主导，企业、金融机构、第三方服务机构、社会公众等多层次的风险分担机制，建议在具体实施中加强融资系统整体设计、完善再担保机制、加强各主体协调合作等，以期促进广州文化产业创新发展。

一　文化产业融资风险与分担机理

（一）文化企业的融资风险相对较高

在经济领域，风险是指各种因素可能的变动导致未来收益的不确定性。

在企业融资过程中，这种不确定性始终是客观存在的，融资各参与方都可能面临一定风险。相对传统制造业而言，文化企业的核心资源主要是版权、专利、商标权、软件著作权、知识产权等无形资产，难以评估和量化，程序复杂且成本较高，市场不确定因素更多，所以文化企业总体表现出更高的融资风险。如果这些风险没有得到良好的管理和控制，那么融资活动将可能归于失败，或不可持续。对于中小文化企业来说，目前主要的融资渠道还是商业银行。因此，本文研究对象主要为中小文化企业的银行融资风险。风险管理的第一步是风险识别，根据风险来源，中小文化企业通过银行融资所面临的主要风险包括企业信用风险、评估风险、政策风险等，更多风险因素见图 1。

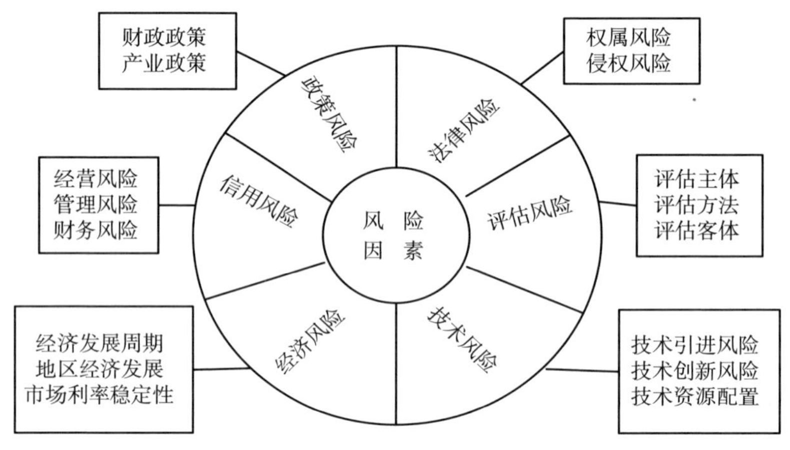

图 1　中小文化企业银行融资风险

（二）融资风险分担机理分析

在融资过程中，适当的风险分担模式与合理的风险分担比例会增加各参与方积极性，促进融资过程顺利进行。中小企业向商业银行贷款，很大程度上把融资风险转嫁给了银行，银行分担的风险与所得收益并不成正比，这种风险分担模式会使银行采取严格的放贷审批政策，或者减少对中小企业放贷规模。对银行而言，如果风险收益合理，又何尝不愿意贷款给企业呢？然而大量研究表明，仅仅依靠银行无法有效实现中小企业融资风险分散，还需要通过引入其他分担主体来共担中小企业的高融资风险。如何进行风险分担？有研究表明，通过第三方担保机构介入、政府参与、风险分担模式创新等可以实现风险的有效分担。

首先，担保机构介入可以实现融资风险分担。可以通过商业银行与担保机构合作，实现外部分散信用风险，担保机构与银行可以实现双赢。其次，政府在中小企业融资风险分担中担任重要角色。政府可以对银行提供贷款贴息，或者直接对担保机构进行风险损失补偿（作用机理见图 2）。政府政策都不是直接针对中小企业的，但是政府通过补偿政策分担了中小企业融资风险。

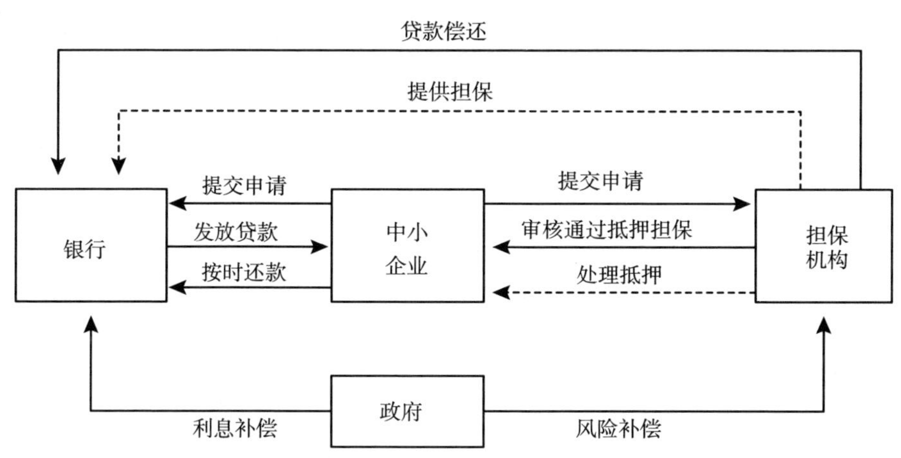

图 2　政府补偿的融资风险分担运用流程

此外，可以通过创新风险分担模式，实现融资风险有效分担。研究表明，为满足银行的贷款抵押要求，中小企业可以通过与其他企业联合，采用互助担保、互助联保等信用共同体的模式向银行申请贷款。在这种贷款模式下，企业之间也能形成有效监督，能在一定程度上减少信息不对称情况，有利于中小企业更好地进行商业银行融资。采用互助联保、互助担保的信用共同体风险分担运作机理分别如图 3、图 4 所示。

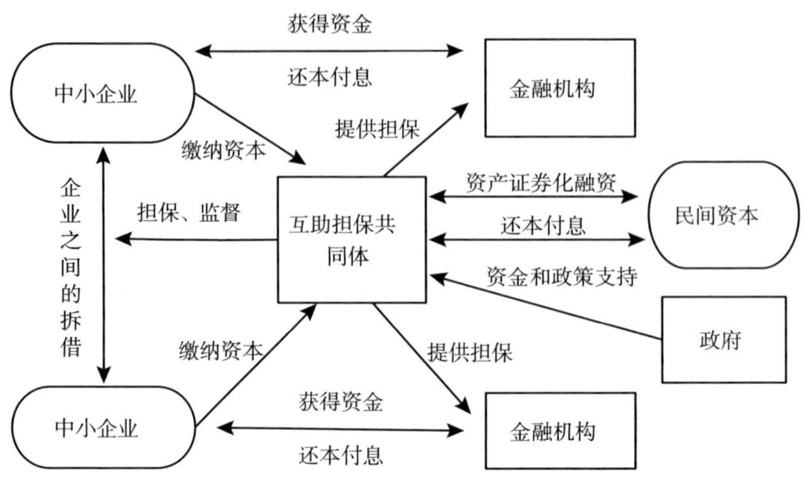

图3　中小企业互助联保信用共同体运作流程

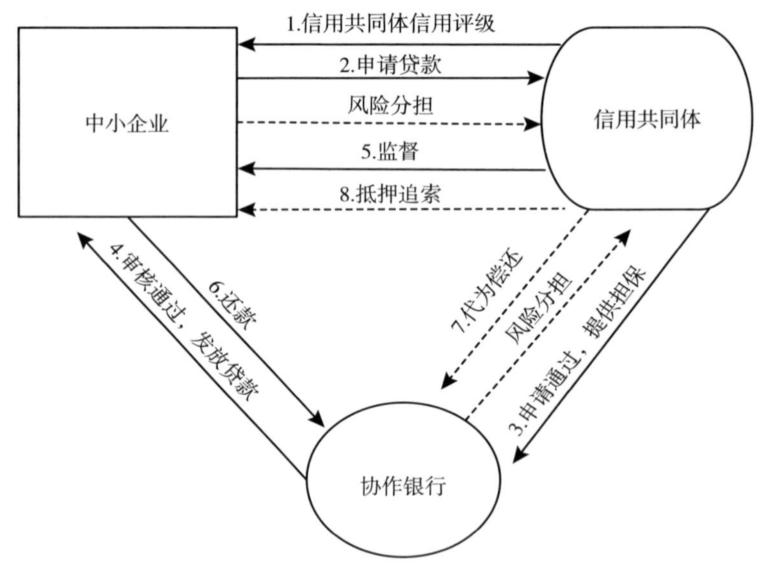

图4　中小企业互助担保信用共同体运作流程

二　目前广州文化产业融资与风险分担情况

（一）广州文化产业融资与风险分担现状

1. 广州文化产业发展与融资取得了一定成绩

2018 年，广州实现文化产业增加值 1369.69 亿元，占 GDP 比重为 6%。2017 年，广州规模以上文化企业共 2148 家，90% 为中小企业、民营文化企业。在政策方面，广州市出台了“1 + N”的文化产业政策体系，建立了多种要素融资体系。融资方式由单一的政府扶持，变为政府扶持与债权、股权融资等多种融资方式相结合。总的来说，广州文化产业融资环境在不断改善，融资难的问题在一定程度上有所缓解。表 1 是 2018 ~ 2019 年广州的一些文化金融主要事件与政策。

表 1　2018 ~ 2019 年广州市文化金融主要事件与政策

时间	事件	主要内容
2019 年 11 月	2019 广州文化金融峰会	编制广州文化 18 上市公司指数、评选广州文化金融机构 10 强
2019 年 10 月	广州市文化金融发展促进会成立	聚合全市文化企业、金融机构和相关领域专家学者，打造综合服务平台
2019 年 8 月	广东文化和旅游产业投融资对接会	拓宽文旅企业融资渠道，搭建文旅资源、产品与资本对接合作平台，建立文旅产融结合长效机制
2019 年 7 月	《广州市黄埔区广州开发区促进金融业发展的政策措施》（“金融 10 条”）	从项目落户、发展壮大、并购重组、场地购置等诸多方面对落户该区的金融机构予以最大力度扶持资助
2018 年 12 月	《广州市人民政府办公厅关于加快文化产业创新发展的实施意见》	广州首份支持文化产业发展的综合性政策文件，发展七大重点领域
2018 年 9 月	《广州市黄埔区广州开发区促进文化创意产业发展办法》（简称“文创 10 条”）	政策涵盖文创人才、企业、平台、设施、品牌、设施活动等各个方面。肯定原创，重视人才，支持园区升级改造等

资料来源：根据互联网资料整理。

（1）银行文化信贷产品不断创新。截至2018年上半年，广州地区银行业金融机构对文化、娱乐及相关产业贷款余额157.23亿元，比2017年同期增长约6%；传统银行陆续推出一些适合文化产业发展特点的新型信贷产品。相关产品情况见表2。

表2　广州地区银行推出的文化信贷产品与特色

年份	银行	产品	特色
2019	工商银行广州分行北京路支行	在债券融资方面提供中长期贷款服务于成长期、扩展期和成熟期的文化企业	首家文化特色银行。旨在为广州市文化企业，特别是北京路国家级文化产业示范园区文化企业提供全产业链金融服务
2018	广东华兴银行广州海珠支行	“兴影贷”“租金贷”	电影金融特色支行
2018	广州银行	“知易贷”5311模式	广州市知识产权风险补偿基金首批合作银行中首家放款银行、创新多元风险共担机制，按5311模式升级广州“知易贷”产品
2018	中行广东省分行	现金流质押、代理人票务发售的授信模式	针对规模小、现金流充裕的演艺演出类企业
2018	建行广东省分行	“影视贷”	以电视剧播放所产生的应收账款为质押

资料来源：根据互联网资料整理。

（2）文化产业股权市场融资不断发展。2017年，“广州文化创意企业板”成立，引导文化企业进入股权市场融资发展。截至2019年11月，广州有41家文化企业在国内外主板市场上市，有1家在创业板上市，有90家企业在新三板市场挂牌上市。

（3）文化融资租赁等融资渠道不断拓展。2018年至2019年，万宝租赁、广发租赁等租赁机构开始了包括软件著作权等无形资产的产权融资租赁。广发租赁的文化租赁业务放款超过4亿元，租赁物包括专利、软件著作权等。此外，广州市政府积极鼓励和引导银行业金融机构通过发行票据、文化项目信贷资产支持证券、理财产品、信托计划等方式，建立多元化、多层次融资渠道，支持文化产业发展。如：大业信托成立大业信托·永乐学艺投资基金1号集合信托计划，为文化学艺及体育项目融资1.02亿元；光大银行广州分行为南方出版传媒发行中期票据6.6亿元。

（4）民间文化产业基金加大文化产业投资。目前广州市已经设立广州市文化产业投资基金等专项支持资金，社会各界也成立了一些专门从事文化领域投资的文化专业投资基金。例如，黄埔文化集团同凤凰卫视签约设立10亿元影视投资基金；粤传媒、珠江钢琴、奥飞动漫等企业也先后设立各类文化创意产业投资基金，投资于文化创意产业链上的相关项目，其中奥飞动漫文化产业投资基金投资总额已超过50亿元。

2. 融资风险分担补偿政策情况

《广州市推进文化金融融合发展的实施意见》发布以来，广州有关文化产业融资担保和保险服务模式也在不断创新。例如，积极推进文化企业贷款保证保险业务发展，支持文化企业融资；鼓励支持保险机构根据广州文化产业风险特点，制定文化出口信用保险、演艺活动公众责任险等一系列保险计划；不断加强文化产业专利保护，在广州开展专利保险试点，保障文化企业的知识产权专利，防范知识侵权风险。

此外，广州市出台了一系列促进中小微企业、民营企业融资的风险分担政策。由于广州文化企业绝大多数是中小企业或民营企业，因此可充分利用现有的这些政策来降低融资风险（见表3）。

表3　近三年广州市中小微企业融资风险补偿政策与补偿模式

时间	政策	惠及企业	风险分担主体	风险分担模式
2016年8月	《广州市知识产权质押融资风险补偿基金管理办法》	科技型中小微企业	政府风险补偿基金、合作银行	政府风险补偿基金承担50%，合作银行承担50%
2017年8月	《广东省融资担保"政银担"风险分担合作方案（试行）》	中小微企业	政府、银行、担保机构	担保机构承担比例不低于40%，合作银行业金融机构承担比例不低于10%
2018年10月	《广州市政策性小额贷款保证保险实施办法（修订）》	农业企业、科技企业等	政府、银行、保险公司	保险公司和银行按4:1比例承担本金损失。贷款的利息损失由银行承担

续表

时间	政策	惠及企业	风险分担主体	风险分担模式
2018 年 11 月	《广州市中小微企业融资风险补偿资金管理暂行办法》	中小微企业	政府、银行、担保公司、再担保公司	风险补偿资金承担不超过本金损失的 10%，合作银行承担不低于本金损失的 10%，市再担保公司承担不超过本金损失的 30%
2019 年 5 月	《广州市科技型中小企业信贷风险损失补偿资金池管理办法》	科技中小企业	风险补偿基金、保险公司或担保公司、处置基金和合作银行	“5311”模式：由广州市知识产权质押融资风险补偿基金、保险公司或担保公司、处置基金和合作银行分别按照 50%、30%、10%和 10%的比例对贷款资金损失进行风险分担

资料来源：根据互联网资料整理。

（二）文化企业融资困境依然存在

广州文化产业发展虽然已经取得了一定成绩，但是跟北京、上海、深圳以及海外发达地区相比，仍有一定差距。广州市出台的各种利好中小企业的融资政策，落实在文化产业上，效果并不明显。通过调查发现，无论是处在初创期还是高速成长期的文化企业，普遍反映依然面临一定程度的融资困境。

1. 文化产业的风险分担补偿政策不完善

目前，广州中小文化企业获取金融支持的效果低于预期，除了企业自身原因外，最主要的是文化企业融资中的高风险目前并未能得到系统分担和合理补偿，相关政策不完善。具体来看，有以下几方面：其一，目前广州市出台的风险补偿政策主要针对农业、科技型中小企业，专门针对文化产业的政策很少，由于文化产业的特殊性，受惠的文化企业数量有限；其二，风险分担补偿政策受益企业多数是资信较好、经营管理水平较高、财务状况良好的成熟企业，大部分中小企业可能达不到相关条件，无法从中受益；其三，现有风险分担补偿政策中的分担设计按照主观经验设定，缺乏科学论证，另外补偿资金规模有限，能否有效调动各参与主体方的积极性，还须进一步验证；其四，近几年广州市出台的各种融资风险补偿政策不少，但政出多门，没有层次性，缺乏针对性的整合，没有形成完整的政策体系。

2. 文化产业融资风险担保机制缺乏体系

由于文化产业的特殊性，针对文化产业融资风险的担保机制目前还不够完善，存在如下问题：其一，中小文化企业信用意识较薄弱，内部信用管理经验不足，对担保的接受度不高；其二，担保机构担保力量有限、抵御风险能力不强；其三，担保机构数量不足，文化类担保产品较少，开发力度不够，须进一步加强。

3. 文化产业融资风险保险分担机制不完善

近年来，广州市也在积极引导保险资金参与文化企业融资风险分担。然而，目前也有一些问题需要进一步解决：首先，企业的保险意识有待进一步加强；其次，针对中小文化企业无形资产质押融资方面的保险种类不多；此外，已有的相关保险主要靠政府推动，市场化程度不高，没有充分发展商业性保险。

4. 文化金融服务落地不实

一些金融机构虽然针对文化产业推出了专属特色产品和服务，但是由于宣传不到位、信息不对称等，一些文化企业出现融资需求时，往往并不能很快寻找到合适的渠道，导致很多金融服务政策难以真正落到实处和发挥作用。

三　系统视角下广州文化产业融资风险分担机制构建

（一）总融资系统设计

要打破文化产业融资困难的僵局，弥补现有融资风险分担机制中的不足，从根本上需要构造一个融资风险与收益相匹配的系统平衡机制。基于系统论视角，将文化企业银行信贷融资过程看成一个整体，总系统包括文化企业、商业银行、第三方服务机构以及政府四个子系统，各子系统主体之间相互作用，形成一个相互关联的整体。具体作用过程如下（见图5）：

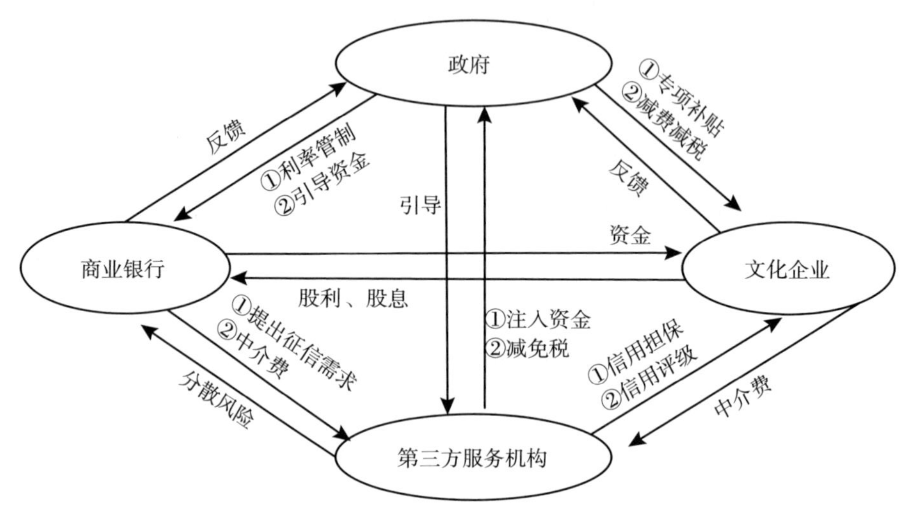

图5　子系统相互关系

企业与各主体之间的作用过程为：银行为企业提供资金支持，企业以利息形式回馈资金供给方，这是整个系统中最核心的部分，其他子系统以此为基础而存在，并相互作用促进核心系统的优化。第三方服务机构包括评级机构、担保公司等，主要为企业提供信用评估和信用担保，分散一部分银行风险，增大从银行获得贷款的可能性。政府通过财政补贴、税收优惠等各种政策，为中小企业融资提供直接或间接的引导和扶持。同样地，中小企业融资中的问题也能反映出当前政府政策存在的一些不足，可推动政府完善有关政策。政府为发展地方经济，通过产业政策、财政补贴等引导和鼓励商业银行对文化企业的贷款行为，这实际上相当于政府直接参与了融资风险的分担。第三方服务机构的相关业务需要政府政策引导。第三方服务机构的完善有利于提高市场透明度，方便政府监督管理。

根据系统整体性理论，融资体系中各参与主体间的合作紧密程度直接影响到融资的总体风险。企业与银行、银行与评估机构、评估机构与担保机构之间的任何一个环节出现问题，都可能造成违约风险，参与方之间的合作密切程度与合作期限和融资结果直接相关。

（二）广州文化企业融资风险分担机制构建

在文化企业融资过程中，风险管理是一个系统过程：首先需要进行风险分析，确认主要的风险因素，然后进行风险识别，了解风险特性，估测风险大小，多方主体协商风险共担。关于融资风险分担机制，本文基于系统视域，关注政府、银行、文化企业、担保机构、保险机构、中介机构和社会公众等多主体的风险分担，注重风险分担的系统性和层次性设计。在强化信息对称的基础上，银行按照风险收益匹配的原则分担一部分风险；中小企业可以通过信用共同体等形式分散风险；担保机构和保险机构通过投资收益覆盖一部分风险；社会公众通过投资证券化产品间接参与风险分担；政府通过财政贴息、财政补偿等方式引导融资活动和参与融资风险分担，从而形成以政府为主导的、多主体共同参与的多层次中小文化企业融资风险分担机制，见图6。

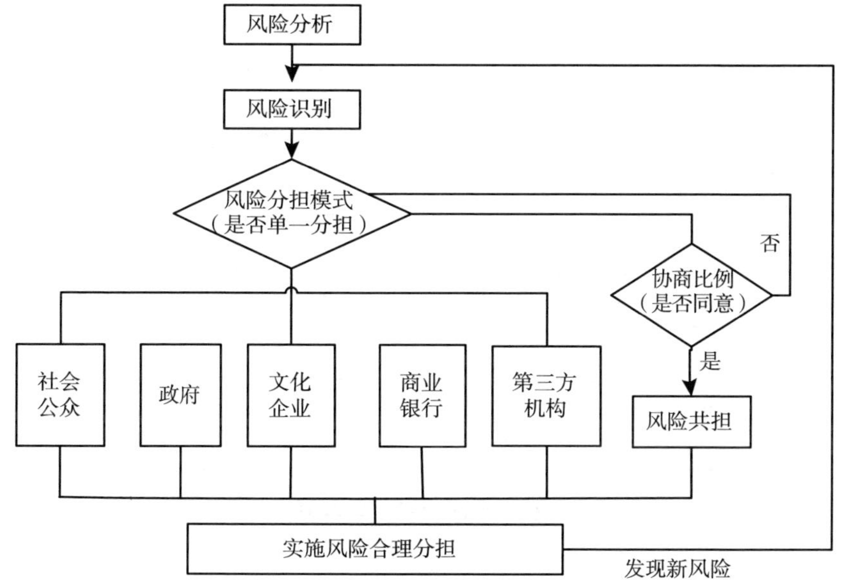

图6　中小文化产业融资风险分担机制

1. 银行视角下的风险分担

商业银行在对文化企业进行信贷时，应根据不同文化企业的特征，开发设计与其他行业不同的信贷产品，采取不同的贷款定价方法。对于规模较大的文化企业，可以采用银团贷款的方式；中小企业则可以考虑采用企业联合贷款即信用共同体的方式。此外，由于不同文化项目的差异性也较大，银行应根据具体文化项目的现金流特征，有针对性地设计贷款期限。

2. 担保视角下的风险分担

根据文化企业的特性，担保机构应选择或开发适合文化企业的担保方式。然而，第三方担保机构一般是贷款资产违约时的最后支付方，因此对于风险较大的文化产业担保，担保公司的态度会倾向于保守。因此，政府可以利用财政补贴、税收优惠等方式对担保机构进行风险补偿，鼓励担保机构通过再担保、联合担保等方式多渠道分散风险。文化产业融资担保与再担保流程见图 7。

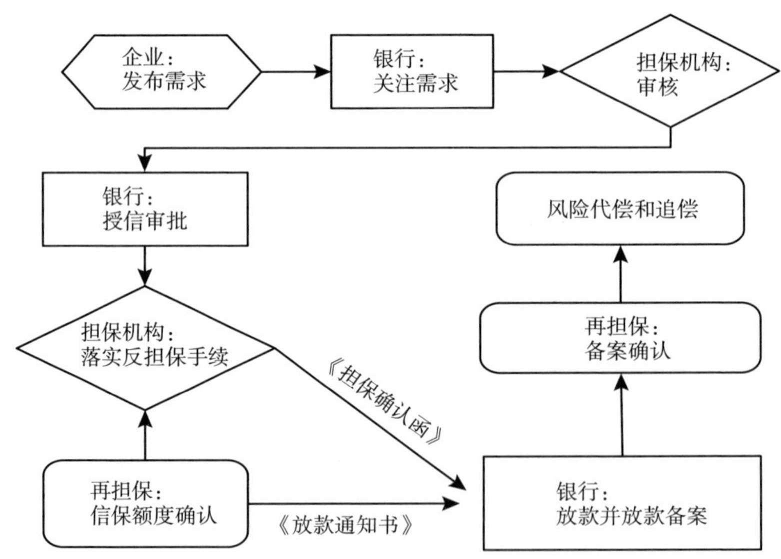

图 7　文化产业融资担保与再担保流程

3. 保险视角下的风险分担

文化企业、银行可以与保险公司合作，通过保险来转移一部分风险。其一，文化企业可以通过购买文化保险产品，降低文化活动的风险，银行的贷款风险因此也降低。文化企业可以将保单质押给银行，从银行获得融资。其二，商业银行贷款给文化企业后，向保险公司投保。当文化企业违约无法向商业银行偿还贷款本息时，保险公司给予相应赔偿。其三，商业银行与保险公司合作，共同开发出针对文化企业的融资产品。同时还可以相互介绍客户，加强交流，以减少信息不对称，降低风险。2018 年 10 月广州推出了政策性小额贷款保证保险制度，根据国务院提出的“政府 + 银行 + 保险”合作模式的试点经验，调整了银行、保险公司、政府三方风险分担模式。这项措施取得了一定效果，但是受惠的文化企业数量较少，应进一步鼓励更多的商业性保险机构开发和设计针对文化产业特性的相关保险产品和保险服务，共担风险，共享收益。

4. 政府视角下的风险分担

政府通过向商业银行提供财政贷款贴息、财政贷款担保，或对商业担保体系提供财政补贴、风险补偿资金和税收优惠等措施，分担文化企业融资中的风险。财政贷款贴息一般是指财政部门将贴息资金先拨付给贷款银行，贷款银行再以优惠利率将资金贷给企业。财政贷款担保是指政府采用贷款担保的方式，对具备一定条件的文化企业提供融资担保，帮助其获得资金支持。风险补偿资金一般是指成立专项基金，用于文化产业融资风险分担补偿。目前广州市针对文化产业融资的专项补偿基金比较少，建议扩大规模。

5. 企业视角下的风险分担

企业的融资风险根本是企业自身，对于中小文化企业来说，不断完善企业治理结构、不断创新提升企业核心竞争力，才是企业降低风险获取资金的根本。此外，在企业发展初期，通过考虑和其他企业形成信用共同体，采取联贷联保等团体贷款方式，增加获得贷款的可能性。目前，团体贷款模式在其他行业中有应用，基于文化企业的特征，也可将这种模式应用于文化企业融资。

6. 社会公众分担风险

文化类产品正在经历金融化、资产化、大众化的过程，其最终形态是实现文化产品资产证券化。文化产品如艺术品可以通过资产认定、评估与重组，使艺术品收益与风险分离，转化为证券形式，实现文化产品在金融市场的流动，证券购买人即投资者成为风险转移的对象。文化类产品资产证券化流程见图 8。

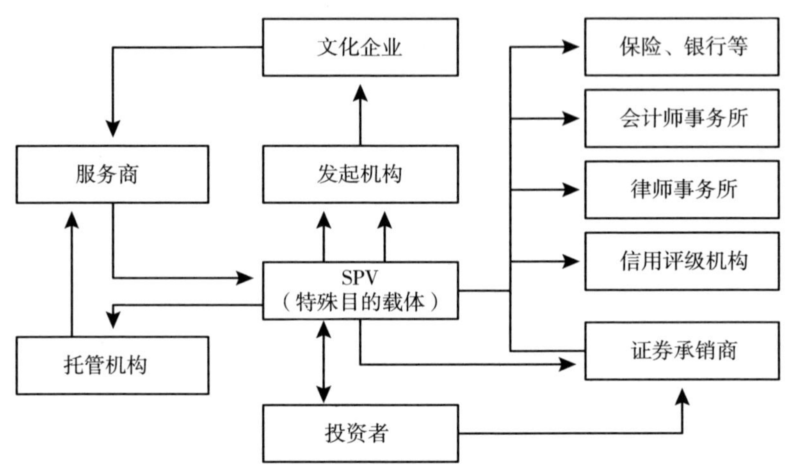

图 8　文化类产品资产证券化流程

在以上各层次的分析中，可以看到政府政策的引导在大多数环节都起着至关重要的作用，这是由文化产业的特性以及当前的发展阶段所决定的。因此，政府政策在整个机制中占据核心和主导的地位，很多环节的贯通都依赖政府政策的推动。另外，其他市场主体之间的协调和合作也依赖政府有关平台的搭建。因此，在文化企业融资体系中，风险分担将以政府为主导、各市场主体共同参与分担的模式进行构建，才能取得最终的融资效果。

四　完善广州文化产业融资风险分担机制实施的路径

文化产业的行业特性决定了其获得传统银行信贷的过程更为艰难。在企业、银行、政府、担保机构等参与主体之间，需要建立以政府为主导的、多主体共同参与的多层次中小文化企业融资风险分担机制，方可帮助广州中小文化企业改善融资困境，促进广州文化企业进一步发展。

（一）加强文化产业融资体系整体设计，完善风险分担补偿政策体系

目前针对广州文化产业融资的专项政策不多，政策体系不够系统和完善，建议进一步加强顶层系统设计，主要包括两个方面：融资渠道拓展体系和融资风险分担补偿体系。围绕文化产业融资过程中的不同融资渠道，从企业提出融资需求到融资资金落实到位的每一个环节，都能有相关政策或者服务配合到位。如果融资的某个环节出现问题，将可能导致融资活动前功尽弃。具体到每个参与主体，如文化企业、银行、保险公司、担保公司等，都有清晰的权利和义务，也就是设计匹配对等的风险收益。对于已有的政策，进一步落实和反馈完善，各部门出台的政策最好能打通整合。对于融资风险分担补偿问题，目前主要依靠财政奖励、补贴、税收优惠等措施来加大金融机构的积极性。然而，财政资金规模有限，如何提高财政资金的引导效率，还需要进一步研究。另外，有关融资风险分担补偿政策中的风险分担模式或比例，需要在具体实施过程中，根据动态反馈进行科学论证和系统调整。

（二）进一步推动广州文化产业全方位创新

无论如何创新风险分担模式，风险的最终源头都在文化企业身上。在不同的经济背景下，企业唯有坚持创新，拥有自己的核心竞争力和持续发展能力，才能从根本上缓解自身融资困境。广州的文化产业已初具规模，然而在新形势下，文化产业的创新应该是全方位的。主要从以下两个方面着手。

其一是推动文化产业利用新技术创新发展，提升文化发展层次。广州作为粤港澳大湾区发展的核心引擎城市之一，要主动对接《中国制造 2025》和广州 IAB 计划，积极发展和引进高端文化产业，提升广州文化产业发展层次。在当前数字时代下，人们的精神文化需求显现出个性化、多样化、层次性的新特征，只有把握消费升级的这种新态势，依托人工智能、大数据、5G 等新技术，改造提升创作、生产、传播、消费等环节，推出个性化、分众化的产品和服务，推动文化产业迈向中高端水平。

其二是不断培育壮大“文化 +”新业态，丰富产品形态与服务模式。

加快文化产业内部细分领域之间以及与其他行业的跨界融合。整合文化科技资源，以“文化+科技”为核心，开展文化产业核心技术研究和产业化应用，增强文化企业内生动力机制，促进文化产业与建筑、设计、信息、金融、旅游、体育等产业进一步深度融合，拓宽发展空间。

（三）健全文化金融体制，探索文化产业融资新路径

通过政策引导更多民间资本进入文化金融领域，组建一定规模的文化产业投资公司、融资担保机构等；鼓励以土地投入、债券发行等形式进行项目融资，建立多元化投融资体系；发挥广州区域性金融中心的优势，搭建企业与金融机构之间的公共服务平台。2019 年 5 月工商银行广州分行在广州北京路成立了广州首家文化特色银行，旨在为北京路国家级文化产业示范园区文化企业提供全产业链金融服务。建议鼓励更多的商业银行开展专属文化产业的业务，利用专属政策、专属产品和专营支行，更好地服务文化产业。

对于传统的间接融资银行信贷，鼓励和引导更多商业银行建立文化企业信贷部门，培养相关专门人才，完善文化企业配套服务体系建设。进一步推动无形资产质押贷款、供应链融资等新型贷款业务。

在直接融资方面，鼓励有条件的文化企业以发行公司债券、集合债券等方式扩大融资，引入风险资本和私募资金进行股权融资。鼓励商业性保险机构不断创新文化产业相关保险产品和业务。鼓励租赁公司、信托机构、基金公司等机构更多地参与文化产业的融资与其他业务，建议进一步完善相关政策配套。

（四）建立健全文化企业信用担保与再担保体系

文化产业作为战略新兴产业，意味着在相当长的一段时间内，文化企业融资仍然无法离开政府政策的大力驱动，因此应进一步健全文化企业信用担保体系。对于政策性风险担保机制，可以安排专项资金，对支持文化产业发展的商业性担保公司，适当进行风险补偿，支持其稳健经营。鼓励担保机构通过再担保分散中小文化企业融资风险，加强对中小企业的融资服务。不

过，由于财政资源的有限性，为弥补担保资金的不足，政府应鼓励和引导更多民间资本进入文化产业商业性担保领域。

（五）完善文化企业无形资产价值评估体系

无形资产是文化企业的核心资产。无形资产价值评估是文化产业融资过程中的关键问题。由于文化产业无形资产数量庞大、形式多样、价值波动大，无形资产评估与监管的专业人才缺乏，文化产业无形资产评估目前仍面临诸多问题。可以从以下几方面完善：其一，积极利用互联网和大数据技术，建设无形资产评估的数据库、市场交易数据库等，确保评估业务的准确和高效；其二，鼓励区块链技术在无形资产评估中的应用，提升市场信息透明度；其三，扶持并认定一批有资质的文化产业无形资产评估机构，加强无形资产评估专业人才的培养和培训。

（六）应用区块链技术搭建信息共享平台，降低融资成本

随着大数据、区块链等新型技术的快速发展，政府应积极探索利用相关技术搭建动态信息共享平台，提高融资中各参与主体的信息透明度和信任度。区块链技术的分布式存储、不可篡改、时间戳验证等属性，可以使得市场中的所有参与者均可无差别地获取市场中所有交易信息，可以帮助金融机构降低信息不对称的程度、大大降低各机构之间的信任成本，提高金融服务效率并降低成本。

（七）加强文化产业各融资主体紧密联系与合作

在文化企业融资系统中，除了企业信用风险外，融资体系中各参与主体间的合作紧密程度是影响融资风险的另一个关键因素。如果各参与方之间合作紧密，合作频率高，且没有发生违约事件，则总体风险低。因此，可以考虑通过广州文化金融服务中心搭建一些非正式平台譬如文化金融联席会议，或举办一些常态化文化金融活动，促进企业、银行、保险公司、担保机构等之间的日常联系。

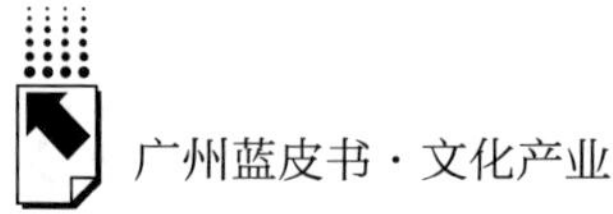

参考文献

曹建勋、李寿林：《金融支持文化产业发展问题探讨：以青海省海东地区为例》，《青海金融》2012 年第 3 期。

马苹：《区域文化产业创新发展模式研究——以大连市为例》，《辽宁大学学报》（哲学社会科学版）2019 年第 6 期。

杨玉娟：《如何做好文化企业无形资产评估》，《中国文化报》2019 年 5 月 22 日，第 3 版。

陈慧慧：《地方政府对文化创意产业融资的扶持政策研究》，硕士学位论文，东华大学，2014。

广州市工业和信息化委员会：《广州市中小微企业融资风险补偿资金管理暂行办法》，《广州市人民政府公报》2018 年 12 月。

江珊：《民营文化企业在广州旺盛生长》，南方网，http：//news. southcn. com/gd/content/2018 －12/04/content_ 184332184. htm。

《广州文化金融 10 强榜单出炉，300 亿元签约支持文化和旅游产业发展》，人民网广东频道，http：//gd. people. com. cn/n2/2019/1111/c123932 －33524951. html，2019 年 11 月 11 日。

B.6

增长动力转换背景下文化产业创新发展的战略方向

杨代友　陈　刚*

摘　要： 在加速经济增长动力转换面临诸多挑战的情况下，文化产业已成为我国经济增长的重要动力源。总体上看，十八届三中全会以来我国文化产业发展处于“大转型”时期，文化产业由规模速度型增长转向质量效益型增长，在加快新旧动能转换、推动经济高质量发展中发挥了积极作用。在新的时期，文化产业发展面临新问题，呈现新特征。文化产业的发展模式、发展形态和产业体系发生了新变化。加强文化产业供给侧结构性改革，推动文化产业高质量发展成为更高的发展目标和方向。在“十四五”时期，广州要从建设全球区域性文化中心、大湾区文化枢纽城市和协同深圳建设社会主义文化强国城市范例三大创新维度推动文化产业发展，着力增强广州的思想引领力、文化凝聚力、文化影响力、文化创新力和文化生产力，加快推动广州文化产业发展出新出彩。

关键词： 文化产业　出新出彩　论坛峰会

---

* 杨代友，广州市社会科学院产业经济与企业管理研究所所长、研究员，研究方向为文化产业经济、城市经济。陈刚，广州市社会科学院产业经济与企业管理研究所副研究员，博士后，研究方向为文化产业经济。

由广州市社会科学院主办的“城市文化综合实力出新出彩暨中国文化金融50人论坛峰会”于2019年12月21在广州举行，重点就我国文化产业发展的经济形势，十八届三中全会以来我国文化的发展态势，当前文化产业发展的新特征、新问题，加强文化产业供给侧改革、推动文化产业高质量发展，“十四五”时期广州文化产业目标定位和战略重点，推进广州文化产业出新出彩等问题进行了研讨。

一 我国文化产业发展的经济形势

（一）从国际层面看，加速经济增长动力转换面临诸多挑战

国家金融与发展实验室副主任，中国社会科学院产业金融研究基地主任、支付清算研究中心主任杨涛认为，当前我国区域经济发展面临着国内外诸多形势的挑战。从国际上看，全球经济增速放缓态势明显，2019年以来不少国际组织纷纷下调全球经济预期增速，经济合作与发展组织在2019年11月发表的《经济展望》中，将2019年和2020年全球经济预期增速都进行了微幅下调，国际货币基金组织（IMF）发布最新《世界经济展望》（WEO）报告，将2019年全球经济增速预测下调至3%，创2008年金融危机后的最低点，主要依据是全球贸易形势的不确定性以及地缘政治因素。此外，IMF预计2019年中国经济增速为6.1%，美国2019年和2020年的经济增速分别为2.4%和2.1%；欧元区2019年和2020年的经济增速预测分别为1.2%和1.4%。从长期来看，全球经济增长现在正处于长债务周期的顶部，创新周期的萧条期，创新活动对经济增长的推动力逐渐消失，投资规模增速放缓，经济部门杠杆率处于历史高位，低利率乃至负利率政策已无法支撑经济长期增长。从整体来讲，未来一年全球经济增长压力仍然很大。从大周期角度看，2008年金融危机之前，各国主要依靠金融和房地产发展实现经济快速增长，金融危机之后，各国都在积极寻找新的经济增长动力，一方面，宽松的货币

金融政策是经济走出泥潭的重要助力，另一方面，如何找到新的经济增长龙头，对于无论是美国这种发达经济体，还是众多新兴经济体来说，都是共同面临的挑战。在未来，制度改革、技术创新等要素将成为经济增长的重要着力点，这也是我们面临的全球压力。

（二）从国内层面看，文化产业成为我国经济增长的重要动力源

杨涛认为，从经济增长角度来看，经济增长的源泉包括要素的积累和技术的进步，而要素的积累又分为资本的积累和劳动力的增加。众所周知，随着我国经济发展进入“新常态”，以往支撑我国经济实现高速增长的要素环境已经发生了变化。十九届四中全会把数据、信息等要素也看成影响我国经济增长的重要动力。杨涛认为，无论是人口老龄化带来的人口红利弱化，还是由国民储蓄率逐渐下降而带来的资本参与率、投资率等要素的减少，都对我国经济增长速度产生了较大的影响。且随着WTO 环境规则的不断变化，我国已经开始无法充分享受 WTO 时代的全球红利了。

中国社会科学院中国文化研究中心张晓明认为，从发展阶段上看，2019 年是我国“十三五”规划倒数第二年，处在一个回顾以往、展望未来的重要时间节点上，也是第四次全国经济普查（2018 年）完成后，进行数据分析的一年，因此，我们也有条件对“十三五”期间我国文化发展总体状况进行系统性的回顾和分析。从政策层面看，2013 年十八届三中全会通过了《中共中央关于全面深化改革若干重大问题的决定》，提出了“建立健全现代文化市场体系”总的政策思路，并围绕如何发挥市场在资源配置中的决定性作用，以及更好地发挥政府核心作用的总目标，如何在文化领域建立现代治理体系，提高治理能力进行了重要战略部署，并以“放管服”为主线，为推进我国文化体制机制改革确立了总基调。

全国工商联原副主席、中国西部研究与发展促进会理事长程路认为，文旅产业是 21 世纪继移动互联网终端发展之后的新兴产业，具有实力强、吸

引力大、辐射面广等特性，能够成为提升国家综合实力，推动经济增长的主要支撑性产业。因为，随着我国社会主要矛盾的转变，追求美好幸福生活是我国发展的目标之一，2019 年我国人均 GDP 将超过 1 万美元，已经达到了中等或中高等收入国家的发展程度。文旅产业包括传统的休闲、体育、文化、养老等众多行业，辐射面非常广，利用这样融合性的产业来活跃市场经济，提升城市发展综合实力尤为重要。

（三）十八届三中全会以来我国文化产业发展整体处于“大转型”时期

中国社会科学院中国文化研究中心张晓明将十八届三中全会以来我国文化产业的发展态势概括为“大转型”时期，主要表现为四大特点。

1. 经济发展进入下行通道，规模型扩张阶段结束

张晓明认为，我国文化发展历程大体上可分为两个阶段：第一个阶段是 2010 年以前，是在文化体制改革的生产力释放作用与文化产业政策的推动作用双重动力之下的“非常规”高速发展时期，在这一阶段，我国文化产业年均增长率高达 23.4%。第二个阶段是 2010 年以后，我国改革的阶段性任务基本完成，改革配套出台的政策呈现递减效应，文化产业发展方式开始变化，内外结构均有较大变化。

2. 从规模速度到质量效益，文化产业的结构产生较大变化

2018 年我国文化产业实现增加值 38737 亿元，文化产业增加值占 GDP 比重提高到 4.30%，从对经济增长的贡献看，文化产业对 GDP 增量贡献率的年均值从 2004 ~ 2012 年的 3.9% 进一步提高到 2013 ~ 2018 年的 5.5%。文化产业的结构转化已经完成，文化产品和服务的生产、传播、消费的数字化、网络化进程不断加快，数字内容、动漫游戏、视频直播、视听载体、手机出版等基于互联网和移动互联网的新兴文化业态成为文化产业发展的新动能和新的增长点，文化产业已由规模速度型增长转向质量效益型增长，在加快新旧动能转换、推动经济高质量发展中发挥了积极作用。

3. 从消费性服务功能向生产性和社会性服务功能延伸：融合发展成为无所不在的主题

2000 年以后，文化产业开始与国民经济和社会发展各领域出现融合发展的新态势，文化产业的发展开始成为撬动国民经济结构战略性调整和转变经济发展方式的重要支撑力量。

4. “放管服”与新动力：体制机制政策的再创新

十八届三中全会提出让市场在资源配置中起决定性作用，更好地发挥政府的作用，这是“文化产业回归文化市场”的重大转变，我国文化产业发展已经从政府主导的启动阶段走向依靠市场内生动力发展的新阶段，市场将成为下一轮我国文化产业发展的最大动力。

二　当前我国文化产业发展的新特征和新趋势

（一）文化产业迈入创新发展阶段

中国社会科学院中国文化研究中心张晓明认为，正如我国宏观经济正在经历一次“大变局”一样，我国文化产业的发展模式也在发生着根本性的变化。2010 年之前，文化产业发展搭上了加入 WTO 后中国工业化起飞这辆快车，特别是在我国经济的快速扩张中分享了城市化的“红利”，才实现了超常增长。这表明，我国文化产业发展具有明显的体制性释放和政策性推动的特性，因此并没有完成自身商业模式的培育，未建立起良好的市场内生动力增长机制。2010 年以后，随着我国经济发展进入“新常态”，国内外经济发展形势和发展方式产生了较大变化，传统城市化模式中政府以土地财政支撑的“交叉补贴”式的政策效应逐渐结束，文化产业面临超越传统发展模式进入自主创新发展新阶段的重大考验。

张晓明认为我国对新时期文化产业发展的探索才刚刚开始，在新的发展背景下我国文化产业发展面临着诸多的新问题。首先是文化生态环境已经发生变化，新旧媒体如何转换和重构？当前，文化生态环境变化与数字技术相关领域的突发性增长息息相关，文化产业发展已经从以往以国家主导传统媒体转向建立在市场环境下以数字网络为基础的数字化产业，这是一种全新的生态环境，既孕育出了新兴媒体，也对原有旧媒体产生了较大冲击，如何实现新旧媒体转换，是值得关注的新问题。

其次是文化生产体系已经发生了变化，如何从传统文化产业“线性的”生产体系，向网络化和智能化的“大生产”系统转变？这一新的文化发展模式具有开放性和网络化特征，与以往文化生产体系截然不同，有人将其称为“文化大生产体系”。新型的网络化和智能化的文化“大生产”系统有几个突出的特点：一是生产者和消费者相互融合；二是专业化生产者（PGC）和非专业化生产者（UGC）相互合作；三是人际交往的社交属性和商业属性无缝衔接等，其核心特征就是所有人都既是消费者也是生产者（所谓“产消者”），既是接受者也是传播者。

文化发展形态已经变化，文化管理体系如何改革？当前，我国正处于产业升级、经济转型的关键时期，数字经济既是经济增长的新引擎，也是经济实现高质量发展的重要驱动力。而由于我国在数字文化领域的突发式发展，在数字文化消费的市场上，我国已经进入全球性领跑阶段，没有成功经验可借鉴，传统改革窗口期已过，传统管理对象也已经消失。所以，我国的文化管理体系已经进入一个全新领域，在全球最前沿领域进行探索，具有全球性的意义。

国家文化科技创新服务联盟主席、利亚德集团董事局执行董事、利亚德集团执行总裁、利亚德集团广州励丰文化科技股份有限公司总经理代旭认为，新时代，我国经济发展模式正在由粗放的大项目投资拉动，向市场需求精准定位、有效投资贡献可持续税收增量的新发展模式转变，文化旅游重大项目应高度关注经营现金流对企业运营管养成本及融资财务费用的支撑能力。当前，我国文化旅游融合发展不论以政府平台为主导还是以社会资本为主导，均面临着新的问题。以政府平台为主导面临的新问题主要体现在两个方面：一是基于地方历史文化资源的规模化愿景规划及开发模式难以融资并招商落地；二是以房地产收益平衡的投资模式难以成为共性的解决方案，有特色空间，却没有特色业态，有资产，却没有现金流。以社会资本主导面临的新问题主要表现为三个方面：一是都市主题公园与景区的两票经济加地产反哺，阻碍供给侧的产品与模式的创新升级；二是招商引资“金主”因缺乏经验导致规划前期“学费”高昂，项目推进信心难以建立；三是规划模式与投融资能力不匹配，占用了土地资源，却培育不出可持续发展的产业项目。

全国工商联原副主席、中国西部研究与发展促进会理事长程路认为，当前我国文化产业与其他产业融合发展过程中，需要金融为其赋能，多做贡献。现在已有的诸多金融创新模式大多都在行业内部运转，对实体经济支撑力不足。金融创新不应离开其服务于实体经济的根本目标，应向小微企业、文资行业等领域倾斜，特别是文资行业现在急需金融产业支持，主要原因在于，文资行业许多企业都是轻资产或者零资产，且大多是民营性质企业，因此需要金融制度进行再创新，向没有资产抵押能力和发展实力的文创企业倾斜，为它们发展提供资金支持，推动文资行业快速发展。

（二）高质量发展是文化产业供给侧改革的必然趋势

全国工商联原副主席、中国西部研究与发展促进会理事长程路认为，文创行业的主力在于民间创新，截至 2019 年 11 月，我国市场主体以每天 2 万户的速度增加，其中民营企业和小微企业占比高达 99%。他认为，应该重视第三产业领域创新，在当前企业转型升级过程中，应当重视高端制造业、战略新兴产业、服务业，特别是现代服务业领域的创新发展。在即将到来的“十四五”时期，这些领域将会产生将近 100 万亿元的产值，特别是在服务业领域，产值增量最高。随着国家层面减税降费政策逐步落实，制造业税负从 16% 降到 13%，交通运输领域税负从 10% 降到 9%，服务业领域虽然没有直接降低税负，但抵扣比重增加了一倍，由 20% 增加到 40%，这些均为文旅产业发展创造了有利的税负环境。当前，我国文旅产业发展前途十分广阔，中央层面也很重视文旅产业发展，文旅产业在我国未来经济的发展过程中起到的作用将会越来越大。

国家金融与发展实验室副主任，中国社会科学院产业金融研究基地主任、支付清算研究中心主任杨涛认为，加强文化供给侧改革应该从两个角度五大要素入手，其中两个角度分别是第三产业角度和新经济角度。五大要素则具体表现为：第一是新文化产业。据国家统计局测算，目前我国服务性消费已超过居民消费支出的50%，居民人均服务性消费的年增长率超过10%。他认为，真正发展既符合社会主义核心价值观方向和经济全球化特征，又符合中国特色社会主义市场化需求的新文化产业是当前发展的重中之重。第二是新金融。利用金融科技创新，引领文化金融要素优化配置，使特定的文化要素提供给真正的需求对象，促进文化产业要素实现优化配置。第三是新技术。新技术本身就是引发文化新业态快速变革及发展的重要推动因素，新技术的研发和推广能进一步从供给侧激发更多新文化需求，培育新兴客户。第四是新平台。文化金融与互联网一样，越来越追求新平台建设，利用平台经济模式能有效地促成各方信息对称，提升业务和服务标准化程度。第五是新生态。既有效实现各方在实现技术上和机制上的共赢，又实现利益上、格局上共赢，打破过去文化领域比较碎片化的情况。

中国社会科学院中国文化研究中心张晓明认为，应从技术、国家政策、产业融合等方面从供给侧角度推动文化产业发展：第一，以5G商用为契机，实施国家文化遗产数字化战略，大力推进新一代文化基础设施建设，文化产业供给端将呈现巨大发展潜力和高速发展的可能；第二，抓住国家经济发展方式转型和经济结构调整的契机，以内需扩大政策助推文化领域消费潜力释放，系统出台刺激文化领域消费潜力的政策，形成新型消费文化环境；第三，抓住数字文化发展高峰期到来的契机，以“原始创新”的精神推动文化领域国家治理体系和治理能力现代化建设，开创文化体制改革新局面；第四，整合文化和相关产业政策，形成“三元动力”体系，推动文化科技深度融合，领跑国际数字创意产业发展。随着大规模5G商用阶段的到来，建设以国家文化遗产数字化为核心的新一代文化基础设施的窗口期已经到来，而这正为“文化—科技—金融”三元政策体系整合创新提供了最佳应用环境。

三 “十四五”广州文化产业发展的目标定位和战略重点

（一）目标定位

广州市社会科学院党组书记、院长张跃国认为，广州发展文化产业有深厚的基础，作为国家历史文化名城，广州是海上丝绸之路发祥地、近现代中国革命策源地、岭南文化中心地、改革开放前沿地，百越楚庭，汉唐明珠，中外文化在这里融合发展，是全球唯一千年不衰的商贸名城，非物质文化遗产丰厚，粤剧、广绣等享誉世界，具有领风气之先、海纳百川的优秀人文传统。辉煌厚重的历史文化，既是广州独有的荣光，也是历史留给我们最宝贵的资源财富，是支撑国家中心城市地位的重要软实力。他认为，广州作为老城市是一个客观事实，重点是要在“新”上做文章，要出新出彩，而且文化发展是有规律的发展，用以往文化发展经验指导当前文化发展是不可取的行为。工业化和科技创新发展是当前社会发展的主流趋势，无法进行逆转，应该在承认这一现实的基础上再来解决广州的文化创新问题。他认为，当前广州文化创新有三大维度：第一，瞄准全球区域性文化中心城市建设，在全球范围内广州应该是区域性文化中心城市，虽然具有区域特性，但在全球也应该有自己的特色，有一定的影响力；第二，广州要同深圳、澳门、香港三大核心引擎一起共同努力，建成大湾区文化枢纽城市，这也是《粤港澳大湾区发展规划纲要》提出的重要任务之一；第三，在社会主义文化强国城市范例中，深圳是全国城市建设的标杆，广州和深圳两市要实施协同发展策略，支持深圳中国特色社会主义先行示范区建设，也是广州文化产业的发展任务之一。

（二）战略重点

广州市社会科学院党组书记、院长张跃国认为，广州发展文化产业应在

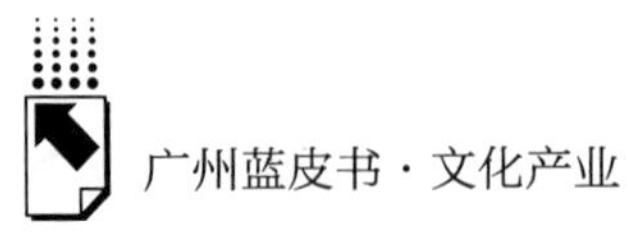

五个方面发力。

（1）思想引领力。思想理论是城市创新之源，是文化活动的核心，也是文化繁荣发展的原动力。因此，广州发展文化产业要敢于立时代之潮头、通古今之变化、发思想之先声，进一步解放思想、改革创新、敢闯敢试。广州在这些方面还可以再发力，因为广州有很多丰富的文化资源，有坚实的文化发展基础。

（2）文化凝聚力。梳理广州城市的文化基因和精神特质，提炼广州市民共同认同的文化价值观念，将新时期广州的城市精神融入城市发展血液之中，使之成为城市发展的灵魂。

（3）文化影响力。打造岭南文化中心和对外文化交流门户，加强多元文化交流融合，促进岭南文化与其他文化的交流合作，彰显广州市多元文化交流功能，扩大岭南文化的影响力和辐射力。

（4）文化创新力。立足于传统文化，结合新发展趋势与潮流，适应新时代需要，更好培育城市文化活力基因，拓展城市文化活力源头，形成城市文化活力元素涌流、全面迸发的崭新格局。

（5）文化生产力。更加注重社会主义文化繁荣兴盛，更加注重精神文明与物质文明协调均衡发展，努力提供更丰富更优质的精神文化食粮，更好满足人民日益增长的美好精神文化需求。

四　着力推动广州文化产业发展出新出彩

（一）加强政治引导，增强品牌建设对文化产业的推动作用

广州市委宣传部副部长朱小燚认为，广州应该继承发扬敢闯敢试的精神，学习悟透习近平总书记重要讲话精神，切实增强广州打造社会主义文化强国城市示范的责任意识和政治担当，推动体制机制改革创新，打响红色文化、岭南文化、海丝文化、创新文化四大品牌，协同社会各界力量，共同努力，推进创新文化发展。借助文化强市建设，推进广州城市文化综合实力出

新出彩。具体而言，他认为，应该突出强化以下几个方面对广州文化产业发展的推动作用：第一，要突出强化文化教育的感召力；第二，要突出强化文化品牌的影响力；第三，要突出强化文化中心的吸引力；第四，要突出强化文化公共服务的辐射力；第五，要突出强化文化产业的竞争力；第六，加强各界文化领域间的协同作战能力。

（二）抓住粤港澳大湾区建设机遇，加快推动广州文化产业发展

南方科技大学党委书记、国家文化产业文化创新研究中心主任李凤亮认为，广州文化产业发展应当借助粤港澳大湾区发展机遇，从四个方面进一步推动文化产业升级。

（1）将广州建设成为新兴文化产业集聚区，以数字技术为引领，以“互联网 +”为支撑，推进以跨界融合型、科技引领型、版权衍生型和沉浸体验型等新型创意为内核的广州文化新业态发展，使之成为未来广州文化产业发展的新方向。

（2）将广州建设成为文化金融融合先导区。有效促进“文化 + 科技”融合发展，加快“文化制造”向“文化创造”“文化创新”转变。推动文化金融领域实现重大突破，把文化金融作为一种有效机制推动广州文化产业发展，为民营企业和小微企业营造一个良好的金融环境。就广州来看，越秀区是文化资源集聚地，可以做成广州的文化金融街，成立文化金融交易所，设立文化版权中心，建立文化融资创新机制，立足粤港澳大湾区文化金融创新基础，全面推进国家文化金融合作试验区建设，为广州文化出新出彩提供有效的金融保障。

（3）向上争取“对外文化贸易的先行区”政策。加快发展广州对外文化贸易，对于拓展广州文化发展空间、提高对外贸易发展质量、继续扩大改革开放、提升文化软实力具有重要意义。无论是早期的十三行，还是现在的广交会，都是广州建设对外文化贸易先行区的重要资源和基础。

（4）将广州建设成为国际文化交流的示范区。广州市完全有条件、有责任担当国际文化交流示范区的重任。广州拥有较多外国人口，对外交流基

础较好。广州在全力推进珠江景观带的升级，包括文化活动的升级，有能力建成滨海滨江文化景观联结带，引爆文化旅游消费热点。

（三）强化资源优势，全方位、多举措、深层次推进广州文化产业发展

广州市社会科学院党组书记、院长张跃国认为发展广州文化产业可以在以下八个方面发力。

（1）实施理论武装凝心聚魂工程。大力实施习近平新时代中国特色社会主义思想凝心聚魂工程，高标准建设好新时代文明实践中心，推动社会主义核心价值观更好融入城市文明建设，提升强化文化教育感召力，打造新时代文明实践“广州样本”。

（2）实施红色文化地标建设工程。整体规划保护利用红色革命遗址，创建广州（越秀）红色文化传承弘扬示范区，擦亮英雄城市品牌，讲好广州“红色故事”，发展广州“红色旅游”，彰显广州“红色魅力”。

（3）实施传统文化保护利用工程。推广永庆坊改造经验，活化利用沙面、西堤、南海神庙等历史文化街区，复兴传统中轴线风貌，深入开展“把粤剧传承发展好”等惠民特色活动，联合佛山创造中华优秀传统文化传承创新示范区，创建广州岭南文化中心区（荔湾片区）。

（4）实施文化产业壮大工程。推动创建文化体制改革创新试验区，完善现代文化产业体系和市场体系，培育文商旅融合等新型文化业态，做强国家级科技与文化融合示范基地，加强穗港澳创意设计、影视音乐等产业合作。

（5）实施文艺精品创作工程。设立“广州市文艺精品创作扶持资金”，柔性引进一批文艺名家大师，推进文学、影视、音乐、戏剧、美术五大重点文艺创作工程，更好发挥市属文艺院团在精品创作中的主力军作用。

（6）实施文化惠民工程。加快推进“四馆一园”（广州美术馆、博物馆新馆、科学馆、文化馆和岭南大观园）、近代史博物馆等重点文化设施建设，构建文艺合作交流机制，为湾区群众提供更高质量的文化服务。

（7）实施城市形象传播工程。建立与“21世纪海上丝绸之路”沿线国家和地区文化合作机制，用好友好城市、国际组织、重大国际会议活动等平台，通过创作好广州故事，讲述好广东故事、中国故事。

（8）支持深圳建设文化繁荣兴盛的标杆城市。促进广深公共文化资源互联互通、共建共享，支持深圳参与跨界重大文化遗产保护工作，与深圳共同打造一批国际性、区域性品牌赛事，共建社会主义文化强国的城市范例。

（四）以科技创新为抓手，推动文化与科技深度融合发展

广州市社会科学院副院长、广州城市战略研究院院长尹涛认为，在文化产业新业态发展方面，广州已经兴起了很多新业态，走在全国最前面。他认为，要推动文化产业新业态的发展，应将数字文化经济发展放在核心地位，就如何从数字文化领域推动广州文化产业出新出彩，应注重以下两个方面：第一，广州文化要打通走向全国文化的通道，最主要和最直接的一个通道就是要加强广州数字文化经济发展；第二，加快形成统一的数字经济特别是文化方面的发展标准，为评价和指引数字文化发展提供科学的评判标准。

文仕文化博物档案馆副馆长王俊文认为，应加大对于文化版权的开发及运用，迎合珠三角片区发展战略，联动深圳、澳门、东莞等地的文创企业、专项人才等资源，持续推动文博体系的内容拓宽，并深入发展“文博+”运营体系，结合新媒体资源、影视、动漫等泛娱乐生态资源，打造有声博物馆、互联网口袋博物馆，粤趣频道等版权体验空间。

广州市社会科学院历史研究所副所长邢照华认为，广州应积极响应国家政策，鼓励支持对文物合理利用进行差别化探索与实践，释放社会参与文物保护利用的新潜力新动能，具体而言可以采取以下几点措施：一是提高博物馆场景创设力度，使博物馆展览艺术与观众的活态体验相结合，提高观众的参与程度和参与兴趣。二是提高博物馆与地域文化融合度，使博物馆与广州当地文化活动相衔接，与重大文化活动、群众娱乐活动、民俗活动等相结

合，发挥地域文化服务的整体优势。三是引入“研学游”新理念，提高对博物馆观众群定向服务功能，提高观众认同度和收获感。任何级别或专题的博物馆，都有更适宜自身特色的观众服务群体，分类创设各自所需的文化参观专项内容，推出适宜的“研学游”新项目，有的放矢地提升、加深服务层次。四是与新潮的文化创意产业“联姻”，推出富有科技、艺术含量的各类社会文化活动，在文化保护的前提下，注入必要的商业模式、运营模式等。

（五）重视市场主体作用，从企业层面加强广州文化产业发展

中国服装协会副会长，“例外”“方所”“衡山·和集”品牌创始人毛继鸿认为，文化企业在发展过程中应当注重品牌建设对于文化本身的关注和尊重。在未来发展阶段，文化企业应当注重向公共空间、实体加虚拟等方向发展。此外，广州还应更加注重创意活动，诱导和提升人们的创造力，加速文化企业创新发展步伐。

广州设计周联合创始人、广州市文化创意行业协会会长张卫平认为，应该从文化角度实现设计驱动产业升级，推动整体行业领域乃至珠三角设计行业产业转型升级。未来一段时期，设计行业发展应加快新技术和新模式与本行业的融合发展，更加注重市场消费者精神需求，重视消费者体验，满足消费者情感需求。

广东广州日报传媒股份有限公司党委书记、董事长、总经理张强认为，应该大力推动广州国有企业文化发展出新出彩。他认为可以从三个方面加强城市媒体文化发展：第一，继续做好城市媒体的运营者，重视全平台全媒体的方式建设，更加及时地报道广州新闻，讲好广州故事，塑造广州形象；第二，做好城市文化的服务者，推动《广州日报》转型升级，大力发展粤传媒，企业发展从媒体为主导向媒体和文化双轮驱动转变，将媒体行业资源与文化服务城市化生活有机融合在一起；第三，要做好文创产业生态的投资者，依靠自身优势带动广州文化产业领域发展，引导文化小微企业快速发展。

广州卓远虚拟现实科技有限公司董事长兼总经理、广州 VR 内容创新研

究中心主任阳序运认为，应该增强科技与文化企业融合发展程度。他认为，五年之内我国将会实现5G基本覆盖，5G会带来VR产业快速发展，5G技术的成熟和普及，会大幅降低VR产品进入家庭的成本，提升VR传输效率，增强VR体验感，通过体育直播、明星演唱会直播等途径扩大VR适用范围，为文化产业发展开辟新兴市场空间。

湾 区 篇

The Greater Bay Area

B.7

基于产业生态学视角的粤港澳大湾区文化创意产业发展研究

文远竹 *

摘 要： 《粤港澳大湾区发展规划纲要》的出台和实施，使得粤港澳大湾区在国家发展大局中的战略地位凸显，也为其文化创意产业发展带来契机。从产业生态学的视角来看，粤港澳大湾区区域文化创意产业发展没有实现从产业链分工到产业网络营造的最优化，存在创新发展动力不足，分工定位不明确，产业链、生态链不完整等问题；没有建立起专业的区域协调机制和生产性服务业网络来服务区域和平台分工；文创产业在带动制造业等传统产业的转型升级方面面临瓶颈问题。今

* 文远竹，广东财经大学人文与传播学院教授，高级记者，传播学博士，全媒体出版与传播创新研究中心研究员，研究方向为媒体融合发展。

后要将产业生态发展思路融入各大文创企业的经营战略之中，充分挖掘产业集群的潜能优势，解决产业发展和区域协调中的现实问题；深化粤港澳文化创意产业合作，以龙头企业带动文创产业深度参与共享经济和数字经济；从大湾区文化创意产业集群的构建、5G 和人工智能技术与文创产业的融合、文化创意价值链的转型升级、区域分工协作、优势产业互补、知识产权投融资机制创新等方面，推动大湾区文创产业与产业结构间的融合发展。发挥粤港澳大湾区文创产业的示范和引领作用，提出既具有民族文化特色，又具有国际视野的我国文化创意产业发展方向，建立起具有新时代中国特色社会主义特色的新文创体系。

关键词： 文化创意产业　产业生态学　生态发展　粤港澳大湾区

“生态”一词如今频频出现在各大文化创意类企业的发布会中，它为人们了解、参与和推动文化创意产业提供了全新的视角。作为生态学的一个分支，产业生态学可以作为文创产业历史研究、对比研究的研究框架，为研究者提供更清晰的思路和方向。它同时作为一门新兴的、多学科交叉渗透的前沿学科，开始融入各大文创企业的经营战略之中，为企业发展和全行业的拓展提供更多动力。

2018 年，腾讯公司将此前历年举办的“UP 大会”，即腾讯互动娱乐年度发布会，更名为“新文创生态大会”，并在 2019 年沿用了这个大会名称。由名称的改变可以看出，此大会的展示重点从此前的一个企业内部的年度业务情况，转变为企业所在产业结构蓝图的汇报，以及产业未来发展的探索。同样是在 2018 年，行业数据研究网站 QuestMobile 开始制作并发布年度《中国移动互联网全景生态流量洞察报告》。根据万方数据库关键词知识脉络分析，截至2018年底有关“产业生态化”的研究文献已经有7400余篇。由此可知，无论是一家企业内部的结构布局、互联网全平台的流量调查，还是媒介融合趋势下的学术研究，都逐渐注重研究生态化或产业生态的有关内容。

文化创意产业是“在经济全球化背景下产生的以创造力为核心的新兴产业”，已成为国家发展战略的重要产业之一。《粤港澳大湾区发展规划纲要》的出台和实施，说明粤港澳大湾区在国家发展大局中具有重要战略地位，也是文化创意产业的集中区域。在产业集中、媒介融合、互联网经济快速发展的背景下，从产业生态学的视角去观察和研究粤港澳大湾区文化创意产业的发展情况，以典型案例研究和比较研究为切入点，可以较为清晰地梳理出整个区域文创产业发展在产业生态系统中的内在驱动力、发展路径和战略着力点等宏观产业发展模式及今后趋势。

一　研究综述及问题缘起

“产业生态”的概念是经济学中产业概念和生物科学中生态概念的融合，而随着经济社会发展，文化以及创意概念开始融入产业研究中，并从价值链、价值网到价值生态等方面不断发展。经由国内学者席酉民、厉无畏、杨忠植、刘友金、张运生等的梳理和发展，产业生态理论被引入国内，强调工业环境中的有机循环原理，即注重循环经济、产业共生的研究。在产业园区的特殊背景下，产业共生的研究大多基于产业链的价值流动特性以及自组织特性，突出了产业内部生态的自我进化特点。

创意产业（creative industries）这一概念由英国创意产业特别工作小组（CITF）在1998年出台的《英国创意产业路径文件》中正式提出。英国经济学家约翰·霍金斯（John Howkins）在其《创意生态》中提出创意生态系统至少包含创意经济环境条件、生产者、消费者、分解者等4个部分，当前发展创意产业的首要问题是必须从“以物为本”的传统工业产业生产理念和生产关系中脱胎出来，进入“以人为本与环境永续”的创意产业双赢发展新阶段。这些观点和1989年罗伯特·弗洛什（Robert Feosch）、尼古拉斯·加洛普洛斯（Nicolas Gallopoulos）提出的产业组织生态学概念吻合。因此可以证明文化创意产业可以作为一个商业生态系统统一于产业组织学研究中，并基于创意产业集群和高科技产业生态进行深入探讨。

近10年来，我国针对文化创意产业的研究呈现多样化的态势，研究者结合不同地区、不同媒介、不同创意园区以及细分产业的情况，各自创新性地对文创产业生态学理论以及产业现状进行了研究。主要分为三类：一是关于文化创意产业生态的纯理论梳理和分析；二是关于某一座城市中的某一个创意产业园区的案例分析，比如基于北京798创意产业园区的发展和经营来探索文化创意产业集群的演化脉络；三是围绕一座城市的文创产业发展、分布，海外经济交流等情况探索此城市文创产业发展现状、特色模式并挖掘其发展潜力，比如围绕深圳创意设计产业的生态系统构建，将其与美国洛杉矶文化创意产业园、好莱坞创意产业链，日本东京动漫产业圈等创意生态产业环境进行对比分析，总结出城市文创产业需要发展具有国家民族文化特色的产业符号等结论。大多数研究者会运用相关理论来搭建和创制出新的产业生态系统图示，用以展示特定条件下文创产业生态所处的环境。但是由于研究对象、研究视角的不同，这些产业生态系统图示各有侧重，莫衷一是，目前尚未确定一个为学界公认的图例或范式。值得注意的是，在个案研究的领域中，对于文创产业的集群发展和区域协调发展研究仍有待深入。

作为生态学的一个分支，产业生态学为人们了解、参与和推动文化创意产业提供了全新的视角。它同时作为一门新兴的、多学科交叉渗透的前沿学科，开始融入各大文创企业的经营战略之中，为企业发展和全行业的拓展提供更多动力。在产业集中、媒介融合、互联网经济快速发展的背景下，从产业生态学的视角去观察和研究文化创意产业的发展情况，可以较为清晰地梳理当前发展模式及今后趋势。而以文化创意产业集中区域如粤港澳大湾区作为案例进行研究，可以解剖区域内文创产业结构、发展布局、存在问题和战略方向，从而洞察整个文创产业发展的内在驱动力和宏观产业生态。

粤港澳大湾区等有代表性的文创产业区域在产业布局及产业协同发展中

占有十分重要的地位，构成了一个相对完整的产业生态系统，其辐射力和影响力代表着国家文创产业的未来发展风向。《粤港澳大湾区发展规划纲要》的出台，为大湾区文化创意产业的发展提供了政策指引和巨大契机。对这一重点区域文创产业生态系统的研究有助于了解整个产业宏观生态环境，为全行业结构调整和产业升级以及其他区域的产业发展提供借鉴。粤港澳大湾区两区九市都拥有发展相对成熟且特色鲜明的文化创意产业，但也存在创新发展动力不足，分工定位不明确，产业链、生态链不完整等问题。从产业生态学的视角对粤港澳大湾区的文化创意产业进行研究，既能充分挖掘产业集群的潜能优势，持续渗透发力，促进文创产业区域协同发展，又能解决产业发展和区域协调中的现实问题，凸显大湾区的产业融合引力，实现文创产业与传统制造业、服务业等其他产业的协同发展。

二　当前粤港澳大湾区文化创意产业发展的瓶颈问题

从产业生态均衡、协调发展的视角来看，当前粤港澳大湾区文创产业发展面临着一些亟须突破的瓶颈问题。

（一）数字时代粤港澳大湾区通过发展文创产业带动制造业等传统产业转型升级的困难

在互联网时代，文创产业可以发挥催化剂的作用，带动粤港澳大湾区制造业等传统产业的转型升级。但这种转型升级不是一蹴而就的，面临的困难主要有以下几个方面。

一是大湾区各城市和相关产业、企业凝聚共识，自觉分工的磨合成本。粤港澳大湾区包括两区九市，是我国经济活力最强、开放程度最高的区域之一，大湾区各个城市都有自己的优势传统产业，文创产业发展的侧重点也不一样，都拥有发展相对成熟且特色鲜明的文创产业。广州、深圳等城市动漫产业等文化创意产业集群已初步形成。就 GDP 占比来看，珠三角城市中的广州、深圳、东莞和惠州年文化产业增加值占 GDP 的比重都已超过5%，达到了地区经济支柱产业的一般标准。香港文化及创意产业增加值 GDP 占比达 4.7%，与 5% 的一般标准差距不大。大湾区各个城市平衡传统产业与文创产业发展，实施文创产业的提升带动战略，有一个观念转变和具体分工磨合的过程。

二是体制机制差异带来的交易成本和转化成本。粤港澳三地分属两种社会制度、三个关税区，对制造业和文创产业的定义和界限规定不同，政策扶持力度和创意创业的氛围也不一样。粤港澳三地文创产业在经济发展格局中的地位和权重有较大差异，带动传统产业转型升级的作用也不同。三地相关产业的交易、转化和融合需要耗费较大的时间和物质成本。

三是发展方式转变带来的学习成本。文创产业是以知识创意为主的生态友好型的产业，与加工制造业等传统产业的发展模式和理念有较大不同，对版权保护和国际交流的标准要求较高。越来越多的文化创意活动和企业因为没有自觉融入新的行业规则而导致失败。这种发展方式和发展理念的升级转变，比简单地搭建工厂生产线更需要花费一些学习成本。

（二）粤港澳大湾区文化创意产业的分工和协作

从产业生态学的视角来看，区域文化创意产业发展需要合理解决从产业链分工到产业网络营造的问题。区域分工和平台分工越来越细化，怎么建立更加专业的区域协调机制和生产性服务业网络来服务区域和平台分工？

具体来说，广东珠三角地区是以动漫、游戏、文旅、文博、新闻信息服务、创意设计、文化装备生产等文创产业为主；香港是艺术品、影视、设计、演艺之都，服务业向来在经济总量中占据绝对比重。近年来软件、电脑游戏及互动媒体行业异军突起，跃升为香港文创产业的最大组成部分，早在 2016 年，香港软件、电脑游戏及互动媒体的产业增加值为 483 亿元，占文创产业总增加值的 44.1%，就业人数为 57550 人，占文创产业总就业人数的 27%。这几年，这一行业发展势头不减，将影视、演艺等传统的文创产业远远地抛在了身后。视听及互动媒体货品成为香港文创产业进出口最大的组成部分。澳门的产业比较单一，以博彩业为经济支柱。从 2014 年开始，澳门博彩业的收入开始呈下降趋势，当地政府将会展、演艺、设计和视觉艺术等文创产业列入了多元化发展的重点方向。粤港澳区域由于三地间地理、文化、制度等存在差异，在文化创意产业发展过程中各有优劣势，增加了该区域文创产业发展的复杂性和动态性。如果不自觉进行分工协作，很容易导致产业间的重复建设和恶性竞争。

（三）文化创意产业与旅游休闲、科技、金融等产业的跨界融合发展和错位发展

在新一轮产业结构调整中，文化创意产业不仅增加了自身的需求，也强有力地带动了其他产业的发展。在互联网时代，文化创意产业是一项跨界复合性很强的产业，与传统制造业和智能制造业的结合可以实现产业方式的转型，与相关产业的融合可以实现取长补短和脱胎换骨的作用，如“文化+旅游”“文化+科技”“文化+金融”“文化+地产”等。各个产业本有自身的发展方式和逻辑，用文化创意产业进行嫁接和重组，有如脱胎换骨一般，不是进行简单的物理组合，而是要从产业精神、发展理念和盈利模式等方面进行化学反应，重构产业生态。这种融合发展和错位发展成功与否，关系到粤港澳大湾区文创产业能否与其他产业实现和谐发展，也关系到文创产业自身能否实现长远发展目标。

三　粤港澳大湾区文化创意产业未来发展策略及建议

《粤港澳大湾区发展规划纲要》提出，要把大湾区建设成为充满活力的世界级城市群、具有全球影响力的国际科技创新中心、“一带一路”建设的重要支撑、内地与港澳深度合作示范区和宜居宜业宜游的优质生活圈。建设具有重要影响力的国际文化交往中心，加强多元文化交流融合，建设生态安全、环境优美、社会安定、文化繁荣的美丽湾区。到2035年，大湾区社会文明程度达到新高度，文化软实力显著增强，中华文化影响更加广泛深入，多元文化进一步交流融合，资源节约集约利用水平显著提高，生态环境得到

有效保护，宜居宜业宜游的国际一流湾区全面建成。这为大湾区文创产业的发展提供了政策指引和巨大契机。本文为粤港澳大湾区文创产业未来发展提出如下对策与建议。

（一）推动粤港澳大湾区文化创意产业集群发展

大力发展创意产业是粤港澳大湾区产业转型升级的必然选择。广东省首先在政策上明确提出文化创意产业的重要性，粤港澳三地区位优势明显，经济、文化、科技资源丰富，具有建设大湾区文创产业集群的良好基础条件和优越发展环境。从产业生态学的视角来看，大力发展粤港澳大湾区的文化创意产业，既能充分挖掘产业集群的潜能优势，持续渗透发力，促进文创产业区域协同发展，又能解决产业发展和区域协调中的现实问题，凸显大湾区的产业融合引力，实现文创产业与现代服务业、传统制造业等其他产业一体化、协同式发展。

要在战略定位上明确粤港澳大湾区文创产业集群发展，构建起文创产业的价值链，推进大湾区文创产业集群的融合创新，发挥其创新引领、资源聚集的核心功能。在拓展文化园区、加强资本支持、加强区域协作、开发人才资源、增加税收倾斜、推动创新升级、驱动跨界融合等方面，持续集聚大湾区文化创意产业集群，使之融入国家战略发展大局。通过粤港澳大湾区文创产业的窗口示范和引领，建立起具有新时代中国特色社会主义特色的新文创体系。

这需要鼓励创新创意氛围，建设以中华文化为主流、多元文化共存的，更加包容的文化环节和法制透明、边界清晰并能与国际对话的现代版权保护和授权体系。此外，越来越多的文化创意活动和企业的失败要求更加健全的政策体制来促进灵活就业和提供社会保障。

（二）推动粤港澳大湾区文化创意产业与其他产业的融合发展

要基于生态系统视角和系统思考方法，针对粤港澳大湾区创意产业发展现状及趋势，合理应对区域创意产业发展“成长上限”、区域创意人才“成长与投资不足”、区域创意产业政策与法律法规体系“成长与投资不足”等现实问题，分析发展过程中的主要影响因素，并提出粤港澳大湾区区域创意产业发展的思路与对策。提升文化创意产业与第二产业、信息产业、金融业的融合程度，让文创产业在即将到来的5G时代和人工智能时代中取得先机。推动大湾区5G和人工智能技术与文创产业的融合、文化创意价值链的转型升级、区域分工协作、优势产业互补、知识产权投融资机制创新。从技术革新、人才培养以及海外战略等三个方面促进粤港澳大湾区文创产业未来的生态发展。例如在我国5G技术保持领先的背景下，可以以强劲的技术实力和多元的资源开发能力研发新的文创产业相关技术，打造全产业链融合发展新模式。

这需要深化粤港澳文化创意产业合作，以龙头企业带动全行业创新发展，让文创产业深度参与到共享经济和数字经济的发展之中，促进地区间游戏动漫、数字装备、网络文化、虚拟艺术展示等数字创意产业发展，推动数字创意在电商、会展、休闲旅游、远程教育、医疗服务等领域的应用。支持香港通过香港书展、国际影视展、设计营商周等品牌活动，提升其国际影响力，发挥文创人才汇聚优势，巩固其国际创意之都的地位。支持澳门建设世界旅游休闲中心，加快发展文化旅游和设计产业，将其建设成为中国与葡语国家文化交流中心。支持广州打造岭南文化中心和对外文化交流门户，发挥其作为海上丝绸之路发源地之一和千年商都的历史文化积淀的优势，扩大岭南文化的辐射力、影响力、生命力。支持深圳引进世界高端创意设计资源，大力发展时尚文化产业，努力成为具有世界影响力的创新创意之都。通过联合开展跨界重大文化遗产保护等活动，塑造湾区人文精神，增强大湾区文化软实力。

（三）学习和借鉴东京、纽约、旧金山等三大湾区文化创意产业的成功经验，总结出我国文创产业在产业生态系统中的发展路径和战略着力点

东京、纽约、旧金山三大湾区，尤其是东京湾区的文化创意产业集群化

和生态发展特点明显，可以为粤港澳大湾区文创产业在产业生态系统中找准发展路径和战略着力点提供借鉴。

与中国的动漫及文创产业分布有所不同，日本近八成的动漫和文创相关企业在20世纪七八十年代之后集中在首都东京，东京作为一个典型的产业集群所在的城市，承载着日本整个文创产业生态系统的运转。相比较而言，中国没有动漫和文创产业市场过于集中的代表型城市，各大动画制作企业和文创园区较为零散地分布在北京、上海、杭州、广州等一线大城市。由此可见，产业集中所带来的共生竞争关系的作用力在日本的文创产业中要更为显著一些。日本动漫及文创产业的投资营销主要围绕几大电视网络系统，角川集团基于东京的集群环境成立动画制作委员会制作TV动画，联合旗下大映公司推出系列动画剧场版，并与万代等企业合作推出系列周边衍生产品，与产品制造业联动。

粤港澳大湾区与东京湾区文创产业发展背后的社会文化环境也不尽相同。二战期间在海军部的支持下，日本动画成了战争动员和宣传的媒介手段和产品，在商业上获得较大成功。20世纪60年代后，随着电视机在日本家庭的普及，各大广告商以动画作为一个通行的广告形式不断投入市场，养成了日本受众的观看和审美习惯，并催生了文化创意类产业的迅猛发展。然而，粤港澳大湾区并没有此类历史发展背景，粤港澳大湾区与中国其他地区的动漫及文创产业的发展与20世纪90年代互联网进入中国并逐渐普及密切相关。

粤港澳大湾区的文创产业，要充分借鉴东京、纽约、旧金山等三大湾区文化创意产业的成功经验，从产业特色、发展方向、生态环境以及受众基础等方面总结出我国文创产业在产业生态系统中的发展路径和战略着力点。粤港澳大湾区的文创企业在产品定位、互动性能、制作周期、审美倾向、盈利模式、IP衍生品开发等方面既要学习其他三大湾区的经验，又要发挥后发优势，实现弯道超越。

总之，要把粤港澳大湾区建设成现代文化体系的示范区，使其成为文化走出去和吸引国际人才走进来的窗口。朝着既具有民族文化特色，又具有国际视野的文化创意产业发展方向，建设粤港澳现代文创产业体系。

参考文献

中共中央、国务院:《粤港澳大湾区发展规划纲要》,2019 年 2 月。

〔美〕迈克尔·汉南、约翰·弗里曼:《组织生态学》,彭璧玉、李熙译,科学出版社,2014。

〔美〕约翰·霍金斯:《创意生态:思考在这里是真正的职业》,北京联合出版公司,2011。

曹如中:《区域创意产业创新生态系统演化机理研究》,上海远东出版社,2014。

谭娜:《基于价值生态系统的创意产业价值创造能力评价研究》,博士学位论文,东华大学,2012。

左雨轩:《组织生态视角下的创意产业集群演化研究》,硕士学位论文,北京交通大学,2012。

秦枫:《文化创意产业生态系统分析及运行机制》,《中国文化产业评论》2013 年第 2 期。

李春发、王向丽:《基于生态学的创意产业生态系统基本架构研究》,《武汉理工大学学报》(社会科学版)2013 年第 5 期。

邢志勤:《文化产业生态化系统的实现路径》,《重庆社会科学》2015 年第 1 期。

陈振旺、李楚斌:《深圳创意设计产业的生态系统建设》,《2017 年中国创意设计峰会论文集》,2017。

J. Howkins, *The Creative Economy*: *How People Make Money From Ideas*, London: Allen Lane/Penguin Press, 2001.

B.8

“人文湾区”建设背景下深化广佛文化同城化合作的思路研究

邹小华　郭贵民*

摘　要： 粤港澳大湾区规划纲要提出建设“人文湾区”，广州和佛山作为岭南文化的发源城市和粤港澳大湾区的重要文化中心城市，在文化合作基础、合作环境和合作条件上都拥有良好的基础，但在合作的组织和协同、文化设施的一体化和文化资源的挖掘等方面还存在一定问题。未来两地应坚持文化设施合资共建、共同搭建合作平台、共享文化资源等多样化的合作方式，以加强文化遗产保护、支持文艺精品创作、鼓励城市形象传播、推动文创产业发展为主要合作领域，制定合作规划、搭建合作平台、创新合作机制、支持合作项目、营造合作环境，共同推进两地的文化合作和一体化进程，支持“人文湾区”建设。

关键词： 粤港澳大湾区　人文湾区　广佛一体化　区域文化合作

2019年2月国务院印发的《粤港澳大湾区发展规划纲要》提出，要充分发挥粤港澳地域相近、文脉相亲的优势，联合开展跨界重大文化遗产保护，合作举办各类文化遗产展览、展演活动，增强大湾区文化软实力，共建人文湾区。广州作为岭南文化中心和粤港澳大湾区（以下简称“大湾区”）

---

* 邹小华，广州市社会科学院广州城市战略研究院博士后，研究方向为区域文化合作；郭贵民，广州市社会科学院产业经济与企业管理研究所副研究员，研究方向为产业政策。

重要的核心城市，在传播岭南文化影响力和辐射力方面发挥了重要作用；佛山作为岭南文化的发源地之一，近现代以来与广州同为广府文化的兴盛之地，与广州在文化上有着千丝万缕的联系①。大湾区建设的提出，也使得广佛同城文化合作从地方行为上升为国家战略的一部分②，彰显出前所未有的战略价值，广佛同城文化合作也将成为建设“人文湾区”的重要支点。

在广佛同城过去十年的建设中，两市之间形成了全方位、多层次的合作格局，在经济、社会、政务和生态等方面都取得良好的成效。但广佛同城化建设中，文化同城是较少涉及的一个方面③，而文化同源恰恰是广佛两市同城化的一个重要基础和突出优势④。大湾区规划对广佛同城化合作层次和水平提出了更高要求，同时也为两地在提升城市软实力方面的深化合作提供了更大机遇。当前广佛两地的合作已经进入从提高交通联系、经济联系等“硬”联系到提升文化联系、社会联系等“软”联系的阶段⑤。随着广佛同城化建设进入“新时期”和“湾区时代”，广佛同城也将由交通同城、产业同城、民生同城深化至文化同城。

一　广佛文化合作的现状基础与合作条件

（一）广佛文化合作的现状基础

1. 文化产业合作和项目共建成果丰硕

旅游市场共同开发是广佛两地文化产业合作的重点领域之一⑥。2009 年

① 束维维：《论岭南地区传统文化的特点——以佛山诞文化为例》，《中国民族博览》2017 年第 8 期。

② 陈万里：《再议广佛同城内涵及同城战略的分布实施》，《经贸实践》2017 年第 24 期。

③ 许远玲、区旭坤、谭映奇：《广佛同城的文化软实力建设探索》，《科技信息》2011 年第 29 期。

④ 肖秉杰：《浅析广佛同城化及公共图书馆资源共建与服务协作》，《广州市图书馆学会、佛山市图书馆学会 2010 年联合年会暨学术研讨会论文集》，2010 年。

⑤ 许远玲、区旭坤、谭映奇：《广佛同城的文化软实力建设探索》，《科技信息》2011 年第 29 期。

⑥ 李建丽：《区域旅游资源整合研究——基于广州与佛山旅游资源的整合》，《中国发展》2009 年第 4 期。

广佛两地签署了《广佛同城旅游合作协议框架》，重点是加快旅游资源和产品开发、联合对外宣传推介、拓展客源市场、加强行业服务和市场管理合作、优化两市旅游环境以及加强旅游行业从业人员的教育培训合作等。2018年，在广州市越秀区和佛山市禅城区政府的推动下，广佛两地多家旅行社签署了战略协议，进一步推进两市旅游目的地和客源地之间的互动式交流合作，全方位拓展旅游客源市场，实现旅游客源和商客资源的共享。

广佛两市在文化项目合作共建方面也进行了一系列合作。致力于打造“广莱坞”的南方影视基地位于佛山南海，由广州珠江电影集团和佛山市政府合作共同建设，是广佛文化共建合作的一个重点项目。广佛两市拟通过该项目，加强影视文化的对接合作，通过共同面向国内外推介广佛两地影视拍摄取景地标、共同拍摄影视作品等，借“广莱坞”平台携手做实、做大、做强影视文化产业。

2. 民间和官方文化活动交流频繁

广佛两地民间长久以来保持着密切的文化交流，特别是广佛同城化实施以来，文化交流活动不断加强。广州和佛山同为粤剧的发源地，广佛两地存在大量的粤剧“私伙局”和粤剧艺术团，以这些粤剧文化传承的重要民间组织为基础，两地的民间粤剧团体和爱好者之间长久以来保持着密切交流。

除了广佛两地民间自发的文化交流外，两市各级部门还签订了一系列促进文化交流的协议。2015 年，广佛两市及市辖八个区的文化相关部门共同签署了《广佛区域文化交流合作协议》，双方加强文化交流合作。同年，佛山市顺德区文化体育局与广东粤剧院签署了《顺德粤剧戏曲发展合作协议》，就重点引进广东粤剧院的优秀剧目来顺德进行展演达成协议。2011年，广佛肇三地公共图书馆共同发起了“书香岭南·悦读生活”摄影大赛，至 2019 年已举办 9 届，已成为广东省内具备一定影响力的阅读摄影类赛事活动。该项活动在推动建设书香岭南、营造浓厚的阅读氛围等方面发挥了重要作用。

3. 文化资源共同保护

广佛两地在共同推进文化资源保护方面开展了一系列行动。2018 年 12

月，肯德基与禅城区文化体育局、广佛地铁公司、越秀区非物质文化遗产保护中心、佛山市非物质文化遗产保护中心合作，共同发起了“穿粤广佛”活动，并邀请广佛两地非物质文化遗产的传承人，与两地年轻人进行互动交流，让两地年轻人亲身体验到了广佛非物质文化遗产的魅力。在粤剧历史文化资料的保护方面，广佛两地专家通过收集民间资料和开展研讨会，结集出版了《粤剧梨园旧典》，较为详尽地记录了粤剧、粤曲发展的珍贵历史史料，为粤剧、粤曲的传承和发扬做出了重要贡献①。

4. 文化活动共同申办

广佛两市经济基础雄厚，基础设施发达，并且具有较为相似的文化背景，在大型文化活动的共同申办上也具备一定的优势。2018 年广州和佛山连同东莞、深圳作为主体，成功申办篮球世界杯。佛山作为 2010 年广州亚运会的协办城市之一，承办了亚运会拳击和花样游泳两个项目的比赛。这些合作基础很好地体现了广佛在联合申办大型国际体育赛事方面的优势和前景。

5. 文化设施共建共享

2019 年 4 月起，广佛两市启动“公共图书馆广佛通”项目，推动广佛两地在读者证互认、文献资源共享等方面的互通性。该项目在实现首批开通的广州市图书馆、佛山市图书馆两馆文献互通的基础上，后期将逐步将文献互通点扩展到两市公共图书馆服务体系内其他特定的馆舍。

（二）广佛文化合作环境良好

1. 中华文化全球化步伐加快

文化既是本土的又是世界的，世界的文化在辐射力、影响力和生命力方面都更强，而文化也只有不断扩张、增强在世界范围内的影响力和竞争力，才能保持其生命力。改革开放以来，在经济全球化、基础设施全球化等的带动下，中国文化也日益走向全球并取得了丰硕的成果②。岭南文化作为中华

① 生生：《广佛同城粤韵同行——广州佛山两地粤剧界加强交往》，《南国红豆》2009 年第 4 期。

② 王碧薇：《中国文化走出去的现状、困境及对策建议》，《学理论》2013 年第 11 期。

民族优秀文化的重要代表，在全球范围内都具有重要的影响力。深化广佛文化合作，挖掘两地历史悠久、深厚的文化资源，对于强化岭南文化品牌和扩大岭南文化影响都有着重要的作用①，同时也有助于塑造广佛都市圈的文化品牌，提升整体形象，增强两地的文化凝聚力和都市圈的综合竞争力。

2. 大湾区规划部署人文湾区建设

粤港澳大湾区建设不仅对于湾区 11 市在政务、经济合作方面具有重要意义，更提供了加强粤港澳三地文化交流、人文合作的重大机遇。文化的认同与融通是大湾区形成全方位、多层次的深度融合的重要基础。虽然大湾区内拥有“一个国家、两种制度、三个关税区”的特殊体制，并且融合了广府文化、客家文化、潮汕文化以及西方外来文化等多样化的文化类型，但岭南文化才是大湾区内文化的本源和核心所在②，因此文化上的差异并不能对大湾区 11 个城市的沟通交流产生较大影响，文化同源也是构建“人文湾区”的重要基础。在大湾区建设上升为国家战略的背景下，大湾区作为岭南文化的重要呈现地和多元文化集聚地的独特地位，也赋予了其作为中国文化创新先行地的重要使命。

3. 两地政府对文化同城重视度增加

自 2009 年广佛两市《广州市佛山市同城化建设合作框架协议》签署以来，两市同城建设已走过了 10 个年头。10 年来，两市在城市规划、基础设施连接、生态环保、民生共建、战略资源共享、政务互通等方面的合作成绩斐然，但在文化领域的合作相对欠缺。2018 年两市签署《深化广佛同城化战略合作框架协议》，进一步深化广佛同城化建设，并提出两市将继续深化文化、体育等重点领域的合作。2019 年 1 月，广州市人大常委会调研组赴佛山，就广佛同城文化设施建设情况进行了专题调研，实地考察了佛山祖庙博物馆和佛山岭南新天地，充分显示了广佛两地政府对文化同城建设的重视程度。

---

① 霍秀媚：《广佛联动推动广府文化传承发展》，《探求》2012 年第 1 期。

② 程潮、张金兰：《广东文化强省建设与岭南特色文化的开发》，《广东省社会主义学院学报》2010 年第 2 期。

（三）广佛文化合作条件优越

1. 历史相承，文化同源

广州与佛山具有深厚的历史渊源。秦朝时设置南海郡，郡治就设在如今的广州，而佛山当时隶属南海郡番禺县，直至民国佛山市成立，故广佛在行政区划上本为一体。广州作为广东的省会城市和广府文化的发源地，两千多年来一直作为岭南地区的政治、经济和文化中心，并且经过上千年的文化积淀，已形成包括粤剧、广雕、广彩、广绣、饮食、宗教、建筑等在内的多彩的物质和非物质岭南文化瑰宝①。而佛山作为广府文化的发源地、兴盛地，以及传承地之一，也是中国龙舟、龙狮文化名城和粤剧的发源地之一，陶艺、粤剧、武术、广纱、岭南成药、民间艺术等特色文化也声名远播。历史和文化上的相近和同源也成为广佛两地文化合作共建的重要基础。

2. 地域相连，设施相通

广州、佛山两市地域相连，佛山历史上长期作为广州的一部分而存在。两地在地域上相连，且同处珠江三角洲的腹地，在 3 小时路程的范围内可以到达珠三角所有城市，区位条件非常优越②。特别是广佛同城化建设十年来，两市在基础设施连接的建设上取得了丰硕的成果。不仅建成了多条连通的道路，广州和佛山在高铁、城轨、地铁、公交等公共交通设施上已基本实现了互联互通，并且未来还将有多条公路、城轨和地铁相连。两地基础设施联系的不断完善，为文化交流与合作提供了更加便捷的条件。

3. 民心相通，人文联系密切

两地同使用白话语系，民众在思维方式、价值理念、生活方式和行为习惯等方面都有着诸多的相似之处。长期以来，广佛两地间贸易往来频繁，人员交流密切。基础设施互联程度的提升也使两市人员流动更加频繁，异地居住或就业的“广佛候鸟”人数不断增加。在佛山南海区居住的广州人超过

---

① 霍秀媚：《广佛联动推动广府文化传承发展》，《探求》2012 年第 1 期。

② 黄森章：《广佛同城的历史文化资源与保护、开发和利用》，《广州社会主义学院学报》2010 年第 2 期。

70万，国内第一条城际地铁广佛线自2010年开通以来，客流量持续增长，特别是2016年以来，增速尤为明显。截至2019年1月，广佛地铁日均客流量超过54万人次，较2010年增长了4.4倍。

4. 文化资源丰富，既具共性又互为补充

广州和佛山同为国家历史文化名城和广府文化的发源地，都拥有数量众多的文化遗存和非物质文化遗产。广州拥有南越王墓、六榕寺、南海神庙、五仙观、镇海楼、陈家祠等历史文化遗存，另外拥有粤剧、粤曲、象牙雕刻和广绣等28项国家级非物质文化遗产；佛山拥有包括佛山祖庙、西樵山、南风古灶、清晖园、皂幕山、南国桃园、陈村花卉世界、三水荷花世界在内的“佛山新八景”等一批精品文化遗产，同时还是中国龙舟龙狮文化名城，也是粤剧的发源地，舞狮、粤剧、龙舟、陶塑等方面的非物质文化特色明显。

广州和佛山同为粤菜起源和发展的重要中心，民间有“食在广州，厨出凤城（顺德）”之说，广佛两地在美食文化上各有特色。在推广岭南美食文化方面，广州自1987年就开始举办广州国际美食节，截至2019年已举办33届，在国内及国际上已形成一定影响力。佛山顺德也曾举办过九届岭南美食文化节。两地在共同推广岭南美食文化和共建岭南文化美食中心方面具备良好的基础。

佛山文化产业发达，但公共文化设施发展不均衡；广州文化设施完善，功能齐全，二者之间存在互补。广州地区公共图书馆的资源以地区特色文献建设为主，对当地的社会历史、文化保护有所侧重；佛山地区图书馆的馆藏结合当地产业发展的特色较为明显。

二　新时代深化广佛文化同城化合作存在的问题

（一）文化同城缺乏系统性组织，零星化、碎片化特征明显

广佛两地的文化交流与合作虽然由来已久，但合作方式以民间的自发行

为为主，政府在其中尚未发挥显著的引领作用，两地官方虽然也签署了一些文化合作的协议，但仅限于个别部门和个别区之间的定向结对合作。合作内容也零星地分布于文化遗产保护、文化产业、文化基础设施等少数项目上。可见，当前广佛文化同城尚处于零星化、碎片化的阶段，还有待进一步系统、完整地提升。

（二）文化同城的战略协同对接和统筹协调机制还有待完善

广州作为岭南文化中心城市，文化基础深厚，文化事业发展上较为独立。而佛山作为“后起之秀”，虽然文化事业发展水平在一定程度上落后于广州，但其发展势头良好，在与广州交流合作上也更为主动。《佛山市文化事业发展“十三五”规划（2016—2020年）》中，多处提到了与广州在工艺美术精品联展、陶艺巡回展、戏剧交流等方面的文化交流与合作活动。而《广州市文化广电新闻出版事业发展第十三个五年规划（2016—2020年）》中，没有提及与佛山的文化交流与合作。规划对接的缺失也导致两地文化交流与合作的协同不太一致。

当前广佛两地的文化合作更多来源于两地达成的协议和自发的民间交流，约束性和制度化程度低。《广佛同城化“十三五”发展规划（2016—2020年）》提出健全和完善广佛同城化党政联席会议、市长联席会议、分管副市长协调会等多层面组织协调机制，虽然在统筹协调、考核督办方面起到了一定的作用，但是两地协作实施的效率问题仍然存在，并且这类多层面组织能够协调的范围有限，主要放在重大工程和广佛合作示范区建设上，而更细方面和更大范围的协调就很难得到兼顾。

（三）文化公共服务设施均等化和一体化程度有待提升

广、佛两市在文化公共服务设施建设方面存在一定差距，但各自都拥有其优势和面临不同的问题。佛山市的公共文化设施建设尚不均衡，文化设施功能欠缺，但在土地存量方面存在一定优势。广州的文化设施完善，功能齐全，但拥有的可开发土地不多，留给文化设施建设的土地就更少。并且，随着同城化程度的加深和人员交流的日益密切，文化公共服务设施一体化和均等化问题也将日益凸显。此外，文化资源交流共享的机制还有待健全，这也在一定程度上限制了两地文化资源的一体化水平。

（四）文化资源挖掘有待深化，区域文化品牌效应仍须加强

广州和佛山在地域文化、革命遗迹、历史名人等方面，都拥有十分丰富的文化资源，但当前对相关资源的挖掘还未形成规模。两地的景区、景点比较分散，大型的、特色突出的、国际知名的旅游景区打造还有所欠缺，尚未形成比较有影响力的文化品牌。如何通过对两个城市的历史、人文、生态资源进行融合与深入开发，进一步挖掘和放大两个城市自身的优势，推动旅游产业与文化产业互动发展，大力发展高端旅游产品①，也是深化广佛两市文化合作面临的一个重点难题。

三　深化广佛文化同城化合作的总体思路

（一）寻求多元合作与多层推进的合作方式

1. 合资共建、合作招商

广佛同城建设十年，在文化项目共建上已取得一定成绩，南方影视中心的建设就是很好的代表。未来应进一步在文化基础设施建设、文化资源共享系统构建、文化产业基地建设等方面，加强文化的合资共建，推进广佛文化同城建设。充分发挥广佛两地的文化资源优势，搭建以文化商品贸易为主的专业招商平台，共同推动招商引资，实现共赢发展。努力学习文化合作进展良好地区的成功经验，依托广州宣传媒体资源优势，增强文化领域专业招商平台的宣传员、推销员、联络员角色，努力搭建招商合作的新桥梁。

① 李仁武、麦佶妍：《广佛肇文化旅游一体化发展的思路与对策》，《探求》2013 年第 1 期。

2. 构建战略联盟、共同搭建平台

通过在旅游开发、博物馆和图书馆建设、文化产业发展等广佛两地优势和互补领域设立广佛文化发展战略联盟，充分发挥广佛两市各自的文化资源与优势，弥补各自的不足，并整合优势资源，提升广佛的文化竞争力。通过搭建文化旅游发展平台、利用现代科技手段、运用多样化的表现形式，创造性地展现广府文化，开发广府文化旅游新产品①。

共同推进精品建设工程的实施，以影视、话剧、粤剧、岭南画派和广东音乐等为重点领域，加强艺术精品的生产和创作，重点打造一批有知名度的文化品牌，以形成在国内外具有广泛影响力的广府文化新产品。加强高新科技在文化创作和文化传播中的应用，以广府文化内容为基础，培育新的文化业态。重点支持动漫、网络游戏、数字出版、移动多媒体等新兴文化产业的发展，为广府文化的宣传提供新的平台。重点打造特色鲜明的岭南文化品牌，利用品牌效应和优势加大对广府文化的展示和宣传，并拉动文化产业的发展。大力发展文化创意产业，努力把广佛建设成为文化的“创意之都”，以增强广府文化发展的现代魅力②。

3. 加强两地资源共享

通过地方文献的交换，建立广佛文献特藏库，增加地方文献的服务点，构建共同的“文化区域”。构建更为完善的电子资源数据库，并进一步扩大图书馆数字资源共享范围，实现全面数字资源的共享。通过推动网上博物馆建设、两地博物馆馆藏异地展览等方式，加强两地文化遗存的共享与交流。

（二）找准方向，把握优势，突出重点领域

1. 加强文化遗产保护

重点突出广佛作为广府文化发源地的独特地位，加强对广佛两地岭南建筑、戏剧、音乐、文学、绘画、工艺、饮食、园林、风俗等各个领域文化遗

---

① 李仁武、麦佶妍：《广佛肇文化旅游一体化发展的思路与对策》，《探求》2013 年第 1 期。

② 李仁武、麦佶妍：《广佛肇文化旅游一体化发展的思路与对策》，《探求》2013 年第 1 期。

产的保护。利用广州作为千年商都的优势，重点对广佛地区的商业文化、宗教文化、陶瓷文化、水文化等非物质文化遗产资源进行保护。

2. 支持文艺精品创作

坚持以人民为中心的创作导向，结合广佛两地的传统岭南民俗文化、近代革命与红色文化以及现代的改革开放和社会主义现代化建设文化等特色，创造内容丰富的舞台剧、音乐剧、话剧等文艺作品，着重推出更多具有中国特色、岭南风格的传世精品。通过共同设立文艺创作基金，加强对文艺精品创作的支持和奖励力度，每年选取几个精品戏剧孵化项目，进行重点支持。

3. 鼓励城市形象推介

鼓励广佛地区的重要影视和传媒企业，依托中国南方影视基地、南海影视城等影视基地，以广府文化和广佛两地的民俗风情和现代城市形象为基础，加强与国内外知名影视和传媒企业的合作，协力向国内外影视制作公司推介广佛两地影视拍摄取景，以此向全国乃至全球宣传广佛两市的形象。

4. 推动文创产业发展

依托两市现有的影视基地和特有的岭南景观和文化，共同寻求与国内外知名影视制作公司合作，共同拍摄影视作品等，携手做大做强影视文化产业。大力发展以工业设计、动漫、网游等为主的文化创意产业，推动国家级文化创意产业基地和文化创意园区建设。强化广佛广府文化的整体规划和布局，整合两市的历史文化资源以及现代旅游新业态资源，共同开发旅游新产品，争取吸引更多境内外游客，特别是吸引港澳游客和海外华侨华人进行寻根之旅。结合两地在龙舟、武术等方面深厚的文化底蕴、坚实的群众基础以及强大的实力，共同申办相关的世界性赛事。

四　深化广佛文化同城化合作的对策建议

（一）制定规划，引导合作

广佛文化同城化建设要以高标准制定长期发展规划。以建设国际大都市的要求，制定总体性的文化建设远期规划。通过加大投资规模、提高生产效率，推动经营的集约化，管理的分类化等，打破当前两地文化建设条块分割的局面，加快广佛两地文化事业的发展，满足人民群众日益增长的文化需求。

两地政府在公共文化服务体系构建、公共文化服务机制形成方面进行统筹协调。编制两地协同的文化设施建设专项规划，发挥两地文化设施建设布局的互补性，推动文化设施的共享，避免文化设施的重复建设。提高文化资源的信息化水平和共享的便利化程度，加强公共文化服务方式上的创新，满足两地市民全方位、多层次、多样化的文化需求。

（二）搭建平台，支撑合作

在文化合作中，搭建更多的合作平台，促进双方在文化各领域的交流。两地可通过轮流定期举办广东音乐、岭南画派、醒狮表演、龙舟表演等活动，宣传和推广非物质文化，在扩大岭南文化影响力的同时，促进传统非物质文化的传承和传播。结合大湾区规划纲要提出的广佛共建世界美食之都的倡议，发挥广州和佛山（顺德）在岭南美食文化方面积淀的深厚底蕴，以及广佛两地在举办文化美食节方面积累的影响力和经验，共同举办岭南国际美食节。通过在粤港澳大湾区 11 个城市轮流举办，一方面扩大岭南国际美食节的知名度和影响力，另一方面也能起到对广佛两地岭南美食文化进行宣传的作用，有力推动广佛世界美食之都的建设。利用广州在举办国际赛事方面的丰富经验，结合广佛两地深厚的体育文化底蕴，共同举办国际龙舟邀请赛、国际武术邀请赛等国际性赛事。

（三）创新机制，保障合作

积极探索广佛文化同城化合作体制机制创新，建立文化领域统一协调机制。推动文化领域的法治化治理，完善区域文化创新支持体系，开展与湾区城市的文化开放与融合活动，鼓励在文化业态、文化内容、文化传播等领域不断创新，在电影、文化演出、网络信息、旅行社开办等方面争取更大的开放权限。构建稳定的两地文化同城协调机制，推动文化设施共享，使之更好地服务两地市民。研究制定切实可行的合作计划，共同推进惠及两地市民的重点文化项目建设，整合两市的文化资源，逐步实现文化资源的共享。如进一步深化广佛两市公共图书馆资源的共享和互通。进一步深化公共图书馆广佛通服务，推动两地公共图书馆馆藏资源的电子化覆盖程度，使两地居民能够更加便利地共享两地的公共图书馆资源。文化相关部门主动加强与发展改革、财政、外事、侨务、科技、商务、教育、体育、金融等部门的沟通协调，积极推动文化交流合作研究机构、社会组织和民间社团的建立和发展，充分发挥它们在文化对外交流合作过程中特有的沟通、协调与互律作用，切实发挥其优势，承担起市场调查、信息交流、行业自律、知识产权保护、政策研究等方面的职能，努力营造有利于广佛文化交流合作发展的氛围。

（四）项目支持，扶持合作

将广佛文化同城化合作项目作为广州文化建设的发展重点，在增加文化建设支出总额和支出占财政支出比例的情况下，优先向广佛文化同城化人文合作平台和项目投入资金，充分发挥财政资金杠杆作用。创新政府投入方式，通过政府购买服务、项目补贴、以奖代补等方式，鼓励和引导社会力量投向广佛文化同城化合作的文化产品和服务，努力探索以政府投入为引导，动员社会参与新型对外人文交流合作建设投入模式。积极争取中央和省的财政资金，促进国有文化企业加大对广佛文化同城化人文合作的扶持力度，支持和培育特色文化市场主体，支持具有战略性、先导性、带动性的人文合作项目和平台建设，提高广佛文化企业高新科技的运用和创新水平，支持相关科技成果在湾区人文合作项目和平台中的应用。

（五）营造环境，鼓励合作

自上而下营造广佛社会各界推动文化领域共建、共治、共享的合作环境，进而实现两地文化同城化。重点鼓励政府文化部门之间在规划、日常业务以及人才上互相交流与合作，重点支持广佛的文化企业、高等院校与湾区城市文化企业、高等院校在文化重点项目、文化人才培养、对外传播和信息咨询等方面的合作。同时提高市民对广佛文化同城化历史地位和现实意义的认知度，提高普通市民在广佛文化同城化合作中的主动性和参与度，为广佛文化同城化合作营造良好的社会氛围。

B.9
关于粤港澳大湾区文化合作的思考

贾云平 *

摘　要： 和谐包容的人文环境是成功推进粤港澳大湾区建设的先决条件。通过加强与港澳地区文化交流互鉴，创新人文交流方式，丰富文化交流内容，共同塑造大湾区人文精神，建设民心相通的美好家园。作为粤港澳大湾区的中心城市之一，连接"21世纪海上丝绸之路"的重要桥梁，广州应在"一国两制"前提下，探索多元包容的合作机制，正视合作模式、合作领域的差异，进一步扩大文化领域对外开放。以融合创新、公平竞争为先导，消除地域壁垒，降低成本，着力形成与港澳地区文化机构的信息联通与业务对接，提升文化资源共享与配置能力，为衔接港澳、建设岭南文化中心和对外文化交流门户做出积极的探索。

关键词： 粤港澳大湾区　文化理念　文化合作　文化融合

一　建设粤港澳大湾区，需要塑造共同的人文精神

粤港澳大湾区是与美国纽约湾区、旧金山湾区和日本东京湾区比肩的世界四大湾区之一，是国家参与全球竞争的重要空间载体，2019年颁布的《粤港澳大湾区发展规划纲要》明确其战略定位是建成具有全球影响力的国

* 贾云平，广州市社会科学院哲学文化研究所副研究员，研究方向为区域文化合作。

际科技创新中心，内地与港澳深度合作示范区，形成领先的科技创新体系，为推进“一带一路”提供重要支撑。粤港澳大湾区不同于纽约湾区、东京湾区，在“一国两制”下，粤港澳多有不同，分属不同关税区域，经济发展与社会管理模式存在显著差别。尤其需要关注的是，由于延续了回归前的经济结构、社会结构，港澳地区社会诉求多、阶层思维模式各不相同，对其文化发展和价值认同形成了明显影响。因此，建设大湾区不仅需要推动城市群之间协调发展，通过“制度创新”跨越障碍，更需要通过广泛交流发挥文化的认同与融合功能，引导人们求同存异、相互鉴赏，拉近民心距离，避免不必要的社会风险。可以肯定，粤港澳大湾区建设顺利与否，在很大程度上将取决于城市群能否形成共同的价值认同，能否铸就理念相近、民心相通的社会基础。唯有交流合作、夯实湾区协同发展的民心基础，才能形成一个开放、包容、和谐的共同家园，才能为建设粤港澳大湾区开创良好的局面。

二　文化合作的人文纽带与制约因素

（一）拥有共同的岭南文化传统

1. 文脉相连，民风相通

粤港澳地理位置连成一体，语言相通，人缘相亲、血脉相连，经贸协作与文化交流源远流长。作为自由港的港澳城市文化虽然各有特色，亮点亦不相同，但作为城市文化根底的岭南文化一脉相承，民风民俗大抵相同。自1979年5月广州在全国首开先河，率先实施出境商业演出活动以来，广州对港澳文化交流与合作项目在批次、人数上始终位居全国前列，呈现交流活动活跃、地方特色鲜明、社会影响广泛的特点，显著增强了城市文化软实力。

2. 交流节奏加快，合作领域宽广

随着港澳回归，粤港澳文化交流合作更加紧密，推动合作的节奏明显加快，力度更大，效果也更加明显。2002年由广东省文化厅、香港特区政府民政事务局、澳门特区政府文化局联合成立了粤港澳文化合作会议，会议由三方轮流承办，官方协作平台由此初成。该平台建立16年来，先后签署了《粤港澳共同推进“一带一路”文化交流合作意向书》、《粤港澳青少年文化交流合作意向书》及《粤港澳青年戏剧交流与合作意向书（第二阶段）》等文件。在演艺节目和人才、文化资讯、文物博物、公共图书馆、文化创意产业、青少年文化交流等方面做出了详细的规划安排。尤其是《粤港澳文化交流合作发展规划2014－2018》，在共同培养人才，推动文艺作品巡演巡展，保护湾区文物遗产，激发城市文化活力，提升市民文化认同方面发挥了重要作用。

3. 磋商机制形成，交流成果显著

作为改革开放的前沿、粤港澳大湾区中的重要一极，广州近年来围绕深化文化领域合作，与港澳文化机构形成了会面和磋商机制，通过参加活动、举行会议、协商交流计划等方式确保良好的沟通，在重大文化活动（如国际博物馆日、世界读书日、香港艺术节、澳门国际艺术节等文化节庆活动）、文化遗产保护、文化惠民服务、文化产业发展、携手共推中华文化走向世界等方面全面深化合作，参与打造了一批声誉卓著的品牌活动，如广州三年展、中国（广州）国际演艺交易会、广州国际艺术博览会、羊城国际粤剧节、粤港澳粤剧群星荟、粤港澳青年文化之旅、青少年粤剧艺术培训夏令营、穗港澳青少年文化交流季，极大地提升了城际文化交流水平。2011年至2018年广州与港澳地区达成近百个高规格、影响大的合作项目，内容覆盖了文化交流的广泛领域。广州还与香港科技大学、澳门大学等文化科研机构加强合作，配套了独特的发展政策，先后建成了南沙资讯科技园、中大南沙科技创新产业园、卓才CIC2青年创新创业园，集聚了众多的科技与文创资源，为服务港澳、推进大湾区文创产业集群发展发挥了重要作用。

（二）面临的突出障碍

虽然粤港澳地区的开放程度和发展前景整体表现良好，但由于存在

"一个国家，两种制度"的特殊情况，推进粤港澳大湾区文化建设，仍然面临难以规避的障碍和话语困境，其影响具体表现在以下几方面。

1. 文化价值理念尚未完全融合

任何文化形态都是特定历史阶段发展的产物，受制于当时的社会政治经济发展水平，由特定时空下的经济基础和政治制度决定了它的发展方向。不同于广州，由于历史上的政治阻隔，港澳文化本质上是在回归前缓慢形成的某种变异性文化，它一方面植根于中华传统文化，另一方面也大量吸收融合了以英、葡为代表的政治、社会及文化传统，形成了不同于内地城市的独特文化现象。在文化价值理念、文化管理制度方面，港澳地区长期保持相对独立的发展轨迹。香港回归以来，历经二十多年风风雨雨的洗礼，要与内地磨合成共同的文化信念，拉近心理距离，还有许多困难要正视。

2. 政府与民间交流主体不对等

香港和澳门在文化管理方面具有典型的小政府大社会特征，政府可以调动的公共资源十分有限，许多文化交流活动是各类社会机构通过市场运作组织开展的。香港和澳门以极大的自由度培育了大量的社会组织和民间机构，它们构成了当地文化活动主导型的推动力量。相比较而言，广州及珠三角地区的地方政府承担了更多更重的文化职能，掌握了更多的公共资源，具有极强的组织推进能力，但社会组织和民间机构发育不良，文化市场也没有在真正意义上开放，导致了三地间文化资源人为分割难以统筹，留给社会力量独立参与活动的空间很小、机会更少。

3. 文化市场尚未与港澳完全接轨

香港作为国际性贸易中心，自开埠以来就是自由港，推崇自由贸易和公平竞争原则，拥有高度法治化与极为开放的营商环境，是全球最自由经济体之一，与共建"一带一路"的大多数国家和地区保持着紧密的经贸往来。相比之下，内地实施有条件批准企业进入文化市场，对文化经济实施干预性管理，尤其在影视、动漫游戏、网络文学、传媒与出版、跨境演艺项目审批方面实施控制性管理。大湾区内文化传媒、社会机构、文创企业公平竞争与协同创新格局尚未形成，文化资源（如公共文化服务资源、创意产业资源及创新人才资源）共享及配置能力不高，粤港澳大湾区创新体系整体效能有待进一步提升。

三　融合创新，构建文化湾区的几点思考

和谐包容的人文环境是成功推进粤港澳大湾区建设的先决条件。《粤港澳大湾区发展规划纲要》明确指出，必须加强文化交流互鉴，创新人文交流方式，丰富文化交流内容，通过塑造湾区人文精神，建设和谐包容的共同家园。作为大湾区的核心城市、连接“21 世纪海上丝绸之路”的重要桥梁，广州应在“一国两制”前提下，进一步扩大文化领域对外开放，以融合创新、公平竞争为先导，消除壁垒，降低成本，为衔接港澳、建设岭南文化中心和对外文化交流门户做出积极的探索。

（一）超越固有思维，促进文化融合

文化的交流融合需要克服各种障碍造成的认同困难，通过拓展路径、改进方法，缩小民众在文化认同上差异，才能建成大湾区内人民相知、相亲、相爱的共同家园。紧紧围绕粤港澳大湾区协同发展战略、服务全球城市建设等中心任务，科学评估与挖掘广州作为粤港澳文化交流合作核心城市的承载力，合理布局区内文化交流合作功能，科学规划与整合广州与香港、广州与澳门文化交流合作项目。针对广州与港澳地区城市文化特色和历史文化资源潜力、文化合作交流基础、文化资源集聚能力，完善以广州为中心的岭南文化资源保护和开发利用体系，实现粤港澳大湾区文化资源集聚、文化协作信息服务集中、文化交流合作空间广阔，从而使名城广州发挥出优势突出的文化辐射效应。

1. 正视港澳文化发展的独特轨迹，培育共同的人文情怀

粤港澳大湾区文化交流过程中的问题需要用发展的眼光来解决，交流中

遇到的障碍更应通过加强交流来突破。目前港澳地区处在经济转轨、社会转型的加速期，应在拓展路径、改进方法的基础上，求同存异，培育共同的人文情怀，增进对港澳市民的关心、爱护和尊重，提升其对国家、民族和社会等共同体的认知。在主流价值体系的交流融合方面，需要超越固有思维框架，切忌将自己的理念强加于人，更不能以简单的宣传模式取代文化上的交流融合。

2. 探索多渠道、宽领域的文化合作

港澳地区的文化多元多样，以独特的方式为世界文明演进做出了贡献，同属于中华民族共同的精神财富。推动粤港澳文化交流合作，需要我们放开胸怀，以海纳百川、博采众长的胸怀，更好地进行文化交流互鉴，促进大湾区文化的融合创新。在开展跨境文化合作方面，尤其需要正视合作模式、合作领域的差异，先易后难，分类施策，提升合作的整体效果。目前可以先在条件相对成熟的领域如艺术节、电影节、美术馆、博物馆、音乐创演等领域完善合作机制，具体内容包括组织协调、资源汇聚、版权保护、服务运营等机制构建。通过稳步建立城际文化合作机制，灵活运用现代交流技术和交流媒介，优先推动广州与港澳地区在文化交流、遗产保护、艺术创作、文化旅游等领域的合作。除了借鉴吸收其成功经验和优秀成果，还应主动参与港澳地区的文化对话与交流，增进交流的广度和深度，以此培育包容的文化氛围和共同的人文情怀。

3. 增强与港澳地区官方协调能力

大湾区政府间合作主要限于粤港与粤澳双方，广州与珠三角其他城市可供其直接参与组织与协调的空间十分有限，文化合作与项目规划受到明显制约。建议在现行粤港澳联席会议机制的基础上，推动成立穗港澳文化交流协调办公室，探索建立穗港、穗澳对接的区域政务服务机制，配套相应的人力物力资源和交流发展基金，逐步增强广州与港澳地区的官方协调能力，拉近三地交流的心理距离。推动大湾区内重点城市分工协作，充分发挥广州核心引擎作用，建立健全工作架构，加速推进广深港澳科技创新走廊、香港科技大学（广州）校区、粤港澳大湾区知识创造示范区、科学城制度创新先行区、粤港澳大湾区教育研究中心等文化教育合作项目的建设进度，携手港澳建设国际一流湾区和“一带一路”先行示范区。加快构建珠三角九市及“一带一路”国内沿海重点城市协作机制，发挥广州重要口岸作用，共享南沙自贸试验区政策“红利”，建成“21 世纪海上丝绸之路”文化交往合作的主通道。

4. 拓展民间渠道，消除隔阂，促进文化融通

民间交流是粤港澳大湾区文化交流不可或缺的组成部分，是平等自愿、相互借鉴的重要交流形式，有助于增进大湾区民众的相互理解，传递友好合作的声音。在目前情况下，可借助大湾区知名企业、公共机构的优势资源，推动形成以政府为引导、社会力量为主体、市场化运作的良性运行机制。鼓励知名企业、公共机构投入资源，激发社会组织和个人在粤港澳大湾区文化交往合作中的能动作用，提升其文化交流水平和交流层次，塑造对港澳地区文化交往合作的开放性、多元性、创新性特点。加大对社会力量参与文化交流的支持力度，吸引更多的社会资本参与文化交流合作项目。开启各类定制化青少年交流体验，通过提供参观、讲座、工作坊、交流会、展览等交流活动，一方面可以增进青少年在文化、艺术、体育、科学、公益和商业等诸多领域的交流，另一方面可以促进青少年增进友谊、开阔视野，消除不必要的误会隔阂。

（二）携手港澳，共同塑造大湾区人文精神

作为中华优秀传统文化的有机组成部分，岭南文化倡导兼容并蓄、自强不息、开放包容的理想信念和道德追求，积淀着粤港澳人民最深沉的精神追求，是粤港澳地区人民共同的“根”与“魂”。珍视这个“根”和“魂”，需要三地文化艺术和学界联手协作，对共有的文化传统进行发掘、梳理、弘扬，塑造同呼吸共命运的大湾区人文精神。

传承大湾区共同的人文价值理念。岭南文化是粤港澳大湾区文化之根，其倡导的仁爱、民本、诚信、正义、大同的思想理念，牢固积淀在海内外华人的思维模式和行为方式中，是华人社会生命力、凝聚力、创造力的重要源

泉。组织粤港澳三地的专家学者，共同研究岭南传统文化精髓，阐释其历史渊源、发展脉络、人文精神。系统研究近代以来在大湾区活动的著名哲人思想家、宗教家、学派团体，从多种角度对岭南人文思想、哲学信仰、审美情趣进行广泛探讨，阐明粤港澳文化作为中华文明的重要组成部分，在中西方文明不断交流融合中丰富发展的路径。

组建大湾区公共文化服务联盟。增强大湾区城市群文化交流合作的全局性、协同性，需要通过与港澳地区主流文化机构建立横向联系，着力形成与当地文化机构的信息联通与业务对接。目前可以先在条件相对成熟的公共文化服务领域，组建粤港澳公共文化服务联盟，推进图书馆、博物馆、文化艺术节、文化遗产保护、青少年交流、文化旅游等领域密切合作，围绕公共文化资源共享做好组织协调、资源汇聚、服务运营等工作。通过城际文化合作机制，邀请港澳地区知名企业、商务机构和社会各界代表参与广州主办的大型文化活动，优选交流主题，灵活运用现代交流技术和交流媒介，从多个侧面推进跨域文化对话交流。

筹建大湾区文化学术联合会。港澳地区集聚了大量学贯中西的文化人才，文化精英辈出，拥有许多声誉卓著的学术机构。通过与港澳高校、科研机构、文化研究中心及民间智库开展广泛合作，整合资源筹建粤港澳大湾区文化学术联合会。策划一批港澳文化研究出版选题，推出一批思想性、艺术性、观赏性俱佳的港澳图书和粤港澳先贤丛书（粤港澳共同文库），系统梳理粤港澳先贤思想。在每年的香港、澳门回归日分别启动穗港澳文化交流季，通过举办“岭南传统文化与当代中国”论坛及其他各类文化跨境论坛、本土文化社团负责人圆桌会议、友城青年文创论坛等活动，增强与港澳及海外学界的交流，提升岭南文化研究与交流质量。

筹划大湾区公共文化智库。依托粤港澳知名高校、科研院所和文化社团共同发起成立大湾区智库合作联盟，将为加强湾区内文化智库资源整合、政策沟通、人才交流搭建平台。充分发挥湾区智库研究优势、网络优势和资源优势，联合开展对共建“一带一路”国家的全方位、多层次研究。通过优势互补、资源互利、信息互通，提升智库的研究服务能力，推动智库成果共享，为粤港澳文化合作提供专业智力支撑。发挥智库的人才集聚效应，编制粤港澳大湾区文化智库建设发展规划，吸引并孵化出更多文化机构、科研基地，形成湾区内文化科研机构集群，为大湾区文化交流提供有保障的人才支持。定期举办粤港澳大湾区文化智库论坛，完善智库成果应用转化机制、智库交流合作机制。

（三）繁荣文化市场，共建粤港澳文化合作创新示范区

文化产业天然地蕴含着强大的交流与传播功能。通过营造国际化营商环境，提升文化资源共享与配置能力，开发大湾区共同的文化市场，有利于凭借共生的文化纽带将粤港澳紧密联系起来。围绕“一带一路”发展倡议和大湾区文化发展战略要求，共同规划建设南沙自贸区“文化创意产业创新服务示范区”，发挥南沙自贸区的保税政策和综合服务功能，完善国际文化贸易企业集聚中心、文化产品展览展示及仓储物流中心、文化商品交易服务中心的配套功能，为粤港澳及海外文化机构提供展示体验、交流推广、孵化培育、融资投资与仓储物流等服务。通过统一规划、合理布局，发挥基地在配置文化资源中的调节作用，提升湾区对全球文化创新资源要素的强大吸纳、消化、整合能力。

（四）营造衔接港澳的文化贸易环境

作为“一带一路”建设的深度合作示范区，广州必须积极主动地消除地域壁垒，降低成本，形成与港澳地区对接的市场环境，提升其在“一带一路”文化合作及全球文化创新格局中的资源共享与配置能力。具体做法包括以下几个方面。

进一步简政放权，完善政府部门权责清单。主动对接港澳地区国际化营商规则，围绕打造“一带一路”企业投资首选地和最佳发展地，持续深化营商环境改革，系统开展投资便利化、贸易便利化、市场监管体制等改革。进一步施行简政放权，精简和下放一批行政许可备案事项，完善政府部门权

责清单，如逐步取消港澳文化交流活动中的艺术展览、影视音像、动漫、出版物、表演艺术及文化学术会议的行政审批事项，缩短审批时限，简化审批手续，以此优化市场环境。

进一步减少文化市场非关税壁垒，大幅放宽市场准入。对现行文化贸易政策进行认真梳理，找出阻碍文化贸易发展的非市场因素，提出工作方案与调整清单，争取上级部门批准，在制度创新方面先行先试，减少各种强制性限制进入文化市场的非关税壁垒。降低港澳台文化行业准入门槛，在文化传媒与出版服务经营许可、影视与演艺跨境项目立项审批、品牌赛事投资核准、国有文化改制企业税收优惠政策分享等方面公平对待所有的市场经营主体，以市场竞争淘汰落后企业。深化国际贸易智能通关、数字口岸建设，提升跨境文化贸易便利化水平。

进一步争取大湾区互联网有序开放。在全球化和全媒体时代，网络的互联互通是构建任何命运共同体的必备条件。应联合工业和信息化部，积极争取粤港澳大湾区互联网的有序开放，改善粤港澳文化合作的运作环境，为民心相通消除不必要的樊篱，也为文化自信敞开开放包容的胸怀。积极推动广州与港澳间公共文化服务资源的网上衔接，共同筹划粤港澳大湾区文化云建设，提升跨境文化交流合作的便利程度。

进一步完善新型市场监管体系，形成联合奖惩长效机制。建立“信用+监管”的新型市场监管体系，保护在广州的外企合法权益，包括公平的市场竞争、平等分享生产要素以及独立产权的保护，实现内外资、国有与民营企业一视同仁。强化知识产权保护，打击文化领域侵权假冒违法行为，打造全国性知识产权交易中心。

参考文献

余欣：《推进“一带一路”建设下粤港澳文化交流与合作》，《城市观察》2017 年第 5 期。

黄玉蓉、曾超：《文化共同体视野下的粤港澳大湾区文化合作研究》，《广州大学学报》（社会科学版）2018 年第 10 期。

赵宏宇、陈俊莉：《发挥广州文化枢纽作用，推动粤港澳大湾区文化资源共享》，《探求》2018 年第 3 期。

闻瑞东、钟世川：《加强粤港澳大湾区文化整合的对策》，《改革与开放》2018 年第 20 期。

文　旅　篇

Cultural Tourism

B.10

推动文化旅游融合发展立法的思考

——基于国际经验的分析

艾希繁*

摘　要： 文化和旅游融合侧重旅游资源中的人文旅游资源融合，要求做好文化遗产保护、利用开发，做好文化旅游管理、推广等工作。法国、日本、美国等通过制定《文化遗产保护法》等加强文化保护利用。美国通过《旅游推广法（2009）》新设非营利非政府机构旅游推广局、重视专家专业力量参与、重视引入社会资源参与旅游推广，加强旅游管理、推广，为文化旅游融合发展提供强有力的管理体制支撑。推动文化旅游融合发展的国际立法经验，对我国旅游业具有重要的借鉴意义。

* 艾希繁，博士，广州市委宣传部四级调研员，研究方向为文旅整合发展。

关键词： 文化旅游　融合发展　立法

一　引言

2018 年 3 月，第十三届全国人大一次会议审议国务院机构改革方案，改革方案提出不再保留文化部和国家旅游局，组建文化和旅游部，作为国务院组成部门，文化和旅游融合发展进入全新阶段。文化旅游融合受到媒体的广泛关注和好评，正如网络舆论所言，文化旅游融合，意味着“诗和远方在一起”。文化旅游融合，需要一系列制度融合，特别是立法政策方面的调整、完善。2019 年 6 月文化和旅游部制定出台了《文化和旅游规划管理办法》，就文化和旅游规划的相关事项进行规范。文化旅游融合发展涉及较多方面，包括：文化旅游融合顶层制度设计；管理制度完善，管理机构、管理流程重构；文化旅游市场主体调整；文化旅游融合业态发展；等等。文化旅游融合，在统计方面，首先进行了调整，2018 年 4 月国家统计局《国家旅游及相关产业统计分类（2018）》对旅游类别进行了界定，文化旅游主要包括旅游游览门类，其中具体包括：文化及非物质文化遗产保护（1421），博物馆（1422），宗教活动场所服务（1423），烈士陵园、纪念馆（1424）。本文研究的文化和旅游融合主要是指旅游中文化遗产保护和利用开发、文化旅游推广等。

由于文化和旅游融合发展是比较新的课题，急需学术理论界展开深入研究。本文尝试梳理美国、日本、意大利等国家的文化旅游发展立法做法，基于国际实践经验，提出加强我国文化旅游融合发展法治建设的建议。

二　文化和旅游融合中文化遗产保护立法的国际经验

文化旅游融合中的一个很重要的方面就是开发利用文化遗产，将文化遗产合理开发成为旅游景点，在旅游中传播文化价值。各国在文化遗产立法方面进行了较多的尝试探索。

法国非常重视文化保护开发利用，也是国际著名的文化旅游目的地，巴黎文化旅游享誉世界。法国1840年制定了世界上第一部保护文化遗产的法律《历史性建筑法案》。1913年12月出台了世界上第一部保护文化遗产的现代法律《保护历史古迹法》。1962年颁布的《保护历史古迹法》和《马尔罗法》，通过划定国家的历史“保护区”，将文化遗产与周边环境一起保护①。英国作为普通法系的母国，在文化遗产保护立法方面建树颇多。早在1882年，英国就颁布文化遗产方面的综合性法律《古迹保护法》，对英国全境古迹开展全方位的保护。1967年出台《城市文明法》进一步扩大历史文化类建筑保护范围。2010年，英国出台《规划政策指南》，从更宏观的视角，全方位保护历史文化遗产，提出保护范围扩展到非物质文化遗产，保护理念从单纯的保护扩展到“保护与利用并重”②。

具有丰富文化旅游资源的意大利，高度重视文化旅游立法，文化旅游方面的法律体系比较完善，意大利宪法在这方面有专门的条款，另外还制定了专门的文化遗产保护法、旅游法等。意大利宪法第九条明确规定，“意大利共和国负责对国家的艺术、文化遗产和自然遗产的保护”。意大利作为世界知名的文化遗产资源丰富的国家，建立和完善了文化遗产法律体系，制定了《文化和自然遗产法》、《文化遗产与景观法典》和《资助文化产业优惠法》等。为有效加强文化遗产保护开发利用，意大利创设了“文物监督人”制度，“文物监督人”通常拥有大学教授、著名建筑师、考古学家等专业背景，这些专业人士受聘于意大利文化遗产与活动部建筑历史环境监督局，为政府文化遗产旅游开发等提供专业的决策咨询③。该制度充分体现了意大利文化旅游融合发展的理念和重视专家的专业化管理理念。

美国虽然建国只有两百多年历史，但在文化遗产保护开发、文化旅游融合立法方面，具有很多很好的管理经验。1906年美国《文物法》规定了联

① 李建波：《法国文化遗产保护的理念与策略》，《中国社会科学报》2017年10月24日。

② 李婕：《英国文化遗产保护对我国的借鉴与启示——基于财政的视角》，《经济研究参考》2018年第67期。

③ 宋瑞、刘佳昊：《意大利文旅融合发展的经验与挑战》，《中国文化报》2019年5月18日，第5版。

邦政府保护文化遗产、历史文化等的法定义务。1965 年，美国通过了《国家艺术及人文事业基金法》，专门立法促进文化艺术事业发展。1966 年《国家历史保护法》直接创立国家历史名迹名单，对文化遗产进行名录式、精细化保护。美国在《联邦管理法典》第 36 部分专门规范“公园、森林和公共财产”的管理，其中第 1 章就是关于国家公园管理的规定[①]。美国联邦政府还出台了《国家公园基本法》《授权法》《原野法》《国家环境政策法》等其他保护文化旅游资源的法律及法案，在国家公园建设方面独具特色[②]。

东亚国家日本和韩国都高度重视文化遗产保护和文化旅游融合发展。根据日本《文化财保护法》规定，文化遗产被称为“文化财”，主要包括有形文化财、无形文化财、民俗文化财、纪念物、文化景观、传统建筑物群等六个方面，该法律还明确强调各级政府、各组织甚至每一个人在保护文化遗产工作中的作用。而对文物、表演活动等的其他法律规定，在《保护古都历史风情特别措施法》等法律中也有明文规定，这些都对日本文化旅游产业发展起到了促进作用[③]。日本旅游方面的立法主要有如《旅游立国推进基本法》《森林法》《自然公园法》《国土综合开发法》等。2007 年 1 月，日本政府重新调整了对文化资源保护的规定，强调了开发和利用过程中应该遵循的原则和注意的问题，并对有联系的相关产业做了规定。韩国 1962 年出台《文化财保护法》专门保护现有文化历史遗迹。

三　文化和旅游融合中旅游管理立法经验

在旅游管理和推广方面，美国的立法完善，实施效果比较好，值得关注。联邦政府和各州政府在产业发展过程中也相继出台了一系列法规、法案或政策，为发展文化旅游融合发展提供法制保障。2011 年意大利制定的《意大利

---

① U. S. Government Publishing Office，“The Electronic Code of Federal Regulations”，http：/ / www. ecfr. gov / cgi - bin / ECFR? page = browse.

② 王京传：《美国国家历史公园建设及对中国的启示》，《北京社会科学》2018 年第 1 期。

③ 董少君：《意大利和日本文化遗产保护经验浅谈》，《中国文物科学研究》2019 年第 1 期。

旅游法典》对旅游管理、旅游发展等进行专门立法。1979 年美国颁布《全国旅游政策法》，作为旅游业发展法律依据。美国次贷危机爆发后，为了推动经济发展，美国政府高度重视旅游管理和推广，以实现提振经济的目的，2009 年美国国会通过《旅游推广法（2009）》（Travel Promotion Act of 2009），该法案共 8 章，主要包括七个部分。

（一）法案序言。第 1 章为“法案标题和法案内容目录（Short title; table of contents）”，介绍立法目的。

（二）第 2 章为“旅游推广局（The Corporation for Travel Promotion）”，提出设立旅游推广局，明确机构是非营利机构，不是美国政府机构，提出设立旅游推广局董事会，包括 11 名成员，要求具有促进旅游市场发展专业知识的美国公民担任，11 名董事会成员来自住宿、餐饮、零售、旅游、景点娱乐、城市会展、出入境法律政策、航空、城际乘客运输等领域，具有州政府旅游事务管理经验的政府人员 2 名。法案还规定了旅游推广局的董事会任期和更替程序、管理架构、人员待遇。

法案重点规定了旅游推广局的职责：（1）信息提供。向外国游客、商人、学生、学者、科学家和其他有意到美国旅行的人提供有用的信息，包括向潜在的旅行者、旅行社、旅游经营者、会议组织者、外国政府、旅游媒体和其他国际利益相关者分发联邦政府提供的关于入境要求、所需文件、费用、程序、公共卫生突发事件等信息。（2）政策解读。识别、反驳和纠正世界各地对美国入境政策的误解。（3）旅游推广。通过使用但不限于各类形式的广告、贸易展和其他适当的宣传活动，向全世界旅行者推广、营销美国，促使旅游事业对美国经济和外交的利益的最大化。（4）旅游发展。确保所有州和哥伦比亚特区都受惠于国际旅行；确保促进旅游业向城乡地区（包括国际旅行者传统上较少访问的相对偏远的区域）发展机会和战略公平实施。（5）旅游客源扩展。将旅游推广局的工作重点放在那些最有可能前往美国旅游的国家和人群方面。法案明确要求旅游推广局建立和运营公开网站。法案还规定了旅游推广局的特殊权力（获得社会各界捐赠、雇佣顾问专家）等。法案特别规定了涉及旅游推广局的年度财政预算和审计安排。

（三）旅游推广局的运作机制。法案第 3 章为“问责机制（Accountability measures）”，规定了旅游推广局的运作机制，要求旅游推广局董事会确立年度工作目标和市场计划，并经商务部部长、国土安全部部长、国务卿同意；要求旅游推广局向国会提交年度报告（包括旅游推广局运作、财务状况和取得的成绩的全面综合详细报告；对工作进展的客观量化评估；对工作不足的合理解释；在提升美国农村城市观光所开展的活动；认为合适的工作建议等）。

（四）旅游推广相关资金安排。第 4 章“匹配公共资金与私人资金（Matching pubic and private funding）”，法案规定由美国财政部提供资金，由美国财政部在 2010 年财政年度提供 1000 万美元开办费用，在后续几年时间，每年由美国财政部从国库“游客认证电子系统（ESTA）”费用中支出 1 亿美元用于旅游推广局工作使用，法案明确要求旅游推广局积极通过非联邦政府途径（Non-Federal sources）募集资金，从 2011 年开始，募集资金要超过财政资金的 50%，2012 年以后，超过财政资金。法案还规定旅游推广局可以接受商品和服务的捐赠。第 5 章“旅游促进基金收费（Travel promotion fund fees）”，主要就第 4 章涉及的旅游促进基金来源的收费进行明确，法案规定修订《移民与国籍法》第 217 条［*section* 217（*h*）（3）（*B*）（*i*）（*I*）］规定，从对每一个旅客收费中拿出 10 美元由财政部国库支付给旅游推广局。

（五）规定对旅游推广局的评估。法案第 6 章“评估机构（Assessment authority）”，法案授权旅游推广局对董事会所代表的国际旅行和旅游业［除《旅游推广法（2009）》第 2 条（b）（1）（c）或（h）所述以外的其他成员］按在国际旅游业总收入中的份额进行年度评估，旅游推广局可以对评估进行收费，可以对任何未能向公司支付评估费用的主体征收滞纳金和利息，旅游推广局有权执行，可在联邦法院提起诉讼以迫使旅游相关组织缴纳评估费用。

（六）规定旅游管理机构。法案第 7 章专门立法明确旅游管理机构的职权和构成。第 7 章为“旅游促进办公室（Office of Travel Promotion）”，该章主要明确美国商务部旅游促进办公室有关职责，法案强调修订《1961 年国际旅行法》（The International Travel Act of 1961），在美国商务部内设美国旅游促进办公室；设置办公室主任，由美国商务部部长任命，该主任由在美国国内，熟悉旅游促进事务的美国公民担任；其主要义务是确保办公室有效运作并负责向商务部部长报告。法案明确了旅游促进办公室的职责：（1）作为旅游推广局的联络者，支持和鼓励发展各类有助于增加来美国进行商务、休闲、教育、医疗等活动的国际游客数量的工作项目；（2）与旅游推广局、国务卿和国土安全部部长合作——更有效地向潜在的国际访问者传播关于作为访问者进入美国所需的文件和程序；确保以准确的信息和邀请的方式欢迎前来的国际游客；收集访问每个州的国际访问者的准确数据；通过使用广告、标牌和游客服务，提升国际访客出入境体验；（3）支持国家、区域和私营部门的倡议，以促进到美国的旅行。（4）向国会报告——在《旅游推广法（2009）》颁布后的一年内，并在适当的时候定期向商务部部长提交参议院、商业、科学和运输委员会的报告；向政府事务部门、参议院对外关系委员会、众议院能源与商业委员会、众议院国土安全委员会和众议院外交委员会介绍办公室的工作。国务院秘书长和国土安全部部长执行第（c）（2）款。

（七）规定旅游管理机构加强旅游发展研究工作。法案第8章为“研究项目（Research program）”，该章是对《1961年国际旅行法》的修正，明确国家旅行旅游办公室在研究方面的职责，以扩大和继续开展与促进美国国际旅行有关的研究和开发活动，包括：（1）扩大对墨西哥官方旅游调查数据的访问，为各州提供有针对性的旅游项目的旅游特征和访问估计；（2）扩大商务部对入境旅客人数的抽样调查，以达到1%的样本量，并修订问卷的设计和格式，以适应新的调查工具，提高至少两倍的有可靠性的国际游客估计和改善市场覆盖的州和城市问卷填报率；（3）发展州与州对比的国际旅行出口（支出）评估，以使各州可与其他州比较在国家整体中的地位占比；（4）评估旅游推广局在实现其目标方面和执行《旅行推广法（2009）》上的成效；（5）研究以支持本法第202条（d）项所要求的年度报告。拨款的授权——授权在2010至2014财政年度内向商务部长拨付本节所需的款项。

四　文化旅游融合管理和推广立法国际经验带来的主要启示

（一）完善旅游相关立法，有助于推动旅游业发展

《旅游推广法（2009）》使美国旅游业管理规范被纳入国家法律框架，为美国的旅游发展提供了政策基础。2012 年初，美国总统奥巴马签署了一项行政命令，授权美国商务部旅游局成立专门工作小组制定“美国旅游业发展战略”。根据奥巴马总统的指令，美国商务部和内务部又联合发布了美国《国家旅游发展战略》（National Travel & Tourism Strategy）。2014 年底，美国国会通过法案，称 2010 年组建的美国旅游推广局（Brand USA）给全国所有的地区和居民带来显而易见的利益，因而国会将继续保留美国旅游推广局，并给予足够的财政开支。美国国会通过《旅游推广法（2009）》，设立专门从事旅游推广促进的法定机构——美国旅游推广局，明确规定其法律地位，一方面明确非营利机构性质，保证其独立公正地履行职责，并通过立法要求提交年度工作报告；另一方面，明确其非政府机构的法律性质，有助于其灵活开展各种对外合作活动，与旅行社、酒店、航空公司以平等民事主体身份开展旅游推广促进方面的全方位合作，甚至是国际合作，比如在中国北京、上海、广州、成都都设有办公室，并开展各类旅游推广活动。法案第 3 章明确规定旅游推广局工作机制，强化对旅游推广机构的监督管理，工作方面必须每年向国会提交年度工作报告，报告要求列明成绩、不足和改进建议；资金方面必须接受审计等。

（二）法律明文规定财政资金提供旅游推广资金，有助于旅游业发展

《旅游推广法（2009）》第 4 章明确要求美国财政部每年从国库“游客认证电子系统（ESTA）”费用中支出 1 亿美元用于旅游推广局工作，关于这个收费第 5 章专章予以了明确，这一规定很特别，带有一定的激励作用，

即旅游推广越成功，来美国旅游人数越多，收费也越多。第 4 章明确要求旅游推广局积极通过非联邦政府途径（Non-Federal sources）募集资金，所募资金 2011 年要超过财政资金的 50%（即 5000 万美元），2012 年以后，超过财政资金 100%（即 1 亿美元）。法律明文规定旅游促进机构承担社会资金募集的职责，是很值得关注的立法实践。比如 2016 年，美国旅游推广局的预算预计达 1.645 亿美元，其中“游客认证电子系统”产生 1.02 亿美元，合作伙伴现金捐赠 5640 万美元和赞助收入 610 万美元①，募集资金达到财政资金 61%。美国对于社会捐赠的重视做法，值得借鉴，这些做法可以广泛动员全社会资源参与旅游发展。《旅游推广法（2009）》设立了专门的旅游推广机构，提出了明确的工作目标和机制，并提供强有力的财政资金支持，该法案生效并实施以来，取得了良好效果：经过测算，美国旅游推广局在旅游推广中每投入 1 美元，投资回报是 47 美元。根据《美国旅游推广局 2015 财政年度分析》，在过去的几年时间里，旅游推广局的营销工作让美国新增海外游客 300 万人次，这些新增游客为美国经济注入 95 亿美元，创造了 30 亿美元的联邦、州和地方税收以及 210 亿美元的总经济影响，平均每年增加 5 万个就业岗位，“营销投资回报率（Marketing Return on Investment）在 2015 年达到 21∶1”②。进而带动了整个美国旅游业的大发展：根据美国官方数据，美国旅游业发展迅速，2016 年美国旅游业的经济产出超过 1.5 万亿美元，提供了 760 万个就业岗位。旅游和旅游出口占美国出口总额的 11%，位列美国服务出口总额第三位（占比 33%），成为美国服务业最大的出口类别。每 18 个美国人中就有 1 个直接或间接受雇于旅游或旅游相关行业。2016 年，美国旅游和旅游业产值占国内生产总值的 2.7%。虽然该行业的大部分活动是国内的，但国际游客在美国的支出总额在 2016 年达到 2447 亿美元，产生贸易顺差 839 亿美元。根据美国商务部的预测，到美国的国际旅行每年应该

① 《赵焕焱：美国旅游业对中国旅游发展的经验借鉴》，品橙旅游，http：//www.pinchain.com/article/98770。

② 《赵焕焱：美国旅游业对中国旅游发展的经验借鉴》，品橙旅游，http：//www.pinchain.com/article/98770。

增长 3%。到 2021 年，美国在国际旅行和旅游出口目的地中排名第二①。

《旅游推广法（2009）》高度重视借助旅游专家专业力量来推进旅游推广事业，在第 2 章旅游推广局董事会构成介绍中，明确要求具有专业能力和行业经验的美国公民才可以担任董事会成员。第 8 章中明确规定，强化关于美国旅游发展的研究项目，强调开展美国国际旅游出口数据的各州比较研究，对旅游促进局工作业绩和落实《旅游推广法（2009）》情况进行评估。该法案突出着眼于发展旅游业的经济目标，强调实用，采取的措施得当，效果非常明显。

2018 年中央全面深化改革委员会第三次会议提出了“加强文物保护利用改革”“注意盘活文物资源，在保护中发展，在发展中保护”的要求。我国应该高度重视对文化遗产等文化旅游资源的保护和利用。充分吸收法国、英国、意大利、日本、韩国等国家发展文化旅游的经验做法，大力推动我国文化旅游融合发展的立法工作，推动文化旅游大发展。

---

① “Travel, Tourism & Hospitality Spotlight”, Select USA, https://www.selectusa.gov/travel-tourism-and-hospitality-industry-united-states.

B.11

广州红色文旅产业发展现实制约与对策思考

蒋正峰　伞 晔*

摘　要：　红色文化的传播和红色文化产业的发展对于传承和弘扬社会主义先进文化、培育和践行社会主义核心价值观具有重要意义。自改革开放以来，广州的红色文化及其相关产业快速发展，创造了大量优秀的红色文化产品，取得了良好的社会效益和经济效益。特别是进入新时代，为充分发挥丰富红色文化资源优势，彰显挖掘红色文化资源的历史和当代价值，广州市积极规划建设红色文化传承弘扬示范区，全力打响红色文化品牌，为广州红色文化产业的发展描绘了蓝图。本文聚焦三个问题：一是阐明广州红色文化产业发展的重要意义；二是分析广州红色文化产业发展的现状和存在问题及原因；三是提出推动广州红色文化产业高质量发展的对策建议。

关键词：　红色文化　文化产业　红色旅游　广州

* 蒋正峰，博士，华南农业大学马克思主义学院副院长、副教授，研究方向为马克思主义中国化；伞晔，华南农业大学马克思主义学院马克思主义中国化硕士研究生，研究方向为马克思主义中国化。

一 广州红色文化产业发展的重要意义

红色文化是中国共产党领导广大人民群众与人民军队在新民主主义革命实践中形成的，并在社会主义革命、建设和改革开放实践中不断创新发展的、具有中国特色的先进文化。红色文化作为马克思主义中国化的重要成果和文化资源，蕴含着丰富的革命精神和厚重的历史文化内涵。从表现形态上看，红色文化是物质形态、精神形态和制度形态的有机统一体，其核心是红色精神。物质形态的红色文化包括有重大价值的文献资料、纪念场馆、名人故居、陈列展览场馆等，这些是加强红色文化教育、传承红色文化的物质外壳和传播载体。精神形态的红色文化是我们党和革命先辈自身的精神体现，是他们积极探索救国救民道路并在革命战争年代和社会主义建设实践过程中形成的伟大精神、革命传统、崇高理想、优良作风等，如长征精神、延安精神、女排精神、“抗洪”精神、“抗非”精神、奥运精神、载人航天精神等，这些是红色文化的灵魂和核心，属于内核层次。制度形态的红色文化主要是我们党在革命、建设和改革开放新时期所形成的纲领、理论、路线、方针、政策等，如三大纪律八项注意、农村包围城市、工农武装割据、新民主主义论、“一化三改”、“一个中心两个基本点”等。红色文化与一般概念的文化不同，是最具社会主义中国特色的文化，是社会主义中国强国富民的核心精神，是几代老一辈革命家和无数英模人物践行、积淀的品格和精神。无论是延安精神还是“抗非”精神，贯穿其中的一条主线是艰苦奋斗、英勇顽强、顾全大局、团结拼搏、自强不息的精神文化，这是中华文化中极其宝贵的精神财富和必不可少的基因，是社会主义先进文化的重要源头之一。红色文化产业也不同于一般的文化产业，是把红色文化资源引导向经济领域，以红色文化为内容创意，集政治、经济和文化于一体的产业，其产业竞争力的核心内涵是振奋民族精神，增强国家凝聚力。

广州自古以来就是广东乃至岭南区域政治、经济和文化中心，在建筑、戏剧、音乐、文学、绘画、工艺等各个文化领域，处处表现出悠久的历史渊源和鲜明的个性特征，是我国首批历史文化名城，是中国近现代革命的策源地和改革开放的前沿，是一座具有光荣革命传统、厚重红色文化的英雄城市。自改革开放以来，由于人们物质生活的日趋富足和对精神生活的迫切需求，广州的红色文化被再度唤醒，红色文化产业快速发展，创造了大量优秀的红色文化产品，取得了良好的社会效益和经济效益。进入新时代，广州的红色文化产业发展驶入快车道。2019 年 12 月 17 日，广州市发展和改革委员会印发了《广州市红色文化传承弘扬示范区（越秀片区）发展规划（2019—2025 年）》（以下简称《规划》）。《规划》提出两阶段的发展目标：一是到 2021 年中国共产党建党一百周年之际，基本建成国家级红色文化传承弘扬示范区，初步形成红色文化全产业链，实现红色文化品牌效应跻身全国前列；二是到 2025 年“十四五”期末，全面建成国家级红色文化传承弘扬示范区，推动实现城市文化综合实力出新出彩，粤港澳大湾区文化中心功能进一步凸显，社会主义先进文化发展走在全国前列。由于广州的特殊地理位置和地位，发展红色文化产业意义重大。

（一）发展红色文化产业是落实党的十九大精神和习近平总书记视察广州重要讲话精神的需要

党的十八大以来，习近平总书记多次强调“把红色资源利用好、把红色传统发扬好、把红色基因传承好”，党的十九大报告也提出了要“继承革命文化，发展社会主义先进文化，不忘本来、吸收外来、面向未来，更好构筑中国精神、中国价值、中国力量，为人民提供精神指引”。2018 年，习近平总书记在广东视察时明确要求广州要实现老城市新活力，在综合城市功能、城市文化综合实力、现代服务业、现代化国际化营商环境方面出新出彩。为贯彻落实党的十九大精神和习近平总书记对广州的要求，广东省委书记李希同志在考察中共三大会址纪念馆时提出，要继承和弘扬革命先辈崇高精神，传承红色基因，挖掘好保护好红色历史遗迹。广州市委书记张硕辅同志在越秀区调研时也提出，要大力焕发红色文化资源的时代价值，做好红色文化的发掘保护、开发利用、传承弘扬工作。要推动文商旅融合发展，让红色文化释放凝聚力和号召力，推动建设文化强市，实现城市文化综合实力出新出彩。发展红色文化产业正是为了落实党的十九大精神和习近平总书记视察广州重要讲话精神，推动建设文化强市，实现城市文化综合实力出新出彩。

（二）发展红色文化产业对于传播和弘扬社会主义先进文化、培育和践行社会主义核心价值观具有重要意义

红色文化是最具中国特色的先进文化，包含着对共产主义远大理想和中国特色社会主义共同理想的向往，是社会主义核心价值体系的内在组成部分。红色文化资源内容丰富、形象生动、极具感染力。以红色文化为载体，结合社会主义核心价值观的内容，既有吸引力又具学习可行性，教育效果明显。

（三）发展红色文化产业有助于推动社会治理现代化

红色文化作为中国特色社会主义先进文化的重要组成部分，在推动社会治理体系和治理能力现代化过程中具有重要的社会导向功能、社会教化功能、社会创新功能和社会推动功能。在社会治理过程中红色文化的传承发展也出现过低俗化、形式化、工具化、现代化等问题。因而，要正确对待传承弘扬、创新发展并依托红色文化，大力培育公共理性精神，建构制度文化，加快发展红色文化产业，创新红色文化产品，建设红色文化场馆，完善社会公共服务内涵，实现红色文化传承发展与社会治理现代化水平提升的双向促进。

（四）发展红色文化产业是培育“红色”下一代的重要途径

红色文化产业秉持“把红色基因传承好，确保红色江山永不变色”的初心使命，是培育下一代爱党爱国、家国情怀、责任担当的重要途径。如红色旅游是红色文化产业的支柱，它所倡导的文化育人属于隐性教育，潜移默化地影响着我们的下一代。旅游是青少年喜闻乐见的高层次精神消费活动，具有很强的学习、教育功能。通过红色旅游，能增强青少年的爱国情感，弘扬培育民族精神。红色旅游以其独特的价值为青少年树立坚定的理想信念、

厚植爱国主义情怀注入活的灵魂。在旅游过程中，大多数参观者会受到革命先辈们高尚的爱国主义情操和大无畏的革命英雄精神的感召。中国革命波澜壮阔的历史进程在革命遗址、遗物中展现得淋漓尽致，它们永远都是感动和教育下一代的最佳教材。只有经过红色文化的浸染和洗礼，血液里的红色基因才能代代相传。

（五）发展红色文化产业是进一步凸显广州发挥粤港澳大湾区文化中心城市功能的有力支撑

2019 年 2 月，中共中央、国务院正式印发了《粤港澳大湾区发展规划纲要》，对粤港澳大湾区的战略定位、发展目标、空间布局等方面做了全面规划。其中，对广州的要求是要充分发挥国家中心城市和综合性门户城市引领作用，培育提升科技教育文化中心功能。粤港澳大湾区规划的实施为推进广州红色文化产业的发展提供了内驱的动力。广州是广东的政治、经济和文化中心，有着深厚的文化底蕴和红色资源。同时，广州比邻港澳，凝聚了港澳现代文化元素，在粤港澳大湾区建设中，广州要发挥湾区文化中心城市的积极作用，推动红色文化产业高质量发展，提升城市文化综合实力，扩大红色文化对港澳青年的辐射力和影响力，增进他们的历史文化和民族国家认同，打造面向国际社会展示红色文化的重要窗口。

二　广州红色文化产业发展的现状和存在问题及原因

（一）广州红色文化产业发展现状

1. 政府部门重视，加强制度建设、顶层设计和规划引领

近年来，广州市积极推进红色旅游，发展红色文化产业，先后制定了《关于进一步加强红色革命遗址保护利用工作的若干措施》《广州市红色旅游发展分工方案》等政策措施，进一步加大对革命文物的资源整合和整体保护力度，着力激发红色旅游发展创新活力，打造国家重要的红色旅游主题

板块。2018 年 11 月，广州市政府常务会议审议通过了《广州市关于加快文化产业创新发展的实施意见》（以下简称《意见》）。《意见》提出，未来五年，全市文化产业增加值努力实现年均增长 12%，稳步提升文化产业占全市生产总值比重；到 2035 年，文化产业成为全市重要的战略性支柱产业，文化产业的综合竞争力明显增强，基本建成国际性文化产业枢纽城市。2019 年 12 月，广州市专门成立了创建红色文化传承弘扬示范区工作联席会议，制定了《广州市红色文化传承弘扬示范区（越秀片区）发展规划（2019—2025 年）》，强化整体规划保护、整体资源利用、整体策划宣传，着力构建以越秀区为核心的全市“一核四廊”总体发展格局，塑造越秀片区“一极两纵三横三片区”开发格局，明确五大功能定位，推动实现广州红色文化品牌效应跻身全国前列。重点抓好红色场馆改扩建、修缮保养、陈列提升、周边环境整治等 22 个重大项目和红色旅游等 6 个重大品牌，为创建红色文化传承弘扬示范区提供有力支撑，为红色文化产业发展规划了蓝图。

2. 广州大力发展红色旅游见成效

作为近现代革命策源地，广州有着丰富的红色旅游资源，市内红色景区的历史跨度涵盖了鸦片战争、太平天国运动、戊戌变法、辛亥革命、国共合作、土地革命战争、抗日战争、解放战争等各个历史时期。经初步统计，广州市红色文化史迹共 230 处，包括毛泽东同志主办的农民运动讲习所旧址（以下简称“农讲所”）、中共三大会址纪念馆、广州起义烈士陵园（以下简称“烈士陵园”）、黄埔军校、十九路军淞沪抗日阵亡将士陵园等，其中列入文保（登记）单位的 124 处，占总数的 54%；未列入文物保护单位的 106 处，占总数的 46%。2018 年 4 月 7 日，广州市 6 家全国重点红色旅游景区（烈士陵园、广州起义纪念馆、农讲所、三元里抗英纪念馆、黄花岗七十二烈士墓、黄埔军校旧址纪念馆）的清明假期接待数据为：上述 6 个重点红色旅游景区共接待市民游客 19.32 万人次。2019 年，截至 11 月底，参观农讲所的游客约 57 万人次，日平均 1700 人次左右。近几年参观中共三大会址纪念馆的游客均以近 10 万人次阶梯式增长，从 2014 年的 5.8 万人次跃升到 2018 年的 35.9 万人次，2019 年前 10 个月已达 45.7 万人次，预计到 2021

年全年参观人次可达70万。2019年“十一”假期，中共三大会址纪念馆、农讲所接待人数同比增长超50%，纳入统计的10家红色旅游景区连续三年接待游客突破2000万人次。2019年8月4日，中共三大会址纪念馆录得建馆以来单日最大接待量，达4964人次。

3. 涌现了一批红色文艺精品

近年来政府安排专项经费扶持红色文艺精品创作，鼓励和引导各类文艺创作演出团体深入红色文化史迹体验和采风，推动粤剧、粤曲、“三雕一彩一绣”等岭南传统艺术更好展现红色文化，涌现了一批红色文艺精品。红色书籍作品方面有《赤诚——彭士禄图传》《映象广州　红色史迹》《广州红色史迹寻踪》《新时代文明实践中心试点图集》《新时代红色文化讲堂宣讲报告选编》《广州红色史迹手册》《街巷里的红色印记——广州越秀红色革命史迹全记录》等著作，广泛传播广州红色故事。影视剧方面有党的十九大献礼影片《南哥》（主要讲述扶贫英雄的故事）、红色人物电影《邓小平》和《周恩来》、红色粤剧电影《刑场上的婚礼》、话剧《行在南国·周先生》、红色粤剧《初心》、大型情景器乐剧《扬帆大湾梦》、红色舞剧《浩然铁军》和《永不消逝的电波》、红色史诗歌剧《长征》、红色木偶剧《游曦》、大型民族舞剧《醒·狮》（第十一届中国舞蹈“荷花奖”得主）、大型流行交响诗画《我爱你中国》等红色文艺精品，在社会上引起了强烈反响，不断提升红色广州精神影响力。

4. 市场主体企业主动参与

红色文化作为精神消费品终究要走向市场，红色文化产业也离不开企业的积极和广泛参与。除了政府要号召扶持、引导红色文化产业发展，党员、团员要参与红色文化产业发展，还要把红色文化、活动深入广大群众中，利用好广州本土现有的红色资源和经济实力，鼓励企业积极参与红色文化产业发展，让红色文化不仅仅是教育党员干部的资源，还是建立广泛的社会认同与共识的资源，增强我们的文化自觉和文化自信。列举几例市场主体参与红色文化传播和红色文化产业发展的企业及产品业务，如广州花都花山小镇、狮岭皮具箱包行业衍生的花碉红军包，广州璟色雕塑有限公司的红军雕塑及军旅文化人物景观雕塑，广州红色文化传承有限公司及其致力于红色文化的挖掘、整理、编撰、传播与推广，广州卓远虚拟现实科技有限公司及其开发的VR红色产品，广州红色文创文化发展有限公司及其《红仔》动漫等。广州红色文创文化发展有限公司成立于2019年5月，其创作的《红仔》是体现爱国主义和中华文化精髓的超现实主义动漫产品，它以小孩喜闻乐见的思维方式和阅读习惯，诠释了“红色文化”和“中国智慧”，让孩子在极大的能动性中，体验爱国荣耀和民族力量。该公司在成立短时间内就凭《红仔》获得政府和相关行业的认同和推荐，并且《红仔》也已获得多个国家级动漫、旅游和设计大奖。目前在全国红色旅游景点有52个“红仔专柜”，近200个分销点，更可喜的是随着《红仔》产品线的丰富和品牌力的持续成长，这一数据还在不断增加，为品牌发展注入活力，发展前景非常乐观。

（二）存在问题及原因

1. 广州拥有丰富的红色革命遗存，但在开发、活化方面还有很大的进步空间

由于宣传力度不足，很多红色革命遗存不为人所知，所以需要保护、宣传红色旧址，打造红色品牌。广州的红色文化旅游景点还存在串联整合不够，有些地方修缮程度不佳，周边配套设施也不够完善等问题。据统计，目前全市共有230处红色史迹，其中有106处没有被列为文物保护单位，也就是说，全市46%的红色史迹缺乏保护和利用经费。此外，有些有保护和利用经费的红色史迹又面临产权复杂而无法修缮的问题。

原因分析：对红色文化的认识和重视程度不够，单从经济指标考量红色文化，没有充分认识到红色文化对于传播和弘扬社会主义先进文化、培育和践行社会主义核心价值观以及实现中华民族的伟大复兴具有重要意义，也没有充分认识到红色文化对于社会治理现代化、培育社会主义合格建设者和可靠接班人以及提升城市文化综合实力、增强文化自信方面的重要作用，以至于资金投入不足、资源整合不够、宣传推介不力。

2. 红色文化的职能定位比较单一，缺乏与社会的良性互动和内生动力

弘扬和传承红色文化更多时候是出于政治的需要，而不是出于经济或文

化的需要，这使得红色文化的发展大多依赖于党和政府自上而下的支持，并且大多服务于政治活动，缺乏与社会的良性互动和内生动力，一旦脱离了政治的需要，就很难通过与社会的良性互动实现可持续发展。

原因分析：受传统文化体制机制的影响，给红色文化的职能定位贴上政治的标签，束缚了红色文化深入市场、扎根大众的生机活力，仅靠政府“输血”缺乏与社会的良性互动，难以内生“造血”机制持续发展。

3. 红色文化产业化进程滞后，企业广泛参与少，衍生产品不丰富

相比于广州发达的经济与文化产业，广州红色文化产业发展相对滞后，缺乏企业广泛参与。作为华南地区的文化重镇，广州文化产业官网公示的重点文化企业中没有和红色文化有直接关联的企业。红色文化的相关产品，从制作到发行，基本都是出自党和政府之手，缺乏以市场为导向的特色化经营，缺乏同广州其他资源的结合以及对接。

原因分析：红色文化产业化进程滞后的原因首先来自认识上偏差。如前所述，红色文化产业与一般的文化产业不同，其产业竞争力的核心内涵是振奋民族精神，增强国家凝聚力。所以，企业不能单以经济指标决定红色文化产业的去留，要知道企业除了盈利目标还有社会责任。其次来自政府的积极鼓励和规划引导不足。企业要生存，在不违法的前提下偏重于追求经济效益本无可厚非，政府可视红色文化产业企业的政治、社会效益给予适当的经济补偿，积极鼓励引导。

4. 红色文化与民众的现代生活有距离感，缺乏面向群众的红色文化活动

由于宣传推介不够深入，策划和包装力度不够，未能形成大品牌效应，群众对红色文化的了解和认知度不高，加之红色文化活动经常忽略了在群众中的宣传，并且大多面向党员、团员、学生等预约团体，如中共三大会址纪念馆凭借着附近学校多的优势，活动比较多，但红色讲堂举办时间均为周二和周四的工作日，参观人群基本都是党团组织，普通群众很少；农讲所的红色文化讲堂的房间挂上了党员活动室的牌子，只有预约的团体才能入内，这样让红色文化与普通大众之间难免产生距离感，难以融入人民大众日常生活。

原因分析：红色文化不能脱离人民大众，这是一个红色文化“为了谁”

的问题。红色文化说到底是人民大众的文化，是为人民大众不是为少数人服务的。所以，红色文化应该以人民大众喜闻乐见的形式贴近老百姓的日常生活。

5. 红色文化宣讲传播专业人员队伍建设有待加强

红色文化讲堂聘请的专家大多是行政机关负责人、高校老师，讲一节课就离开了，缺少常驻专家。红色文化讲堂和专职讲解员面对的是预约团体和组织，普通游客能接触到的只有保安或者志愿者，在专业知识上有些欠缺，只能起到维护秩序的作用。

原因分析：这个问题要涉及体制编制方面的原因了。随着对红色文化需求的增长，现在大多数红色文化基地（景区）都面临编制不足、宣讲人员不够的窘况，需要政府加大人力、财力的投入。

6. 红色文化及其产业数字化建设迟缓

这是全国都普遍存在的难题，国家与地方部门在网络上影响力极不平衡，就算是广州这样的大城市也是如此。红色文化数字化最常见的形式是推出微信公众号，以农讲所、烈士陵园和中共三大会址纪念馆的官方微信公众号为例，普遍阅读量是几百到一千多，这一数据和自身的客流量不匹配。之所以以红色景点为例，是因为红色景点是广州红色文化最鲜明的标志，烈士陵园一年客流量数十万人次，与在网络上的流量形成巨大的反差。这些公众号或者官网主要发挥了新闻报道的功能，记述了发生了什么事情，只是给传统的宣传方式披上数字化外衣，对红色文化的网络宣传效果不强。

原因分析：红色文化及其产业数字化建设迟缓的原因应该是多方面的，网络基础设施是其硬件条件，高科技含量是其软件条件，数字化产品的形式内容缺乏受众吸引力是其制约条件。加快红色文化产业数字化建设关键还是在数字化产品的质量和吸引力上。

三　推动广州红色文化产业高质量发展的对策建议

通过上述对广州红色文化产业发展存在的问题及原因分析，我们提出以下推动广州红色文化产业高质量发展的对策建议。

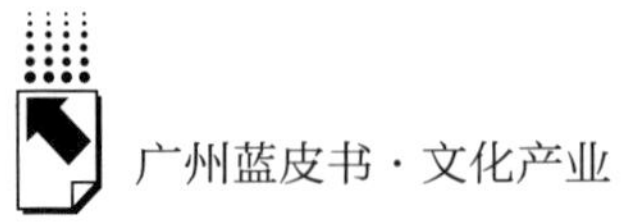

（一）举旗帜，为广州红色文化产业发展指明方向

红色文化是马克思主义中国化的重要成果和具有中国特色的先进文化，广州红色文化产业高质量发展必须坚持以马克思主义和习近平新时代中国特色社会主义思想为指导，全面贯彻落实习近平总书记对广东重要讲话和重要指示批示精神，坚持社会主义先进文化的前进方向，坚持红色文化为人民服务、为社会主义服务的方针，以践行社会主义核心价值观为根本，以把红色资源利用好、把红色传统发扬好、把红色基因传承好为出发点和落脚点，充分发挥广州历史文化名城红色资源优势，深入挖掘和凸显红色广州精神内涵，擦亮“近现代民主革命策源地、改革开放先行区”城市文化名片，推动实现城市文化综合实力出新出彩、市民思想道德素质提升、社会治理体系和治理能力现代化，增强广州在区域发展中文化中心的影响力，提高文化自信。

（二）加强广州红色文化产业高质量发展的顶层设计和规划引领

广州市发展和改革委员会在建设红色文化传承弘扬示范区的《规划》中，为广州市的红色文化传承弘扬和红色文化产业的发展做了规划铺路和引领设计，构建了全市“一核四廊”总体发展格局：以越秀区为核心，分别往东、南、西、北方向延伸打造四条红色文化发展轴，强化越秀区红色资源与其他区红色资源的链接以及自然资源、历史文化、现代元素的整合，支撑全市建设红色文化发展新高地。塑造越秀片区“一极两纵三横三片区”的开发格局：突出中共三大会址的极点带动作用，强化两条纵轴线（近代传统中轴线、古代传统中轴线）和三条横轴线（中山路轴线、东华东—文明路轴线、沿江路轴线）连接，重点打造红色文创旅游融合发展区、红色文化研学体育融合发展区、红色文化商贸旅游融合发展区三大片区。重点打造中共三大会址纪念馆等 10 个红色旅游经典景区和中国革命统一战线红色之旅等 6 条旅游精品线路，打响广州“红色之旅”品牌。大力发展六大“红色文化 +”产业，将红色文化与越秀区商贸、旅游、文化创意等优势产业结合，着力推动“红色文化 + 旅游”“红色文化 + 教育培训”“红色文化 + 创新创意”“红色文化 + 演艺”“红色文化 + 商贸”“红色文化 + 体育”等深度融合发展，打造红色文化产业链，实现社会效益与经济效益相统一。

（三）创建红色文化发展体制机制改革创新试验区

在红色文化整体规划保护、整体资源利用、整体策划宣传等方面积极探索、推陈出新、先行先试，重点推动红色史迹管理、红色旅游景区激励、鼓励引导社会资本参与等方面改革创新，深化红色文化体制机制改革，激发红色文化发展的内生动力，增强红色文化产业发展的生机和活力。如在红色史迹管理方面，探索革命物业回收管理办法，支持红色文化景区内历史建筑合理开发利用；在红色旅游景区激励方面，探索差别化用地政策，对投资大、发展前景好的红色旅游重点项目，优先安排、优先落实土地指标，加大对红色旅游企业的扶持力度，重点落实税费优惠和龙头企业、新业态企业贴息贷款、补贴等优惠政策；在鼓励引导社会资本参与方面，鼓励社会资本参与建设红色文化旅游街区、旅游集散中心、旅游问询中心等旅游公共服务设施。

（四）整合优势资源创造优秀的红色文化产品

创新红色文化载体（产品）的传播方式和呈现方式，探索红色文化产业健康可持续发展的新路径。依托广州丰富的资源条件优化整合，运用新媒体和现代传播技术，由市场主体、专家学者、科研院所、政府机构构成“产学研政”联动平台，提升红色文化的品牌效应，提高对外传播影响力。红色文化的传承弘扬必须借由红色经典来实现，而面向当代消费市场的红色经典必须不断革新，用当代方式来阐释表达和加工呈现。例如由珠影集团出品、珠影乐团演出的大型流行交响诗画《我爱你中国》就是很好的例子。《我爱你中国》是珠江电影制片厂于 1979 年拍摄的电影《海外赤子》中的插曲，抒发海外儿女眷恋母亲般的爱国主义情感。40 余年来，《我爱你中国》传唱至世界各地，歌曲的意义超出作品的本身，成为一种精神力量。

“百灵鸟从蓝天飞过，我爱你，中国……”这首家喻户晓的《我爱你，中国》如今有了新篇章，2019 年珠影乐团把《我爱你，中国》改编成大型流行交响诗画《我爱你中国》，献礼新中国成立 70 周年。流行交响诗画《我爱你中国》群英荟萃，内容丰富多彩、各具特色，演绎形式灵活多样、交相辉映，首演获得极大成功，引起了强烈的社会反响。

（五）进一步拓宽红色文化资源利用功能

要进一步转变思想观念，提升对红色文化的认识，红色文化不仅仅能为政治服务，还能推动广州文化产业发展和社会主义文化建设，政府要从宏观上科学部署，建立与社会主义市场经济相适应的生存模式，使得广州红色文化能够参与市场竞争，扩大红色文化在各个领域的影响力。

（六）红色文化大众化、生活化，让红色文化更接地气

红色文化资源与爱国主义教育、党建活动紧密结合，结合遗址历史事件发生的周年纪念和相关主题活动开展拜谒、展览、读书会、研讨会等活动，有条件的可以建设成市民公共文化活动场所和党建活动基地。提高规划和策划水平，选出部分具有标志性的红色文化史迹，打造成市民举办节庆、礼仪活动的纪念场所，可以举办开学礼、毕业礼、成人礼，甚至是婚礼、生日纪念、新年倒计时、文艺创作等活动。

（七）加强红色文化专业队伍的建设，优化基层人员结构

从现有情况来看，对红色文化资源的开发不足、产品形式单一、推广能力不足，政府要完善人才评价体系，重用擅长现代化传媒、经营管理等的复合型人才，加强红色文化专业人才的选拔、培养和奖励。在基层要增加专业人才在总人员中的比重，培育和激励红色史迹义务讲解员和义务宣传员。

（八）利用现代科技手段加快红色文化数字化建设

网络是当今社会影响力最广的媒介，要发挥网络强大的宣传功能，充分

发挥网络、新媒体平台作用，建立红色文化史迹和英雄人物事迹公众号，在史迹所在地或相关区域范围内设置二维码，便于民众联网了解相关历史内涵和举办活动的信息。同时，还需要引进现代化传媒人才，注重新媒体运营，推动红色文化在互联网这片新土壤扎根、发芽。红色文化需要立足于实物陈列、场景展示，但更需要借助 VR 等现代科技手段，让红色的历史是“可以穿越的历史”“可以透视的故事”。

参考文献

孙学文、王晓飞：《新时代红色文化的传承与发展》，《吉首大学学报》（社会科学版）2019 年第 A01 期。

高嘉遥：《如何提升城市红色文化影响力》，《人民论坛》2019 年第 15 期。

于天：《浅析我国红色文化产业发展策略》，《大舞台》2012 年第 8 期。

陈功焕、刘小珍：《中国红色文化产业竞争力评价体系研究》，《企业经济》2011 年第 9 期。

马静：《论红色文化社会治理功能及其实现机理》，《广西社会科学》2016 年第 8 期。

《广州市红色文化传承弘扬示范区（越秀片区）发展规划（2019—2025 年）》，广州市发展和改革委员会官网，http：//fgw. gz. gov. cn/fzgg/fzgh/content/post_ 5459631. html。

B.12

广州花都区革命文物保护利用和红色文化传承弘扬的建议

邹璇 李君民 吴术球*

摘 要： 习近平总书记多次就传承弘扬红色文化做出重要指示，反复强调要“把红色资源利用好，把红色传统发扬好，把红色基因传承好”。近年来，广州市花都区在保护革命文物和传承红色文化方面做了很多有益的探索和尝试，不断加强红色史迹的保护修缮、红色文化的挖掘阐释、红色资源的活化利用，红色文化发展取得了一定成效，但也存在革命文物保护效果不够明显、红色资源规划布局不够科学、红色遗产活化利用不够充分、红色文化内涵挖掘不够深入、红色基因传承弘扬不够全面、专业管理人员储备不充足等问题。建议加强红色革命遗址保护、提升红色文化展览展示水平、积极打造红色旅游知名品牌、广泛开展红色文化宣传推介、健全红色文化组织领导体系，使红色文化资源得到更好的保护利用，红色文化得到更好的继承发扬，让红色文化释放出强大的凝聚力和引领力，带动支持城市文化综合实力出新出彩。

关键词： 红色文化 革命遗址 红色旅游 文化产业

---

* 邹璇，中共广州市花都区委常委、宣传部部长，研究方向为红色文化；李君民，中共广州市花都区委宣传部常务副部长，研究方向为文化产业经济；吴术球，中共广州市花都区委宣传部理论科科长，研究方向为文化产业经济。

革命文物凝结着中国共产党的光荣历史，展现了近代以来中国人民英勇奋斗的壮丽篇章，是革命文化的物质载体，是激发爱国热情、振奋民族精神的深厚滋养，是中国共产党团结带领中国人民不忘初心、继续前进的力量源泉。红色文化是中国共产党领导全国人民在革命、建设和改革开放时期实现民族独立和国家富强过程中凝聚的、以中国化马克思主义为核心的红色遗存和红色精神。革命文物和红色文化是红色基因的重要载体，是中国共产党革命实践的历史浓缩和文化积淀，是中国共产党恪守党性、长期执政的遗传密码，也是中国共产党人不可战胜的精神内核。近年来，为深入学习并贯彻落实习近平总书记对广东重要讲话和重要指示精神，广州市花都区根据中办、国办印发的《关于实施革命文物保护利用工程（2018—2022 年）的意见》和《广东省红色革命遗址保护利用行动实施方案》等有关文件精神，扎实推进革命文物保护利用工作，大力继承和弘扬红色文化，革命文物保护状况持续改善，革命文物教育功能不断强化，充分发挥了红色文化服务大局、资政育人和推动发展的独特作用，有力推动了中国特色社会主义先进文化建设，促进了城市文化综合实力出新出彩。

一　花都革命文物和红色资源的现状分析

（一）花都革命文物和红色资源概况

广州是国家中心城市、广东省省会，是我国首批历史文化名城、岭南文化中心和对外文化交流门户，积累了厚重的中华优秀传统文化和中国共产党领导人民在革命、建设、改革中创造的革命文化、社会主义先进文化。广州市花都区（原花县）人民具有光荣的革命斗争传统，拥有丰富的革命文物和红色文化资源。花县是大革命时期农民运动萌芽最早的地区之一，早在中国共产党诞生之前，就成立了“九湖自治会”“九湖自卫农团”“花县共产农团”等进步组织，拉开了花县农民运动的序幕。花县还是中国共产党领导下开展农民运动的早期中心地之一，1924 年 10 月 19 日，在中共广东党、团组织的领导下，花县农民在九湖显承堂（现花东镇九湖村王氏大宗祠）成立了“花县农民协会”“花县农民自卫军”，掀起了声势浩大的革命斗争，沉重打击了封建势力。1925 年初，花县第一个党支部建立，成为当时国内早期成立的三个农村党支部之一。1927 年，广州起义失败后，起义部队撤至花县，整编为中国工农红军第四师（简称“红四师”），之后转战龙门，1928 年 1 月抵达海丰，与南昌起义军余部（红二师）以及海丰农军在红宫红场胜利会师。红四师是中国共产党领导的最早红军队伍之一，是中国最早使用红军番号的部队。与此同时，在土地革命时期、抗日战争时期及解放战争时期，花县党组织均组织人民群众进行了艰苦卓绝的斗争。

经过全面摸查，花都区现存革命先辈斗争遗址共有 23 处（见表 1），经专家组审核，有 10 处被列为红色革命遗址（见表 2），且分别被评定为广州市文物保护单位、花都区文物保护单位、广州市登记保护文物单位和花都区登记保护文物单位。

表 1　花都区现存革命斗争遗址

序号	名称	遗址类别	地址	管理单位
1	花县第一届农会旧址	国民革命时期革命遗址	花东镇九湖村王氏大宗祠	花东镇
2	红四师成立大会遗址	国民革命时期革命遗址	花山镇花城村十二队	花山镇
3	王彭楼旧址	国民革命时期革命遗址	花东镇三凤村	花东镇
4	花县革命烈士纪念碑	革命斗争纪念建筑	新华街体育路 11 号花都革命烈士陵园内	花都区民政局
5	花东革命烈士纪念碑	革命斗争纪念建筑	花东镇象山村象山岭	花东镇
6	九湖乡农民协会旧址	国民革命时期革命遗址	花东镇三凤村鱼笱庄迅峰书舍	花东镇
7	王福三烈士墓	国民革命时期革命遗址	花山镇布岗村沙帽岭山坡上	花山镇
8	中共连珠村支部旧址（连珠村任氏宗祠）	解放战争时期革命遗址	赤坭镇连珠村任氏宗祠	赤坭镇
9	元田村农民协会旧址	国民革命时期革命遗址	花山镇东方村（元田村）卢氏宗祠	花山镇
10	知行农民协会和知行农民学校旧址	国民革命时期革命遗址	花山镇东湖村王氏宗祠	花山镇

续表

序号	名称	遗址类别	地址	管理单位
11	中共花县第一个委员会旧址	国民革命时期革命遗址	新华街公益村	新华街
12	中共杨义山支部旧址	解放战争时期革命遗址	狮岭镇义山村钟氏宗祠	狮岭镇
13	华岭村西社炮楼	抗战遗址	炭步镇华岭村西社	炭步镇
14	抗日战争时期侯坚独立大队队址	抗战遗址	花东镇联安乡侯氏宗祠	花东镇
15	步云村村民抗日殉难纪念碑	抗战遗址	炭步镇步云村	炭步镇
16	花县乡村教育实验区基础学校旧址	抗战遗址	新华街清布村南阳庄张氏宗祠	新华街
17	花县乡村教育实验区青年学校旧址	抗战遗址	花山镇龙口村江氏宗祠	花山镇
18	象岗岭侵华日军驻地遗址	抗战遗址	炭步镇文二村象岗岭	炭步镇
19	蛇头山侵华日军驻地遗址	抗战遗址	花东镇(原花侨镇政府后面)蛇头山	花东镇
20	花县第一个中共支部成立遗址	国民革命时期革命遗址	花山镇花城圩十三队3号	花山镇
21	抗日将领宋士台铜像(宋士台纪念碑及墓)	抗战遗址	赤坭镇锦山村	赤坭镇
22	国民革命军157师抗战遗址	抗战遗址	花东镇狮前村	花东镇
23	国民革命军陆军第六十三师诸先烈墓及纪念碑	抗战遗址	狮岭镇联合村迳口经济社	狮岭镇

表2　花都区现存红色革命遗址

序号	名称	遗址类别	地址	管理单位
1	花县第一届农会旧址	国民革命时期革命遗址	花东镇九湖村王氏大宗祠	花东镇
2	红四师成立大会遗址	国民革命时期革命遗址	花山镇花城村十二队	花山镇
3	王彭楼旧址	国民革命时期革命遗址	花东镇三凤村	花东镇
4	花县革命烈士纪念碑	革命斗争纪念建筑	新华街体育路11号花都革命烈士陵园内	花都区民政局
5	花东革命烈士纪念碑	革命斗争纪念建筑	花东镇象山村象山岭	花东镇

续表

序号	名称	遗址类别	地址	管理单位
6	九湖乡农民协会旧址	国民革命时期革命遗址	花东镇三凤村鱼笱庄迅峰书舍	花东镇
7	王福三烈士墓	国民革命时期革命遗址	花山镇布岗村沙帽岭山坡上	花山镇
8	中共连珠村支部旧址（连珠村任氏宗祠）	解放战争时期革命遗址	赤坭镇连珠村任氏宗祠	赤坭镇
9	元田村农民协会旧址	国民革命时期革命遗址	花山镇东方村（元田村）卢氏宗祠	花山镇
10	知行农民协会和知行农民学校旧址	国民革命时期革命遗址	花山镇东湖村王氏宗祠	花山镇

（二）花都区保护革命文物和传承红色文化的举措

1. 全面摸清“家底”

成立花都区红色革命遗址核查小组，制定了《花都区摸查红色革命遗址工作方案》《花都区加强红色革命遗址保护利用工作计划》，组织专门力量、抽调人员，对全区范围内国民革命时期、解放战争时期党的重要机构旧址，重要事件、重大战役战斗遗址进行全面排查。经查，全区共有革命先辈斗争的遗址 23 处，并梳理出花县第一届农会旧址等红色革命遗址 10 处。

2. 加强规划管理

建立花都区红色革命遗址保护利用工作联席会议制度，定期召开联席会议，统筹做好全区革命遗址遗迹保护和开发利用总体规划。成立红色文化教育基地建设工作领导小组，制定并印发《关于加强花都区红色革命遗址保护利用工作的若干措施》《花都区红色史迹保护与利用三年行动计划（2018—2020）》，明确了红色革命遗址保护利用工作的具体行动和计划。

3. 推动活化利用

根据摸查情况，建立红色遗址“数据库”，深入掌握每处遗址的保存状况、保护需求、基础设施等情况数据，并按照“一址一策”思路，制定保护利用工作方案，明确任务清单、行动计划，安排专项经费，分批分步骤实施抢救修复、重点修葺、整理开发。目前在重点推进花县第一届农民协会和知行农民学校旧址、中国工农红军第四师成立大会遗址、王彭楼旧址的保护开发和利用工作。特别是花县第一届农民协会旧址的保护利用，2019 年已投入近 300 万元进行改造和布展，筹建花县农民运动陈列馆，并将其打造成为花都区第一个红色文化教育基地和红色文化讲堂，预计 2020 年春节后建成并对外开放。

4. 构建教育平台

深入挖掘革命遗址内涵，完善展览陈列内容，打造花县第一届农会旧址、王彭楼旧址、红四师成立大会遗址等主题突出、内涵丰富的精品遗址。加强红色旅游开发推介，整合旅游资源连片开发，拟建设“红色村庄”“红色小镇”，打造集革命传统体验、红色精神传承、绿色休闲观光等功能于一体的红色主题旅游线路。建设党性教育“实境课堂”和“红色熔炉”教学基地，将参观红色革命遗址纳入党校培训教育计划，定期组织党员干部瞻仰参观。实施“红色教育进校园活动”，编印花都红色革命遗址普及读物，挂牌成立红军小学，开展青少年学生红色研学之旅活动，不断将红色革命遗址点作为学生社会实践的重要阵地。

二　花都革命文物保护利用与红色文化传承弘扬存在的问题

花都区在保护革命文物和传承红色文化方面做了很多有益的探索和尝试，但由于内外因素的影响，与先进地区相比，尤其是与时代要求和发展任务相比，花都区在革命文物的保护与研究、红色遗产的开发与利用、红色文化精神的传承与弘扬上，还存在较大的差距，面临较大的挑战。

（一）革命文物保护效果不够明显

从摸查的情况来看，对革命文物保护还不太重视，虽然安排专人负责管理，但保护状况参差不齐。相对而言，花县革命烈士纪念碑、花东革命烈士纪念碑、花县第一届农会旧址保护较好，整体结构完整，环境清洁干净。而九湖乡农民协会旧址、王福三烈士墓及中共连珠村支部旧址（连珠村任氏宗祠）的保护不太理想，主要表现在内部年久失修、剥损严重，地面红方砖有裂纹，祠内墙体有些地方抹了水泥或重画了砖线，有的地方字迹严重退化。还有位于花山镇东湖村王氏宗祠的知行农民协会和知行农民学校旧址、花山镇花城村的红四师成立大会旧址因历史原因保护较差，祠内瓦面渗漏，梁架有裂纹，壁画被石灰水覆盖，地面潮湿，部分地方杂草丛生。产生上述问题的主要原因是红色革命史迹绝大部分位于居民区或城中村，部分史迹为单体居民楼，空间狭小，在改扩建、周边环境整治中受到建设用地紧张、用地性质等因素制约，加之经费紧张，私有产权物业回收和置换面临成本高企等问题。

（二）红色资源规划布局不够科学

对红色文化资源挖掘不够，在内容、形式、业态方面创新不足，偏重红色革命史迹“点”的保护，忽视了“线”和“面”的规划，缺少主题性的深度挖掘和系统性的谋篇布局，未能将红色史迹与区内优势资源结合起来，特别是推动文商旅体融合发展的统筹性策划、创新性思考不足。红色文化传承弘扬工作职能涉及多个部门，红色文化保护传承机制尚未健全，相关法规制度尚不完善。红色文化传承技术手段亟须升级，红色史迹、博物馆、纪念馆等展览展示方式较陈旧、单一，现代科技运用不足，沉浸式、参与性、互动式展览缺失。红色文化资源保护开发利用主要依赖政府投入，社会力量、民间资本参与度不高。

（三）红色遗产活化利用不够充分

有的管理部门对红色文化遗址遗迹活化利用的意识缺位，个别红色遗址遗迹由于疏于管理遭到不同程度的毁坏或损害。有些红色遗址遗迹长期被闲置，如两处革命烈士纪念碑仅作为在校师生、市民群众参观瞻仰之用，并没有结合现有场地做更多的红色基因传承工作；有的红色史迹产权复杂多样，非国有文物史迹未能得到有效保护和开发利用，有的作为老年人活动室，有的用于农村族人喜庆宴席和祭祖；有的红色资源挖掘和整合不够有力，红色旅游起步迟，未能与人文历史、自然风光、观光农业等其他资源更好地融合，红色文化资源对经济发展、城市综合文化建设未能发挥明显推动作用。

（四）红色文化内涵挖掘不够深入

花都拥有丰厚的红色文化资源，但是具有全市、全省性影响力的红色文化品牌不够，红色名片未能擦亮，究其原因，主要是红色资源开发利用不足，深层的内涵挖掘和提炼不够，红色文化素材尚未系统整理，红色故事的阐释还存在视角单一、层次不明的问题，缺乏饱含历史厚度、思想深度、兼具故事性、情感张力、能够触动人心、引发共鸣的内容。有的场馆展陈特色不突出，缺乏现代活力和吸引力；有的信息化管理程度不高，智慧管理服务平台建设滞后，对外开放管理方式粗放，红色教育功能发挥不明显。比如对最有影响力的花县农民运动和中国工农红军第四师改编等红色素材的挖掘不够，储存不足，未能充分展现其历史内涵和当代价值。

（五）红色基因传承弘扬不够全面

红色文化的宣传、红色基因的传承未能充分适应新媒体发展的形势，传播手法比较陈旧，主要沿用红色景点的旅游观光和纪念场馆的静态陈列，未能充分考虑到各类媒体的差异，不同受众的差异，未能因时因地制宜，灵活采用影像、视频、音频、动漫等各种形态的宣传方式，妥善处理传播者和受众之间关系，导致宣传活动既缺乏个性和创意，又缺乏参与和互动，与受众的需求和丰富多彩的现实生活发生脱节，加之内容单调雷同，讲述方式手法呆板，不仅无法充分引起受众的关注和兴趣，反而使人产生疏离感，甚至出现厌烦心理，导致花都红色文化资源知名度不高，影响力不大。

（六）专业管理人员培养和储备不充足

红色文化专业人才队伍的培养和储备，与新时代红色文化传承弘扬和融合发展的要求相比还存在较大差距，主要表现在既有扎实理论基础又有丰富实践经验的人才存量不足，专业人才队伍建设已经成为红色文化传承弘扬亟待攻克的重大课题。特别是红色文化资源基层管理负责人专业水平明显不足，对相关业务不熟悉，对辖区内红色文化资源的情况掌握不准确，对红色文化资源的规模现状了解不清楚，同时缺乏一支红色文化志愿服务队伍。

三　加强革命文物保护利用和红色文化传承弘扬的建议

习近平总书记多次就传承弘扬红色文化做出重要指示，反复强调要“把红色资源利用好，把红色传统发扬好，把红色基因传承好”。近年来，国家和省市高度重视发展红色文化，陆续出台了红色文物保护利用、红色旅游发展等系列政策举措，为革命文物的保护利用和红色文化的传承弘扬提供了根本遵循，指明了努力方向。就如何使红色文化资源得到更好的保护、如何使红色文化得到继承发扬，本文提出以下几点建议。

（一）加强红色革命遗址保护

1. 深入挖掘红色革命遗址文物资源

依托文物普查成果，全面排查花都辖区内红色史迹、实物、文献、资料和文艺作品等资源，掌握其保存状况、保护需求、项目组织、基础设施和管理使用情况，提出保护发展的要求。完善红色资源分级分类登记备案制度，实现记录档案的电子化管理，并及时纳入全市“多规合一”信息平台，推进资源信息开放共享。加强革命文物、文献档案、口述资料的征集与保护，完善历史建筑、烈士纪念设施和其他红色革命遗址的档案资料，推动革命文物资源的有效传承。深入挖掘红色革命遗址相关的历史、文化和故事，提炼红色文化精神，拓展红色文化内涵。

2. 科学规划红色革命遗址发展布局

坚持规划先行，对全区红色革命遗址进行统一规划管理、保护和利用，构建全覆盖的红色革命遗址保护体系。按照文物保护要求，编制《花都区近现代革命遗址保护规划》，将具有较大政治影响和历史价值的红色革命遗址，列入规划文本专章，提出保护利用的规划要求。重点推动花县第一届农会旧址、红四师成立大会遗址、花县革命烈士纪念碑、王彭楼旧址、花东革命烈士纪念碑、九湖乡农民协会旧址、元田村农民协会旧址、知行农民协会和知行农民学校旧址、红四师成立大会遗址、王福三烈士墓、中共连珠村支部旧址（连珠村任氏宗祠）等文物保护规划的立项、编制和审核工作。

3. 统筹推进红色革命遗址保护修缮

开展红色革命遗址保护巡查，对全区主要的爱国主义教育基地、文物保护单位、烈士纪念设施等进行全面复核。结合红色革命遗址的保存现状和价值评估结果，分别纳入不可移动文物、历史建筑、传统风貌建筑、烈士纪念设施及其他红色革命遗址等实施分类保护。积极实施红色革命遗址保护与利用三年行动计划，按照“抢救一批、保护一批、提升一批”的工作思路，对具有重大影响的红色革命遗址进行重点保护。特别是重点保障花县第一届农会旧址、红四师成立大会遗址、九湖乡农民协会旧址、王彭楼旧址等社会关注度高、影响力大的红色革命遗址的保护修缮，不断改善红色革命遗址生存状态。

4. 整体提升红色革命遗址周边环境

做好红色史迹与周边区域的整体规划开发，因地制宜进行有主题的氛围布置，凸显红色文化特质。对与红色革命遗址环境氛围不协调的经营活动和娱乐设施进行清理整顿或主题整改，确保红色革命遗址的历史真实性、风貌完整性、文化延续性和传播广泛性。从严控制红色革命遗址周边新建、改扩建工程项目，加大周边违法建设查处力度，逐步恢复红色革命遗址周边固有的历史环境风貌。重点推进花县第一届农会旧址、王彭楼旧址、红四师成立大会遗址、九湖乡农民协会旧址、元田村农民协会旧址、知行农民协会和知行农民学校旧址、连珠村任氏宗祠周边环境整治问题，逐步完善交通、服务等配套设施。

（二）提升红色文化展览展示水平

1. 优化完善红色革命遗址展览

坚持红色革命遗址保护与爱国主义教育基地建设相结合、与纪念场馆建设相结合、与公共文化服务设施建设相结合，大力实施红色革命遗址精品战略，统筹推进红色革命遗址纪念馆、陈列馆建设，扩大红色革命遗址开放参观范围。充分利用虚拟现实（VR）、增强现实（AR）、可穿戴设备、智能机器人、3D影像等现代信息技术，打造沉浸式、互动式展览，以此优化红色资源保存方式，提升红色文化展陈形式，增强革命文物陈列展览的感染力和生动性、参与性。重点推进花县农民运动陈列馆、中国工农红军第四师史迹陈列馆的建设，进一步丰富展示内容，延伸红色文化内涵，增强红色文化的吸引力和教育效果。

2. 积极打造红色教育基地

发挥红色革命遗址资源弘扬社会主义核心价值观作用，选取花县第一届农民协会旧址、中国工农红军第四师成立大会遗址等重要红色革命遗址申报为区级以上爱国主义教育基地。结合“不忘初心、牢记使命”主题教育，依托花县第一届农会旧址、花县革命烈士纪念碑、中国工农红军第四师成立大会遗址等，开办新时代红色文化讲堂，把革命遗址打造成为各级党校党性教学课堂、青团员教育培训基地，成为宣传习近平新时代中国特色社会主义思想的重要载体。实施“红色教育进校园活动”，建立中小学生定期参观红色革命遗址的制度，将红色革命遗址点作为学生校外活动、社会实践的重要阵地，作为思想道德教育的重要内容。编印花都红色革命遗址普及读物，纳入中小学生课外读物清单。

3. 建立红色革命遗址线上展馆

坚持有址可寻、有物可看、有史可讲、有故事可说的思路，依托数字技术打造红色文化网上传承弘扬工程，推进“互联网+”革命文物展示展览，运用多媒体等信息技术对红色文物进行全景式、立体式、延伸式宣传展示，着力策划打造一批主题突出、内涵丰富、形式新颖的网上红色文物陈列精品展览。围绕基本陈列、革命文物、重要纪念物等打造红色文化微视频，举办网上展映展播活动，开通在线直播、点播功能，实现红色革命遗迹线上参观、远程瞻仰。

（三）积极打造红色旅游知名品牌

1. 打造红色精品旅游线路

以学习革命传统为目的，以旅游为手段，引导旅游者在观光赏景中了解革命历史，学习革命斗争精神，弘扬红色文化，传承红色基因。围绕重大历史事件、革命先辈足迹，依托红色革命遗址，策划打造集革命传统体验、红色精神传承、绿色休闲观光等功能于一体的红色主题旅游线路。建立青少年红色研学基地，实施红色文化体验项目，开展红色研学之旅。重点培育“两碑两址”（即花县革命烈士纪念碑、花东革命烈士纪念碑、花县第一届农会旧址、红四师成立大会遗址）红色旅游线路。结合旅游和绿道规划，完善红色文化旅游步径，对革命历史背景丰富的遗址沿线道路进行红色主题包装，打造“红”“绿”相间的风景线，实现“颜值”与“灵魂”交相辉映。统一制作红色革命遗址标志牌，对经评估认定的红色革命遗址进行挂牌标示，亮明身份。完善对外开放的重要红色革命遗址的交通指示标志。

2. 建设红色经典旅游景区

结合乡村振兴战略和特色小镇建设，鼓励文创企业、旅游企业进行红色旅游资源开发。擦亮红色文化景区品牌，实施红色景区 A 级创建工程，完善红色旅游景点周边交通条件和停车场、洗手间等旅游景区配套设施，实现景区智能导游、电子讲解、在线预订、信息推送等功能全覆盖。将红色旅游线路、红色旅游景点及周边地区的文化、自然景观纳入花都旅游总体宣传框架进行宣传推介。大力发展文商旅融合经济，结合重大历史事件和重要历史人物纪念、重要节庆活动，提升红色文化旅游内涵。支持对红色文化景区周边公有物业资源进行产业化运营，优化规划立项、建设施工、消防、安全生产等审批手续。建立红色旅游景区服务标准，以及讲解员和导游上岗标准与工作规范，设立重点旅游景区多语种旅游标识，设置智慧旅游导览系统。

3. 探索红色文化产业发展

发挥红色文化的引领作用，助推经济发展、城市建设，全面提升红色文化资源的经济社会效益。调动红色文物管理使用单位用活红色文物资源的积极性，深入挖掘革命文物的价值内涵和文化元素，利用文化遗产日等时间节点举办以红色革命遗址为主题的活动周、文化展等活动。完善红色文化产业发展支撑体系，促进红色革命遗址与创意产业、动漫产业等融合发展，开发一批具有红色元素的游戏、动漫及衍生文创产品，形成一批具有示范性、带动性和影响力的融合型红色文化产品和服务品牌。支持开发面向学生群体的红色教育培训市场，鼓励社会培训机构策划推出一批具有代表性的红色夏令营、冬令营等产品，利用节假日开展红色体验教育和研学旅游活动。

（四）广泛开展红色文化宣传推介

1. 实施立体化营销宣传

坚持互联网思维，不断探索传播红色文化的新途径新方法。加强与中央、省级媒体合作，整合电视、电台、报刊和网络等各类传媒，利用社交网络、视频网站等新媒体，搭建红色文化宣传推广平台，开辟红色文化宣传栏目，通过生活化和网络化的语言，以更贴近生活、更易引起共鸣的方式，推动红色革命遗址和中国共产党早期在花县开展革命活动的宣传，提高红色革命遗址知名度和影响力。汇总全区重点红色革命遗址，编印宣传手册，图文并茂、生动形象地介绍红色革命遗址的陈列内容和精神内涵。制作一批以花都红色革命遗址为背景的公益广告、短视频在车站、机场、地铁、公交车等公共场所展示展播，形成人人了解和保护红色革命遗址的氛围。

2. 深化红色文化研究阐释

加强对红色文化蕴含信仰理念、革命传统、人文精神和道德力量的深入研究和阐释，系统收集整理和挖掘红色革命遗址、党史人物事迹，撰写一批党史研究文章，选取 3 ~ 5 个专项课题作为重点专项课题研究项目，促进研究成果多元化、多样化，既体现科学性、学术性，也体现趣味性、可传播性。建立优秀红色理论研究成果表彰和奖励制度，鼓励专家学者、民间团体共同参与红色文化研究阐释，推动形成一批在省市乃至全国有影响力的理论研究成果。组织策划红色文化学术交流会，推动红色文化研究和交流，邀请党史文博专家深入驻区高校、中小学校、大型企业等做党史宣讲报告，扩大红色文化传播的范围。

3. 推动红色艺术精品创作

安排专项经费扶持红色精品创作，鼓励和引导各类文艺创作和演出团体深入红色文化史迹体验和采风，创作一批影视、戏剧、舞蹈、歌曲等讴歌党、讴歌祖国、讴歌人民、讴歌英雄的红色文艺作品。组织拍摄革命文物故事微视频、革命旧址短片，组织红色故事大赛、红色歌曲大赛和红色微记录、微动漫作品征集活动，以喜闻乐见的形式开展红色文化展演，切实讲好红色故事，传播红色文化。组织策划红歌会、红色讲古，以及红色主题征文、美术、书法、摄影展览等多种形式的红色文艺活动，延伸红色教育的内容。

（五）健全红色文化组织领导体系

1. 加强组织领导

加强革命文物保护利用和红色文化传承弘扬是全面落实习近平新时代中国特色社会主义思想的生动实践，是广州实现老城市新活力和“四个出新出彩”的重要举措，有利于进一步引导党员干部不忘初心、牢记使命，让广大人民群众特别是青少年在感受感知感悟党史和新中国史中树立正确的人生观、世界观、价值观，营造全社会凝心聚力、奋发有为的良好氛围和环境。为此，要进一步建立健全红色文化资源保护利用工作联席会议制度，定期召开联席会议，研究保护利用工作中遇到的问题，提出解决方案，落实工作责任，加强部门联系，争取省市支持，形成各有关部门各司其职、齐抓共管、资源共享、协同推进的工作合力。

2. 落实经费保障

在积极向国家和省市申请经费支持的同时，把红色文化资源项目经费纳入本级财政预算，相关职能部门对红色文化资源在项目立项、规划编制、陈列提升等方面给予业务指导，在经费保障方面给予优先支持。会同有关部门对开展革命传统活动较多、社会效益明显的爱国主义教育基地、国防教育基地、党史教育基地等给予适当的经费补贴，或者采取其他方式予以支持和奖励。完善文化企业和金融机构融资对接服务，提高直接融资比重。拓宽投资渠道，探索在不改变所有权和其他属性的前提下，以接受捐赠、资助的形式，鼓励引导公益基金、慈善基金等社会资金参与红色革命遗产保护，充分发挥公众的积极性、主动性和创造性，构建多元化投入红色革命遗址保护工作的格局，形成群策群力、共建共享的生动局面。

3. 强化队伍建设

加强红色文化资源管理单位人才队伍建设，加大对现有业务人员培训力度，定期组织专业技能学习培训，提升红色文化资源管理机构专业人员综合素质，提高红色文化资源管理机构管理水平。创新人才培养和吸收渠道，制定出台切实可行的激励扶持机制，建立以党史研究者为引领，包括专家学者、红色场馆专业讲解员、导游，以及历史见证人或其后代、革命烈士家属等在内的红色文化宣讲队伍，提升红色文化宣讲的标准化、专业化、精细化水平。聘请社会知名人士担任志愿讲解员，发挥名人效应，提升红色革命遗址的影响力，形成全社会保护红色革命遗址、宣传红色文化的新格局。

B.13

新形势下广州电影产业发展对策

郭贵民　张杰锋　陈　荣*

摘　要： 广州电影产业发展较快，电影基础设施日渐完善，电影精品不断涌现。与国内主要城市相比，电影票房收入、电影硬件条件在全国排名前列，特别是按常住人口计算，有的指标可以进入全国前三。院线和影院表现更为不俗，在全国主要城市中都进入前三，大地院线排名全国第二。如此发达的电影产业，被新冠疫情的来临打断，电影产业受到严重影响并出现了连锁反应。在此形势下，为促进电影产业健康发展，政府需要尽快出台电影产业复工开放的政策措施，加大对电影产业扶持力度，营造有利于电影产业发展的营商环境。

关键词： 电影产业　新冠肺炎疫情　电影基础设施

电影产业是文化产业重要的组成部分，在文化软实力中起着举足轻重的作用，许多国家以及城市为充分发挥电影产业促进文化消费、提升文化素养、满足人民日益增长的对美好生活需求的功能，而对其大力扶持。现阶段，因新冠肺炎疫情受到巨大冲击的电影产业，需要更大更及时的扶持。

---

* 郭贵民，广州市社会科学院产业经济与企业管理研究所副研究员，研究方向为产业政策。张杰锋、陈荣，广州市社会科学院广州文化产业研究中心助理研究员，研究方向为文化产业经济、城市经济。

一 广州电影产业发展现状

（一）电影产业快速发展

近年来，广州市的电影产业实现了较快的发展，在电影制作、电影发行、电影放映等方面均呈现了良好的发展态势。2018 年全年摄制完成故事片 1 部，全年发行各种新影片 555 部[①]。

广州电影票房收入增长迅猛。全市电影票房收入从 2012 年的 81400 万元增长到 2018 年的 209211.07 万元，增长了 157%，年均增长率达到 17%。

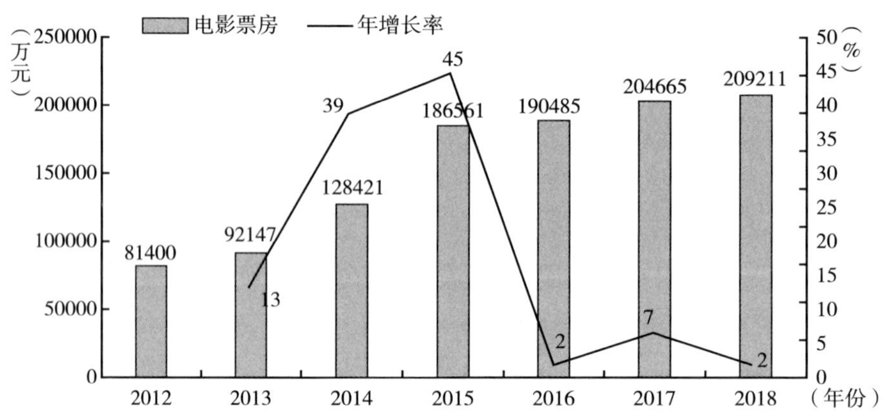

图 1　2012～2018 年电影票房收入及年增长率

资料来源：《广州市文化及相关产业统计概览（2016）》《中国影视产业发展报告（2017）》。《2017 中国电影市场年报（综合篇）》，https：//www.sohu.com/a/220494753_718004。《2018 中国电影市场年报（综合篇）》，https：//www.sohu.com/a/290590794_505774。

电影发行方面，2018 年广州市发行各种新影片达到 555 部，2017 年增幅较大，达到 715 部，比 2016 年增长了 44.4%（见图 2）。

---

① 资料来源：《广州统计年鉴 2019》。

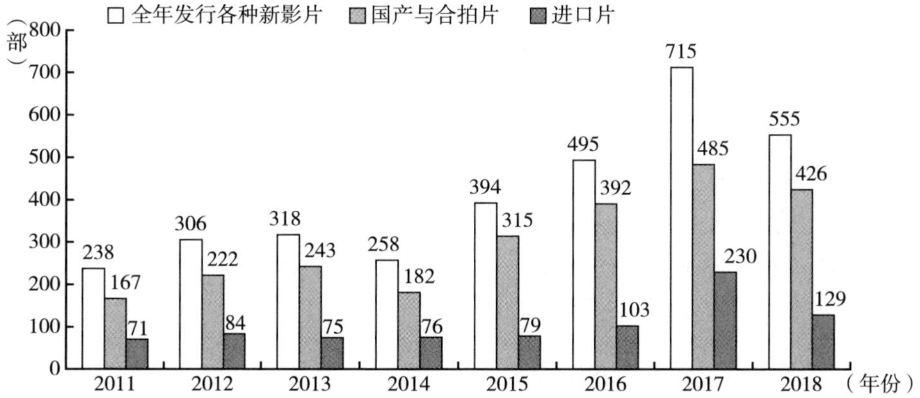

图2　2011～2018年广州市全年发行影片情况

资料来源：《广州市文化及相关产业统计概览（2016）》《广州统计年鉴2018》《广州统计年鉴2019》。

（二）电影院线发展迅猛，基础设施日趋完善

近年来，广州电影院线发展迅猛，实力不断壮大。《2018中国电影市场年报（综合篇）》显示，2018年，广州市有影院209家，比2017年（172家）增加了37家，增长迅速，增长了21.5%。银幕数2017年有1089块，到2018年有1425块，增加了336块，增长了30.9%。2018年有座位199377个，服务费14652.28万元，上座率达到15.47%，平均票价为37.3元。2018年，全国观影人次排名前十的院线中，有2家来自广州，即大地院线、金逸珠江院线，分列第二名和第七名。其中，大地院线2018年实现票房收入558188.99万元，市场份额9.87%，影院数1050个；金逸珠江院线2018年实现票房收入277165.21万元，市场份额4.90%，影院数387个。

（三）电影精品不断涌现，在全国有一定影响

近年来，广州市的电影创作数量和质量均呈现上升的趋势。珠江影业传媒股份有限公司参与制作的《熊出没之雪岭熊风》豆瓣评分达到7.6，票房收入达2.95亿元；珠江电影集团有限公司参与制作的《不可思异》票房达

1.11 亿元。主旋律电影《黑瞳》在广东的票房收入接近 1000 万元，并获得 2015 年度广东省广播影视奖（优秀电影）一等奖。纪录片《我们的青春》《秋月的童画》等作品在国家新闻出版广电总局 2016 年度国产纪录片及创作人才扶持项目评审中获奖。

动画电影方面，国家新闻出版广电总局发展研究中心公布的 2014 年中国动漫授权业十大中国品牌榜单中，广州市共有喜羊羊与灰太狼、猪猪侠、巴啦啦小魔仙、快乐酷宝等四大品牌入选，是全国入选该榜单品牌最多的城市；2015 年腾讯集团开展的首届中国动画品牌十强调查中，广州市动画品牌占五个；动画企业前 25 强中广州市有 8 家企业入选（北京 5 个，深圳 4 个，上海 3 个），数量位居全国城市之首。近年来，广州动画电影制作水平不断提升，精品迭出。2016 年，电影《白雪公主之神秘爸爸》《神兽金刚之青龙再现》均获得第 13 届中国动漫金龙奖“最佳长片动画奖”；电影《美人鱼之海盗来袭》获得 2015 年度广东省广播影视奖（优秀电影）一等奖。

儿童电影方面，广州儿童电影创作水平有了较大提高。作品《我的影子在奔跑》获得第 29 届中国电影金鸡奖最佳儿童片奖和第 15 届中国电影华表奖优秀少儿影片奖。作品《旗》获得第 30 届中国电影金鸡奖最佳儿童片提名、最佳导演提名（谢悠）、最佳音乐提名（刘思军）。

微电影方面，广州也涌现了不少微电影创作精品。新锐导演卫立洲近年来拍摄了《1986》《厨师的为难》《苦咖啡站》等多部优质的微电影作品。吴亚春导演的作品《1808 号幸福之屌丝的逆袭》获得首届南方微电影大赛多项提名，并摘得金凤奖最佳男主角奖。张全欣导演的作品《痒婚之十年再爱你》荣获 2013 年北京国际微电影节“光年奖”的优秀作品奖和最佳导演奖。微电影《修复》入选 2016 年国家社会主义核心价值观主题微电影优秀作品。

网络大电影方面，2016 年，由广州籍导演彭成彪执导的青少年励志题材电影《走出深林》获第三届美国旧金山国际新概念电影节卓越电影奖。在第七届“羊城印象”广州国际微电影（网络电影）大赛中，作品《走出深林》还获得广州故事金奖，作品《炫武》获得最佳长电影奖。

粤语电影方面，广州的粤语电影也取得了一定的突破。粤语电影《呼吸正常》

入围第64届西班牙圣塞巴斯蒂安国际电影节，角逐“新导演”竞赛单元。粤剧电影《传奇状元伦文叙》尝试在影院售票点映57场，其中51场的上座率超过50%（满座33场），是近年来广东省第一部能在大城市影院卖座的戏曲片。

近年来，广州制片企业在电影投资方面也较为活跃。广州制片企业参与投资的外省（区、市）电影包括《捉妖记》《夏洛特烦恼》等非常有影响力的电影项目。

二　广州与国内主要城市比较

（一）广州市电影产业综合指数排名第四

根据2019年《中国电影市场》资料，在中国副省级以上城市中，广州市电影环境指数、规模指数和综合指数都排第4名，电影效益指数排第5名，北上广深GDP一线城市也是电影一线城市（见表1）。

表1　中国副省级以上城市电影产业指数排行TOP 10

城市	环境指数	规模指数	效益指数	综合指数
深圳	1	3	1	1
北京	2	2	2	2
上海	3	1	3	3
广州	4	4	5	4
成都	11	6	8	5
武汉	8	8	6	6
杭州	6	7	11	7
南京	9	10	7	8
重庆	15	5	19	9
天津	5	11	13	10

资料来源：刘正山：《中国城市电影产业指数（2018）及其分析》，《中国电影市场》2019年第9期。

（二）广州市票房收入进入全国主要城市前四

2018年，广州市的电影票房收入居中国各大城市第四位，仅次于上海市、北京市和深圳市。2018 年广州市票房收入为 209211.07 万元，与排第三名的深圳相差不大，但与排第一、第二位的上海、北京相差较大，分别差了 131950.88 万元和 121563.88 万元（见图 3）。按常住人口计算，4 个一线城市 2018 年平均每人电影消费都在 140 元以上，广州与上海比较接近，非一线城市杭州与上海和广州差不多，广州与北京、深圳差距较大。说明广州常住人口电影消费能力和消费意愿在 4 个一线城市中排名也靠后，但与天津、重庆等相比有较大优势（见图 4）。

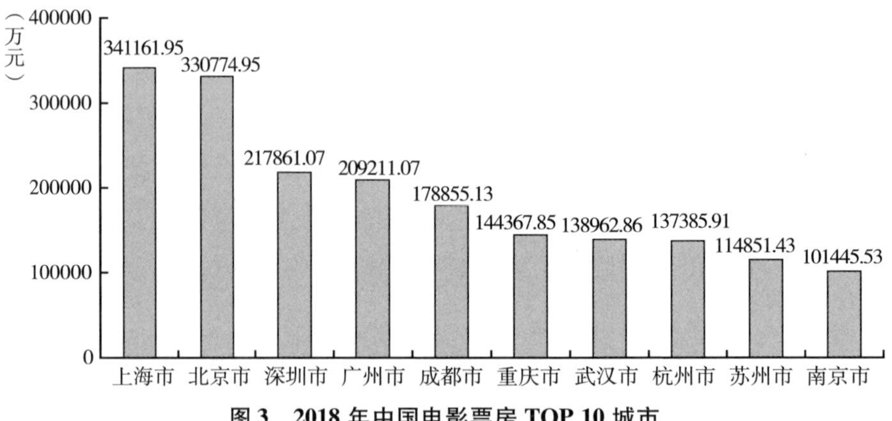

图 3　2018 年中国电影票房 TOP 10 城市

资料来源：《2018 中国电影市场年报（综合篇）》，https：//www. sohu. com/a/290590794_ 505774。

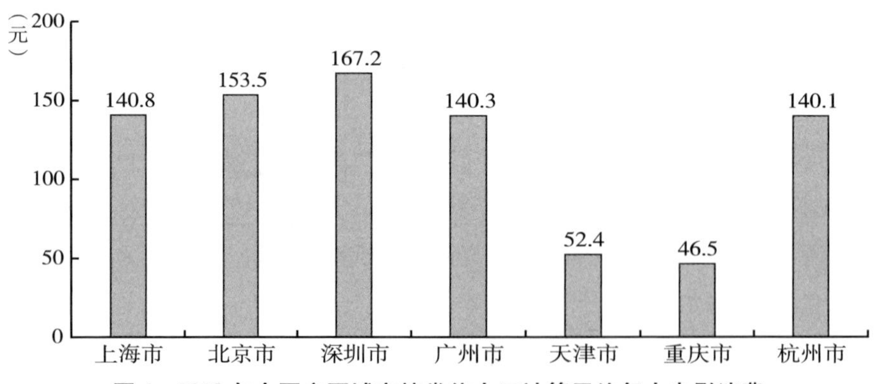

图 4　2018 年全国主要城市按常住人口计算平均每人电影消费

资料来源：各城市 2018 年国民经济和社会发展统计公报。《2018 中国电影市场年报（综合篇）》，https：//www. sohu. com/a/290590794_ 505774。

（三）广州市电影产业硬件环境相对较好

1. 影院数在全国排前列

2018 年广州市有影院 209 个，影院总数在全国主要城市中也是排第五，与上海 347 个、深圳 280 个差距较大，与北京 231 个、重庆 241 个也有差距（见图 5）。从主要城市常住人口每万人拥有影院数来看，广州常住人口每万人拥有影院 0. 14 个，落后于深圳 0. 21 个和杭州 0. 18 个，与上海 0. 14 个持平，高于北京的 0. 11 个（见图 6）。

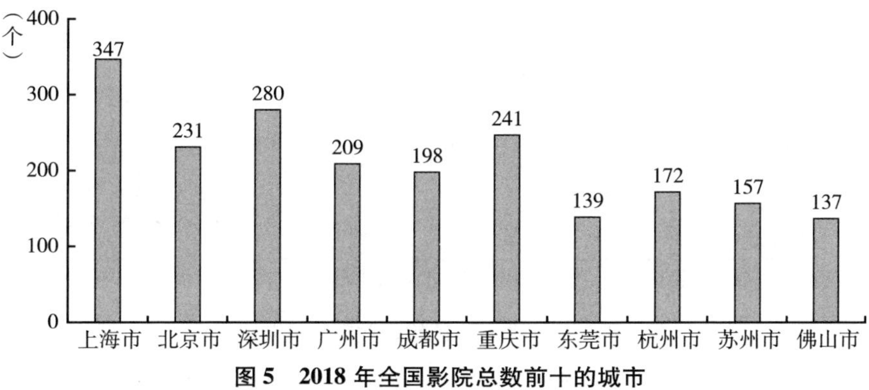

图 5　2018 年全国影院总数前十的城市

资料来源：《2018 中国电影市场年报（综合篇）》，https：//www. sohu. com/a/290590794_ 505774。

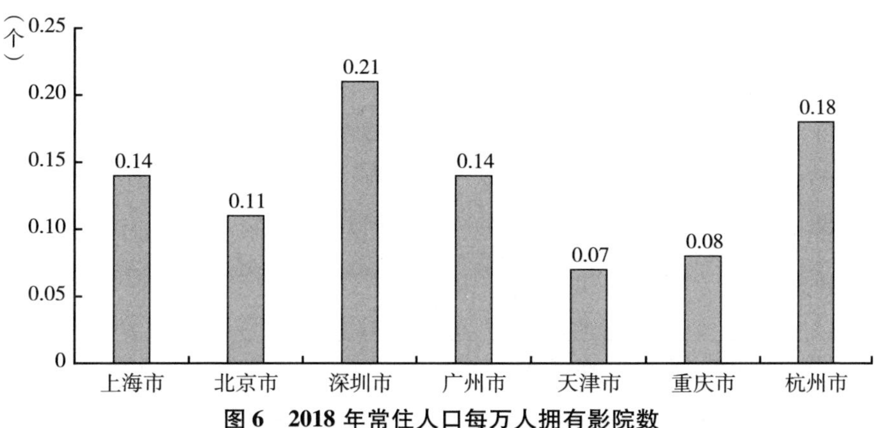

图 6　2018 年常住人口每万人拥有影院数

资料来源：各城市 2018 年国民经济和社会发展统计公报。《2018 中国电影市场年报（综合篇）》，https：//www. sohu. com/a/290590794_ 505774。

2. 人均银幕数和人均座位数比较靠前

2018 年广州市银幕数为 1425 块，在全国银幕数前十城市中仅排第六位，与上海 2144 块、深圳 1759 块、重庆 1749 块、北京 1644 块相差较大，稍少于成都的 1457 块（见图 7）。2018 年广州市常住人口每万人拥有银幕为 0.96 块，低于深圳的 1.35 块和杭州的 1.38 块，排第三位，高于上海的 0.88 块、北京的 0.76 块，大大高于天津的 0.46 块、重庆的 0.56 块（见图 8）。

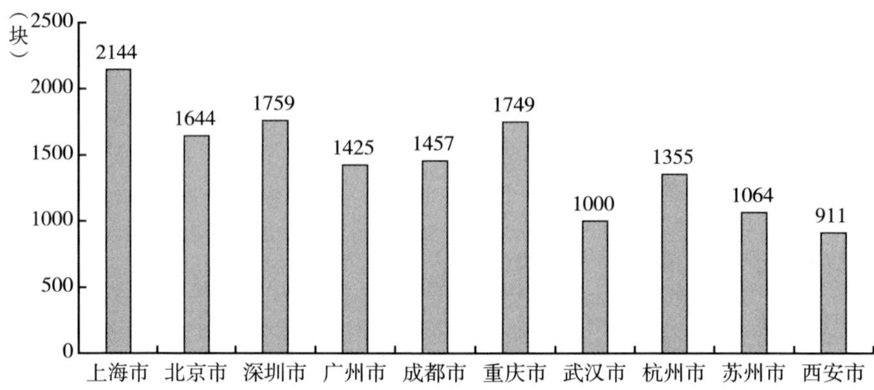

图 7　2018 年全国银幕数前十城市

资料来源：《2018 中国电影市场年报（综合篇）》，https：//www. sohu. com/a/290590794_ 505774。

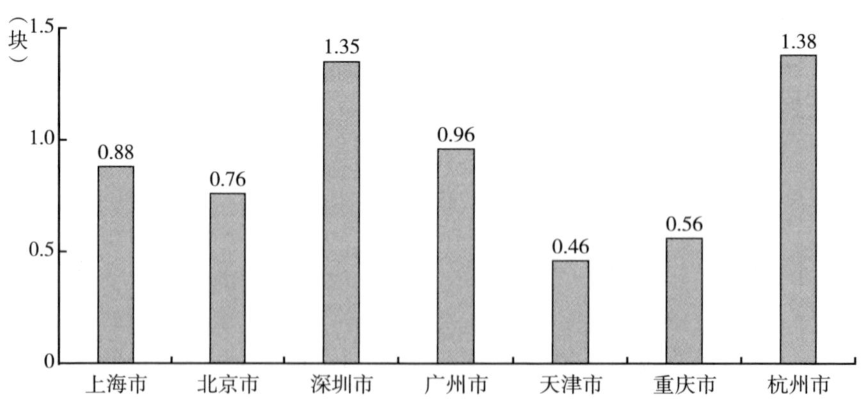

图 8　2018 年主要城市常住人口每万人拥有银幕数

资料来源：各城市 2018 年国民经济和社会发展统计公报。《2018 中国电影市场年报（综合篇）》，https：//www. sohu. com/a/290590794_ 505774。

2018 年广州市电影院座位数为 199377 个，与上海市 299214 个差距较大，同时也低于北京 226534 个、重庆 218952 个和深圳 210890 个，在全国电影院座位数前十城市中排名第 5（见图 9）。2018 年广州市常住人口每万人拥有座位数为 133. 8 个，低于深圳的 161. 9 个和杭州的 180. 4 个，高于上海的 123. 4 个、北京的 105. 2 个、重庆的 70. 6 个、天津的 67. 6 个，在全国主要城市中排第三（见图 10）。

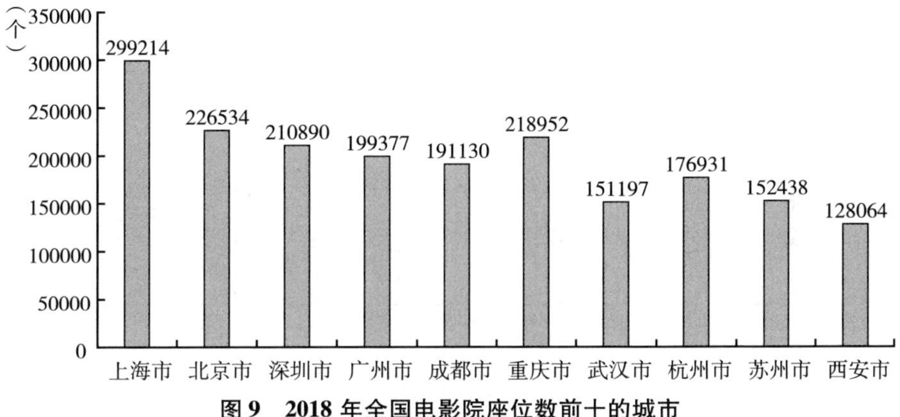

图 9　2018 年全国电影院座位数前十的城市

资料来源：《2018 中国电影市场年报（综合篇）》，https：//www. sohu. com/a/290590794_ 505774。

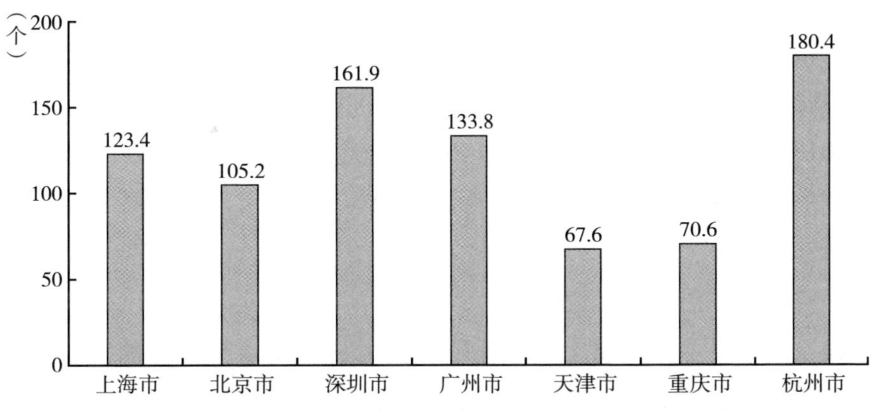

图 10　2018 年全国主要城市常住人口每万人拥有座位数

资料来源：各城市 2018 年国民经济和社会发展统计公报。《2018 中国电影市场年报（综合篇）》，https：//www. sohu. com/a/290590794_ 505774。

（四）广州市电影上座率排名第五

2018 年广州市电影上座率为 15.47%，低于上海 16.26%、北京 18.56%、南京市 16.39% 和成都 15.66%，高于深圳（14.97%）等其他国内主要城市，排名全国主要城市第五（见图 11）。

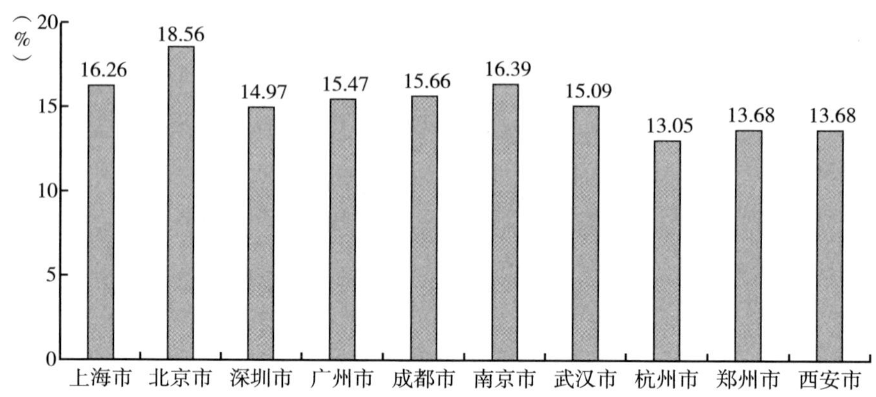

图 11　2018 年全国主要城市电影上座率

资料来源：《2018 中国电影市场年报（综合篇）》，https：//www.sohu.com/a/290590794_505774。

（五）广州市影院和影院经营发展有不错的成绩

1. 服务费进入全国前三

2018 年广州市电影服务费为 14652.28 万元，低于上海 25445.38 万元和北京的 19106.18 万元，略高于深圳 14295.77 万元，在全国主要城市中排名第三（见图 12）。

2. 院线和影院都进入全国前三

在发展过程中，广州出现了比较有实力、经营情况良好的院线。2018 年全国票房前十的院线中，大地院线票房收入为 558188.99 万元，位于全国院线第二，金逸珠江院线票房 277165.21 万元，位于全国院线第七。两大院线的全国市场份额分别为 9.87% 和 4.90%，在全国占有比较重要地位（见

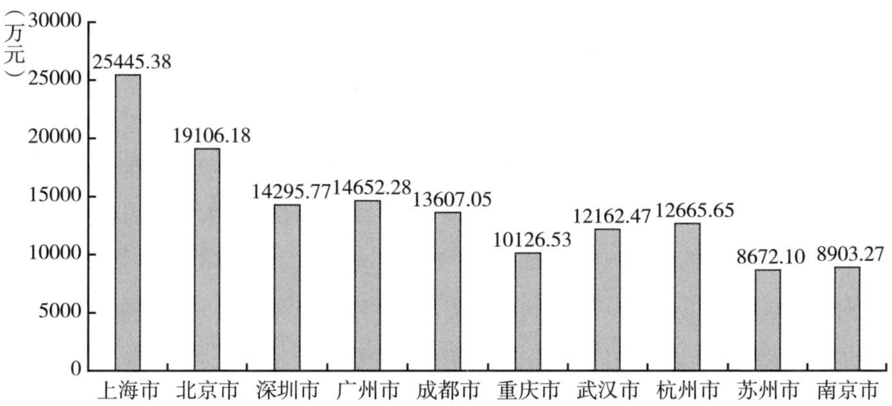

图 12　2018 年全国电影服务费前十城市

资料来源：《2018 中国电影市场年报（综合篇）》，https：//www. sohu. com/a/290590794_505774。

表 2）。影院发展情况也比较良好，在 2018 年全国票房前二十影院中，广州入榜 3 个，广州飞扬影城（正佳分店）排名第三位，票房 6407. 14 万元，广州飞扬影城排名第十一位，票房 4971. 23 万元，广州白云万达广场店排名第二十位，票房 4240. 40 万元。

表 2　2018 年全国票房 TOP 10 院线的基本情况

序号	院线名	票房(万元)	市场份额(%)	影院数(个)	荧幕数(块)	座位数(个)
1	万达院线	768228. 01	13. 59	570	5040	791296
2	大地院线	558188. 99	9. 87	1050	6289	803972
3	上海联和电影院线	449651. 63	7. 95	571	3705	531203
4	中影南方电影新干线	421040. 54	7. 45	798	4797	603974
5	中影数字院线	411742. 08	7. 28	849	5397	733042
6	中影星美	363535. 96	6. 43	540	3509	464576
7	金逸珠江院线	277165. 21	4. 90	387	2369	357322
8	横店院线	245771. 37	4. 35	402	2470	337044
9	华夏联合	196918. 05	3. 48	402	2426	320823
10	江苏幸福蓝海院线	194096. 78	3. 43	305	1925	259162

资料来源：《2018 中国电影市场年报（综合篇）》，https：//www. sohu. com/a/290590794_505774。

三　广州电影产业受疫情的影响

电影制作不是广州市电影产业强项，近年来广州电影产业强项在于电影放映，票房收入、电影放映设施、电影份额和电影服务费等方面在全国表现不错，许多项排在前三，新冠肺炎疫情暴发正值春节期间，为了防疫需要，电影放映单位被迫关闭，广州电影产业因疫情损失惨重。从产业链角度看，疫情对广州电影放映、投资、拍摄制作、宣发等上下游各个环节的影响是巨大的。

（一）春节档票房收入影响

最先受影响的是春节档电影。春节期间，广州市影院院线受疫情影响暂停营业。春节档 7 天在全年票房收入中占据重要地位，尤其是广州作为全国前四的“大票仓”之一，春节档十分关键。据统计，2019 年广州春节（初一到初六）票房 1. 32 亿元，排名全国第三。而 2020 年电影春节档全部取消，票房收入几乎为零，春节档广州市电影院线减少营业收入约为 2. 5 亿元，1 ~ 3 月广州市电影票房减少收入约 6. 5 亿元。

（二）企业受到严重影响

疫情对广州的电影院、院线、电影制作等领域的企业均造成了巨大影响。

1. 电影院

疫情期间，影院在票房、卖品“零收入”的情况下，还须支出房屋租金、人力成本等固定成本，并增加了防疫防控带来的临时性开支。根据广东省电影局发布的《中央和省级电影专资扶持受疫情影响影院资金分配方案》，广州受疫情影响的 244 家电影院将获 1286 万元扶持。然而，须帮扶的电影院资金缺口仍然巨大。截至 2020 年 3 月，影院尚未收到恢复开放通知。

2. 院线

2019 年全国票房前十名的院线中广州占了三席（大地院线、中影南方电影新干线、金逸珠江院线）。此次春节期间全国影院院线暂停营业，对广州院线企业的票房收入也造成了巨大影响。2020 年 1 月至 2 月，大地院线预估损失票房 5.58 亿元，金逸珠江院线预估损失票房 3.01 亿元。

3. 电影制作企业

疫情对于广州电影制作企业的直接影响是资金链的压力。多数电影企业拍摄资金来源于贷款。电影项目遭遇停摆，意味着制作周期加长以及拍摄成本的增加，同时企业还面临着较大的还款压力。不能按照预先的制作周期来操作，电影企业的压力就越来越大。

（三）连锁反应

受疫情影响，影视基地关闭，电影拍摄、制作、宣发等活动均暂时停止。新的电影项目的减少，也直接给投资方、宣发公司以及艺人等整个产业链带来不同程度的影响。广州电影行业从电影的投资、制作、宣发到上映都需要一定的时间恢复元气。与此同时，电影市场此次的“黑天鹅”事件或能加速中小影院、中小电影制作企业的淘汰退出，有利于行业出清，对拥有一定抵御风险能力的大型电影公司有利。

四　广州电影产业应对疫情影响的对策建议

（一）出台支持电影院线开放的具体措施

目前，广州已发布《广州市人民政府办公厅关于印发支持中小微企业在打赢疫情防控阻击战过程中健康发展的十五条措施的通知》（穗府办规〔2020〕1 号）（以下简称“中小微企业十五条”）和《广州市防控新型冠状病毒感染的肺炎疫情工作指挥部办公室关于做好企业安全有序复工复产工作的通知》（穗防控办〔2020〕13 号），相关部门要深化落实这些政策，同时要制定出台操作性强的广州电影院线开放具体措施，切实降低企业成本，提供良好的放映条件，以保障广州电影院线安全有序恢复放映经营。

（二）加大财税扶持力度

协调省级相关部门，按照国家有关规定，延期征缴和减免国家电影事业专项发展资金。帮助电影企业协调落实有关减税降费、减免缓缴企业税收和社会保险费等各项惠企扶企帮企措施。争取配套资金支持，加大“广州市文化产业发展专项资金”对电影行业的支持力度。加大对防疫抗疫主题优秀电影作品宣传发行的扶持力度。对受疫情影响较大的重点企业和重点项目、影视拍摄基地，予以适当的补贴和支持。

（三）降低企业融资成本

对受疫情影响的电影企业，鼓励适当下调贷款利率、延长贷款期限、减免金融服务手续费，降低电影企业的融资成本。加大对电影产业的信贷支持力度，力争2020年电影产业信贷投放额不低于上年同期水平。鼓励文化特色支行不断探索开发出更多如“兴影贷”“租金贷”等一系列为文化产业量身定做的信贷产品，帮助电影行业产业链解决资金需求。对受疫情影响严重的电影企业到期还款困难的，可予以展期或续贷等。

（四）减轻企业房租压力

落实“广州市中小微企业15条”相关规定，疫情期间，对承租市属和区属国有企业物业用于线下商业实体店经营的中小微电影企业，继续减免份物业租金到2020年12月。提供影院放映设备等租赁业务的金融租赁公司根据实际情况，适当延期收取租金。对中小微企业实行水电优惠，优惠期限延长到2020年12月。减免房产税、城镇土地使用税等其他政府性收费。

（五）强化服务保障，优化营商环境

做好企业复工复产服务保障工作，加大口罩、红外线测温仪、消毒用品

等防疫用品储备采购力度，免费派发给有需要的电影院线，全力协助电影院线安全开放。加快推动建设广州“智慧政务”平台，为电影院线疫情防控期间不见面办理或咨询融资、法律、财税、知识产权等相关业务或服务提供便利。及时为受疫情影响而造成合同履行、劳资关系等纠纷的电影放映企业提供法律指导、调解或援助。对受疫情影响无法如期履行或不能履行合同的企业，以事实为依据，为其免费开具不可抗力事实性证明。加大政府购买公共服务力度，政府可以考虑对常住人口发放电影消费券，鼓励城市常住人口进行电影消费。

借 鉴 篇

Mutual Exchange

B.14
南京市文化产业园区发展的空间特征与政策建议

季 文 谭志云*

摘 要： 本文主要从南京文化园区的空间布局出发，分析了市级与区级文化产业园区的空间分布特征以及南京文化产业发展新特征，包括文化产业借船出海特征日益明显，文化产业融合与细分并行，文化产业发展不平衡加剧，产业类型分化等。新型园区则更加注重文化互联网产业、移动动漫等新兴文化内容生产。提出完善文化产业园区布局、建立文化产业园区评价机制、推进文化产业园区品牌化建设、加大文化产业人才培育等政策建议。

* 季文，博士，南京市社会科学院副院长，研究员，研究方向为文化产业经济；谭志云，博士，南京市社会科学院文化发展研究所所长，研究员，研究方向为文化产业经济。

关键词： 文化产业园区　空间布局　产业集聚　南京

文化产业园区和特色文化产业群建设，是增强我国文化产业整体实力和竞争力的重要内容。2019 年，国家发展改革委、文化和旅游部等 18 个部门联合印发了《加大力度推动社会领域公共服务补短板强弱项提质量 促进形成强大国内市场的行动方案》，提出到 2020 年，“文化产业成为国民经济支柱性产业”。文化产业园区，是文化产业发展的重要载体与承载平台。随着我国经济发展空间结构的深刻变化，大城市和城市群正成为下一轮发展的重要驱动力量。南京作为特大型城市，拥有丰富的历史文化资源，具有培育文化新业态的巨大潜力。文化园区是培育文化产业的重要载体，包括政府政策、文化创投资金、各类文化中介服务机构等资源，是推动城市文化产业发展的核心驱动力量。

一　南京文化产业园区：空间分布与发展状况

2019 年，南京已建和在建的文化产业园区载体已超过 80 个。其中，国家级文化产业园区 10 个，省级文化产业园区 12 个，市级文化产业园区 6 个。

从产业规模看，全市市级以上（包括市级）产业园区投资总额超过 534.3 亿元，园区企业总数为 14278 家，入驻文化企业为 5506 家（占园区企业总数的 38.6%），其中规上文化企业 676 家（见图 1）。投资总额排在前三位的园区是：南京秦淮特色文化产业园（300 亿元）、紫东国际创意园（90 亿元）、新城科技园（60 亿元）。

从认定级别看，国家级文化产业园区投资总额为 395.2 亿元，园区企业总数为 10203 家，入驻文化企业为 4329 家（占园区企业总数的 42.4%），其中规上文化企业 596 家；省级文化产业园区投资总额为 127.2 亿元，园区企业总数为 2691 家，入驻文化企业为 876 家（占园区企业总数的32.6%），其中规上文化企业60家；市级文化产业园区投资总额为11.9亿元，园区企业总数为1384家，入驻文化企业为301家（占园区企业总数的21.7%），其中规上文化企业20家（见图1）。国家级文化产业园区是南京文化产业园区的主体力量，是文化企业集聚的重要空间载体。

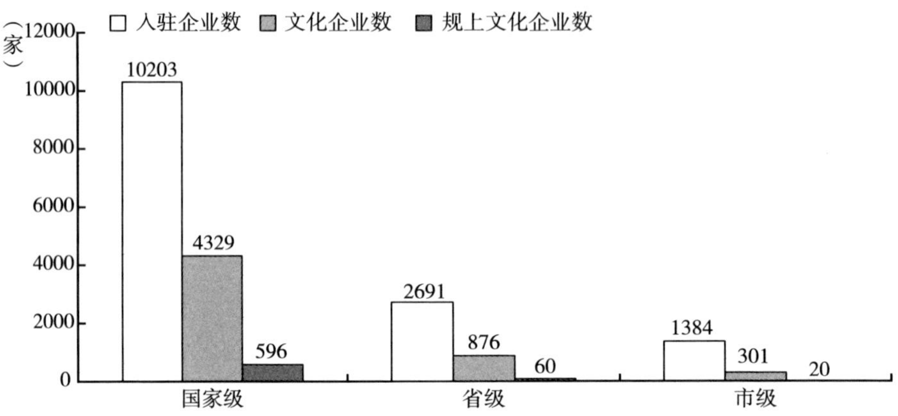

图1 市级以上文化产业园区入驻企业情况

从经营状况看，2018年，市级以上文化产业园区营业收入总额为4274.9亿元，园区内文化企业总营收为1275.2亿元（约占园区营收总额的29.8%），其中，规上文化企业营收628.9亿元。营业收入总额排在前三的园区是：中国南京软件谷（1012.5亿元）、新城科技园（1000亿元）、徐庄高新园（650亿元）。从认定级别划分，国家级文化产业园区营业收入总额为3634.8亿元，园区内文化企业总营收为1119.2亿元（约占园区营收总额的30.8%），其中，规上文化企业营收511.2亿元；省级文化产业园区营业收入总额为379.0亿元，园区内文化企业总营收为74.2亿元（约占园区营收总额的19.6%），其中，规上文化企业营收46.2亿元；市级文化产业园区营业收入总额为261.1亿元，园区内文化企业总营收为81.8亿元（约占园区营收总额的31.3%），其中，规上文化企业营收71.5亿元（见图2）。值得注意的是，虽然市级文化产业园区入驻的文化企业数量占比相对较低，但其总营收在园区营收总额中的占比却相对较高，表现出了良好的经济活力。

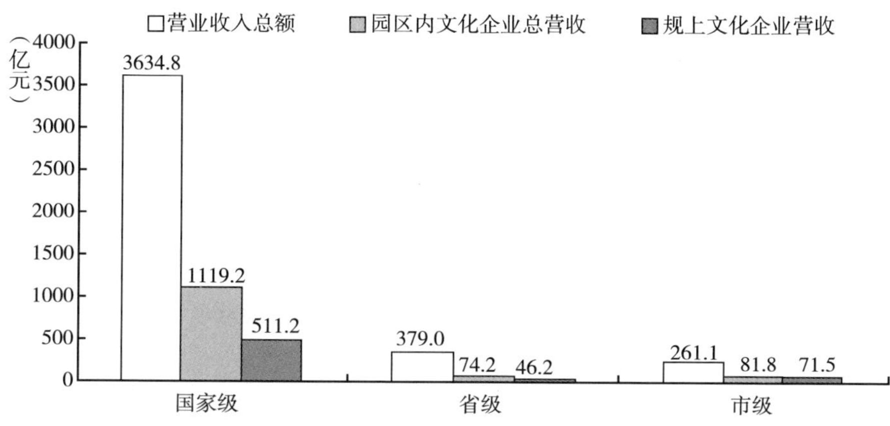

图2　市级以上文化产业园区营业情况

从吸纳就业能力来看，2018 年，市级以上文化产业园区从业总人数为 438675 人，其中文化企业从业人数为 139101 人（占从业总人数的 31.7%），规上文化企业从业人数为 49386 人。排在前三位的园区分别是：新城科技园（10.0 万人）、南京秦淮特色文化产业园（9.8 万人）、江北新区南京软件园（6.2 万人）。从认定级别划分，国家级文化产业园区从业总人数为 369662 人，其中文化企业从业人数为 107237 人（占从业总人数的 29.0%），规上文化企业从业人数为 38622 人；省级文化产业园区从业总人数为 37796 人，其中文化企业从业人数为 23000 人（占从业总人数的 60.9%），规上文化企业从业人数为 5540 人；市级文化产业园区从业总人数为 31217 人，其中文化企业从业人数为 8864 人（占从业总人数的 28.4%），规上文化企业从业人数为 5224 人（见图 3）。可以发现，省级文化产业园区集聚的文化人才占比较高，是园区发展的重要力量。

从服务平台建设看，市级以上文化产业园区公共服务平台总投资为 30.0 亿元。排在前三位的园区分别是：江苏（国家）未来影视文化创意产业园（11.0 亿元）、南京秦淮特色文化产业园（10 亿元）、江北新区南京软

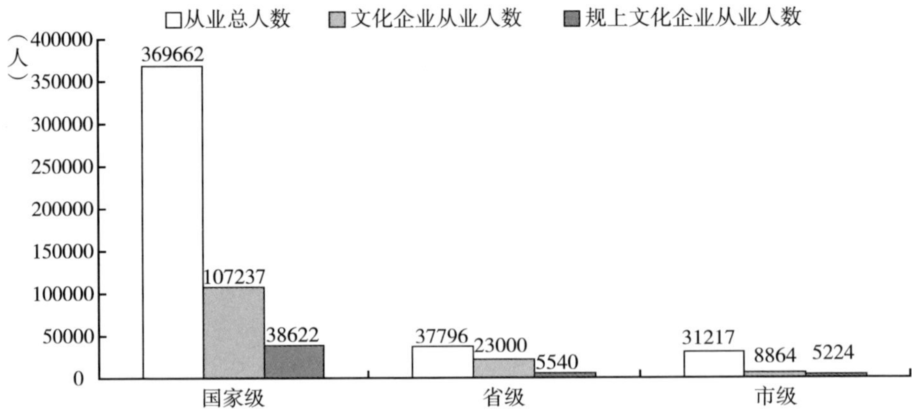

图3　市级以上文化产业园区吸纳就业情况

件园（2 亿元）。从认定级别看，国家级文化产业园区公共服务平台总投资为 23.9 亿元，省级文化产业园区公共服务平台总投资为 4.2 亿元，市级文化产业园区公共服务平台总投资为 1.9 亿元（见图 4）。涉及产品展示、技术服务、人才培训、政策咨询、宣传推广等服务的公平服务平台为南京文化产业园区的发展提供了有力支撑。

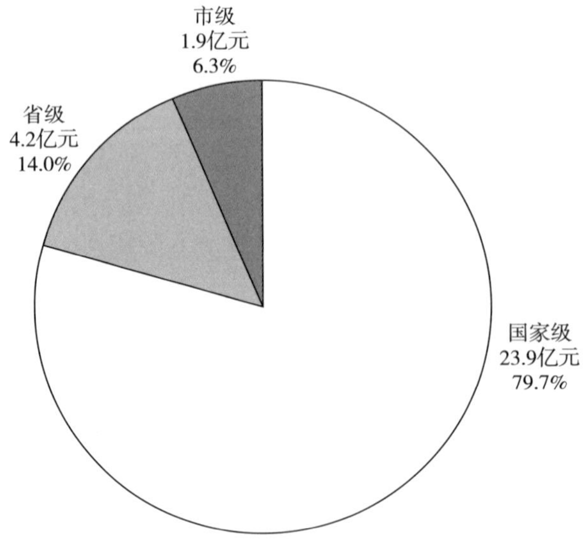

图4　市级以上文化产业园区公共服务平台总投资情况

二　南京区级文化产业园区：空间分布与发展状况

在文化产业快速发展趋势下，南京各区也涌现出一批特色鲜明、经济效益和社会效益显著的文化产业园区。根据各区文化产业发展情况和园区运营情况，选取52个主要文化产业园区进行分析，其中：江北新区5个，玄武区4个，秦淮区7个，鼓楼区8个，建邺区1个，浦口区4个，栖霞区1个，雨花台区8个，江宁区7个，六合区3个，溧水区3个，高淳区1个。

从投资规模来看，52个主要文化产业园区投资总额为206.3亿元。排在前三位的园区是：南京求雨山文化创意产业园（93.5亿元）、栖霞山非遗文创小镇（30.3亿元）、南京创维平面显示科技产业园（21.0亿元）。以所在区进行划分，投资总额排在前三位的区是：浦口区（93.7亿元）、栖霞区（30.3亿元）、溧水区（22.4亿元）（见图5）①。

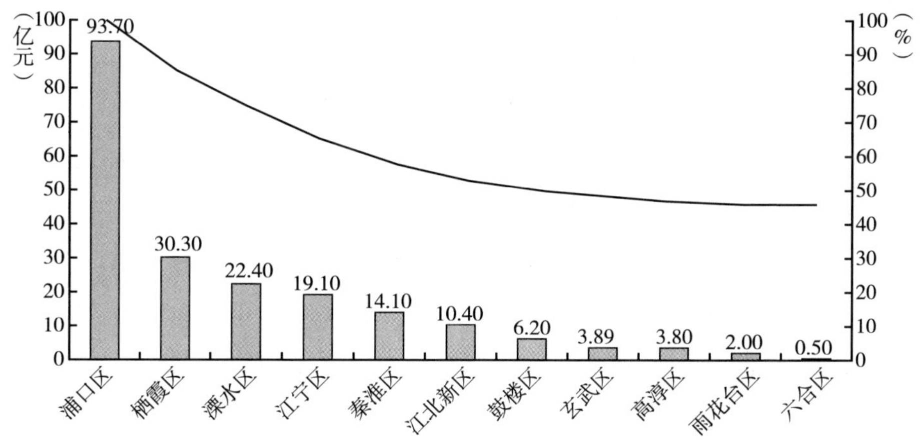

图5　各区主要文化产业园区投资总额及占比情况

① 建邺区数据缺失。

从经营状况来看，2018 年，52 个主要文化产业园区营业收入总额为 217.1 亿元，园区内文化企业总营收为 130.5 亿元（约占园区营收总额的 60.1%），其中，规上文化企业营收 50.9 亿元。营业收入总额排在前三位的园区是：华博智慧园（55.0 亿元）、南京创维平面显示科技产业园（28.1 亿元）、南京报业文化创意园（18.8 亿元）。从所在区进行划分，营业收入总额排在前三位的区是：雨花台区（66.1 亿元）、鼓楼区（47.8 亿元）、秦淮区（42.4 亿元）。文化企业总营收排在前三的区是：雨花台区（56.5 亿元）、溧水区（28.2 亿元）、秦淮区（16.7 亿元）。规上文化企业总营收排在前三的区是：溧水区（28.2 亿元）、鼓楼区（8.2 亿元）、江宁区（5.3 亿元）①。

从企业集聚来看，52 个主要文化产业园区入驻企业总数为 3439 家，入驻文化企业为 2156 家（占园区企业总数的 62.7%），其中规上文化企业 112 家。入驻企业总数排名前三的园区是：朝天宫古玩城（820 家）、创意东八区（192 家）、南京耘集文化发展有限公司（161 家）。以所在区进行划分，入驻企业总数排在前三的区是：秦淮区（1384 家）、鼓楼区（459 家）、江宁区（410 家）（见图 6）。入驻文化企业总数排在前三的区是：秦淮区（1121 家）、鼓楼区（329 家）、江宁区（191 家）。入驻规上文化企业总数排在前三的区是：江宁区（28 家）、玄武区（22 家）、秦淮区（15 家）②。

从人员集聚来看，52 个主要文化产业园区从业总人数为 41387 人，其中文化企业从业人数为 19697 人（占从业总人数的 47.6%），规上文化企业从业人数为 6236 人。从业人数排在前三位的园区分别是：南岸瑞智文创园（5000 人）、石榴财智中心文化产业基地（3000 人）、南京广电越界文化创意产业园（2800 人）。以所在区进行划分，从业总人数排在前三的区是：江宁区（9666 人）、秦淮区（9449 人）、鼓楼区（8083 人）。文化企业从业人

① 栖霞区的园区尚处于招商中，建邺区数据缺失。

② 栖霞区的园区尚处于招商中，建邺区数据缺失。

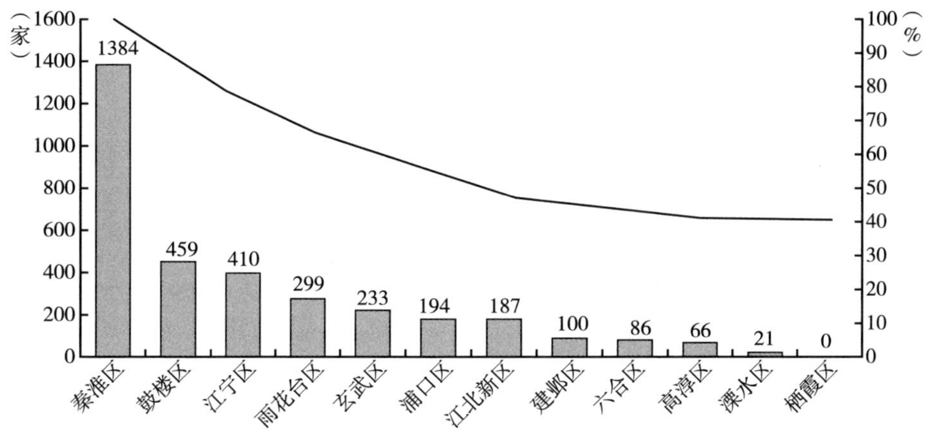

图6　各区主要文化产业园区入驻企业及占比情况

数排在前三的区是：秦淮区（6340 人）、鼓楼区（4061 人）、江宁区（2841 人）。规上文化企业从业人数排在前三的区是：秦淮区（1419 人）、江宁区（861 人）、江北新区（847 人）①。

三　南京文化产业发展动力、特征与困境分析

当前南京文化产业发展处于历史上最好的发展时期。2010 年以来，南京文化产业无论是发展规模和发展速度，还是从业人数和市场份额都呈现出良好发展态势。从空间分布来说，南京文化产业呈现出三个集中：一是向重点产业园区集中，二是向规模企业集中，三是向新兴领域集中。总体来说，文化产业出现良性发展态势绝非偶然，是时代发展的必然趋势。

（一）驱动南京文化产业未来发展动力分析

当前随着经济社会迈向高质量发展之路，驱动文化产业蓬勃发展的积极因素不断形成。第一，经济发展强劲拉动了文化产业发展。21 世纪以前南

① 栖霞区的园区尚处于招商中，因此入驻企业数为 0。

京是传统制造业大市，传统五大产业——钢铁、化工、石油提炼、特种机械、电子电器主宰着南京产业。21 世纪以来，随着南京聚焦产业转型，推动科技创新，不断出台多种人才激励举措，南京产业结构不断调整，逐步搭建了先进制造业与现代服务业并驾齐驱的产业发展框架。文化产业作为附加值较高的产业也逐步发展起来。文化产业成为优化南京产业结构的重要力量。第二，快速提升的人民生活水平为文化产业提供了强大的消费需求。2019 年南京市 GDP 总量超过 1.4 万亿元，按常住人口计算，人均地区生产总值为 165681 元（按年平均汇率折算为 24017 美元）。人均财富的增加与基尼系数的下降同步，生活必需品消费占比大大下降，城市人群对精神消费需求不断增加。从当前来看，人们在消费上呈现出“优质消费、差异消费和个性消费”三大趋向。“优质消费”主要指人们更愿意享受更好的产品和服务。“差异消费”是指人们更愿意进行区别于过去和传统的大众消费的小众与差异化消费。“个性消费”是指人们更愿意遵从自己的意愿和喜好寻找自己喜爱的产品和服务。这些消费趋向都为南京文化产业带来了新的机遇。第三，新科技和新业态为南京文化产业发展开辟了广阔空间。21 世纪以来，互联网快速发展为传统产业注入新的活力与机遇。近十年来，移动互联网、人工智能、大数据等新技术发展，一方面赋能了传统文化产业，另一方面让创意文化产业蓬勃发展起来。文化产业借助新科技动力，获得了更加便捷的表达途径和渠道，科技借助文化无疑拓展了产业内涵，推动了文化产业链条的形成。第四，“文化 +”和文化跨界融合成为未来潮流。与“互联网 +”的平台建设与渠道赋能不同，“文化 +”成为企业经营内容和产品内容。传统企业纷纷进入文化领域，更多将文化产业作为未来主攻方向和产业内容。文化创意产品逐步丰富起来，文化创意渗透越来越多。尤其是，传统产业跨界融合文化产业的现象越来越多。譬如“文化 + 旅游”“文化 + 体育”“文化 + 科技”等跨界模式层出不穷。第五，地方政府越来越重视城市文化产业发展。随着文化产业发展催生出多重利好，包括 GDP 的增长、就业的增加和流量的吸引，地方政府越来越重视文化产业发展和规划，特别是在资金启动、人才引进、平台搭建、融资担保等方面给予了一系列政策支持和引导。

（二）近年来南京文化产业发展新特征

近几年南京文化产业出现了一系列新变化、新特征。具体表现为：一是文化产业借船出海特征日益明显。更多企业逐步介入文化产业市场。由于文化消费兼有公共消费和市场消费的双重特征，企业介入文化产业市场呈现借船出海的特征，借助文化事业拓展文化产业市场空间。与此相应，原有的专注于文化事业的领域，随着市场需要开发出各种满足人们需求的创意产品，也具有了产业化能力。二是文化产业融合与细分并行。文化与多种产业走向融合是一个趋势，文化产业既可与旅游、餐饮、体育等传统产业相结合，也可与互联网、大数据、人工智能多维互动。与此同时，文化产业也出现细分市场，譬如，随着移动互联网发展，影视产业逐步细分出动漫、短视频、游戏等专业化公司。三是文化产业发展不平衡加剧。从产业发展看，传统产业的式微与新兴产业的快速兴起，传统营运方式的没落和互联网营销的崛起，依托老旧产品的规模化企业的停滞与以内容为主的集约化内涵式企业的复苏，这些变化加剧了文化产业格局变化。政府重视程度和政策精准度也是造成区域文化产业发展的重要因素。此外，产业空间布局的特点也显示出产业类型分化的特点。如：产业园区与传统景区相融合的区域更多将旅游与文化产业作为发展主导方向；主城区更多将文化产业与餐饮、体育等产业相融合；新型园区则更加注重文化互联网产业、移动动漫等新兴文化内容生产。

（三）当前南京文化产业发展面临的困境

当前南京文化产业发展也面临着多种难题和各种困境。主要有以下几个方面：一是传统文化产业与新兴文化产业兼容性问题。目前来看，用新科技赋能传统文化产业是一致看法。但是从目前的情况观察，绝大多数传统文化产业经营困难，仅仅依靠传播方式的改变或者制作方式的升级远远不能解决问题。不对传统产业进行彻底性思维变革显然是不可取的。二是文化产业园区的综合功能有待优化。相比于以往文化产业的散点式分布，产业园区更能够集中多种功能，培育孵化文化企业的成长。然而，功能缺失仍然是一个重点。相比于其他高科技产业园区，文化园区企业服务功能缺失更为明显。三是制度性刚性约束干扰文化产业发展。国有文化单位掌握大量文化资源，却因受到产权性质影响导致激励不足、创新动力不强。文化产业园区同样也面临这样问题。产业园区大多为政府设立，虽有考核压力，但仅为发展上的压力，并非竞争带来的压力。四是趋同性产业园区引发的同质性竞争更加明显。与十多年前的产业园区一样，文化产业园区发展项目大多属于同质性项目，产业同构现象比较严重。园区更注重引进项目，而非锻造内功；更注重规模化培育，而非精细化雕琢。求快求大依然是文化园区发展的通病。就南京文化产业园区来说，文化产业项目趋同度高达47%。

四　做强做优南京文化产业园区的政策建议

成功的文化产业园区应是创意与创造之地。国外知名文化产业园区在运作上呈现了企业分布集群化、核心产业地方化、资源配置专业化、产业运作法制化、企业规模错层化、产业链完整化、政府管理宽容化、市场经营网络化等特点。南京文化产业园区要实现这一目标，提升文化产业园区功能，应区别对待，对于博物馆型、机构型的文化产业园区，应鼓励其注重社会效益，而对于产业型和都市型的产业园区，可考虑在以下几方面着力。

（一）完善南京文化产业园区布局

（1）应整体规划全市园区发展，适当控制园区数量，实行群落式的发展，强调产业结构布局，而不是数量的叠加。协调园区入驻率与园区建设成功与否的关系。在园区建设中，要制定入园标准，改变过去那种以高入驻率为园区建设成功唯一条件的衡量标准。对于市中心那些“旧园升级”型的文化产业园，可以设立房租专项补贴基金，以坚决遏制过去那种把政府的优惠政策和创意产业的旗号当作炒作筹码的做法。根据文化产业园区的规模以及功能定位，协调园区内的商业配比，完善园区功能。文化产业园区内商业配套的比例与园区定位有很大关系，因此不同类型的园区商业配比需求不同。

（2）坚持品牌化原则，协调龙头企业与园区企业“大而全”“小而全”的关系。园区应跳出“大而全”“小而全”观念，进一步整合资源，盘活存量，培育旗舰型的龙头文化企业，以此激发一个园区、一个城市的活力。如美国很多创业园区集团本身就是新创企业，它们不仅向其他新创企业提供办公场所和设施，而且还提供更加全面的管理咨询服务，包括企业发展和技术开发、市场营销、竞争研究分析、法律顾问、会计等。这种模式的优点在于通过创业者和风险投资的联合，将巨额资金与大量具有创意的新创企业结合，同时吸引了大批优秀的管理人才加盟。

（3）各区政府结合实际情况，对本区域的比较优势进行梳理，充分发挥文化创意产业集群跨地域辐射能力。从进一步调整和优化文化产业集群结构的角度出发，根据未来可能的城市产业升级路径，进行跨区域特色产业园区的建设，在总体布局上逐步形成一定梯度的文化产业经济区域布局，实现不同集聚区的错位发展，培育核心竞争力。实现从一区多园向多园一区的转变，实现产业空间布局优化。“一区”形成总部管理园区，以服务为主，统筹各园区，并将其他园区的类似功能合并起来；“多园”以创意和生产为主，将文化产业园区内现有的生产型业务逐步分解和转移到其他的园区，实现产业梯度的转移。

（二）建立文化产业园区评价机制

（1）建立科学合理的园区评价机制，应突出重点，抓住几项关键性指标，如产业链建设、专业性服务平台建设、集聚情况（园区内文化企业数量占园区企业总数比例）、研发创新能力、人才状况等。

（2）建立主管文化的党委政府部门协同机制，确保工作落小落细落实。加大政府投入，设立市区两级联动机制，步调一致，发挥整体优势，市委宣传部和市文旅局负责市级文化创意产业园区、示范楼宇和空间的认定和指导、考核工作，各区文化产业主管部门负责辖区内市级文化创意产业园区、示范楼宇和空间的日常监督管理工作。激励社会力量和资本的广泛参与，形成上下联动、横向协同、多元并举、普惠共享的文化产业园区工作推进模式。

（3）建立文化产业园区遴选退出机制。实现市级文化产业园区载体、示范楼宇和示范空间的认定、命名挂牌工作常态化。鼓励园区管理主体积极探索建立可复制可推广的管理服务标准，打造自身的品牌价值和影响力，规范产业园区准入和退出机制，结合绩效考评工作，对能够较好承担社会责任、提供优质公共服务、助力企业发展项目深耕等营商环境良好的园区管理主体进行绩效奖励；对经营不善、管理混乱、服务缺失、发展缓慢的园区则予以限期整改甚至撤销命名的处罚。

（三）推进文化产业园区品牌化建设

（1）聚焦文化特色塑造，建设“具有全球影响力的文化创新名城”。打造特色化、品牌化园区基地，提高文化产业规模化、集约化、专业化水平，升级南京文化载体品牌。实施功能区、园区、历史文化街区、特色小镇等文化空间提升计划。

（2）实施文化企业招商引资突破计划。对每引进一家迁入南京的文化上市企业总部，给予园区运营管理单位一次性奖励。继续推进实施金梧桐文化企业评选及30强培育计划。

（3）推动文化产业园区建设与金融服务紧密融合互动。以文化产业园区为载体，以金融服务为手段，打造文化要素聚集区和文化交易产业链。支持符合条件的园区开展公共服务平台建设和小微企业孵化、贷款担保等专业服务应用推广。

（4）完善担保体系和风险补偿、财政贴息政策，建立顺畅有效的信用风险分担和补偿机制。支持文化企业进行信用融资。支持南京文化金融服务中心将资源整合及增值服务作为平台服务的重要内容，对产业链上下游文化企业与政府、投资机构、保险公司、担保公司等多资源渠道进行整合，为文化企业提供综合性、一站式服务，以满足文化企业从种子期到成熟期不同发展阶段的金融服务需求。

（四）加大文化产业人才培育力度

（1）凝聚南京高校资源。发挥南京科教兴盛、人文荟萃的优势，推动南京高校文化及相关专业与若干世界知名高校建立全面深入的合作办学关系；支持高校“暑期学校”建设，在宁高校开展全国文化产业专业夏令营；加大文化与相关产业专业教育，推进一批如动漫创作等应用学科职业教育国际合作示范项目；引进一批国际知名的职业资格证书，支持高水平高职院校与外国职业院校合作举办高水平中外合作项目等，增强“天下文枢”“东南第一学”的美誉。实施科教资源转化计划，推动重大文化项目落地工程、文化科技成果项目落地、文化科技新型研发机构落地等。依托南京创意设计中心，整合在宁企业、高校、科研院所的资源力量，大力培育专业设计研究机构，争创一批国家级、省级工业设计中心。

（2）培育文创领军人才。强化“五个一批”人才建设工作，实施文化人才引进计划，制定南京文创领军人才引进办法，包括文化宁聚计划、“创业南京”文化英才计划、高层次人才引进、青年人才、文化创客，人才落户、住房保障、子女就学、健康医疗、奖励激励等方面。到 2022 年，引进和培育国内外顶尖人才 20 名左右，国家级领军人才 500 名左右，省领军型创新创业团队 15 个左右。引进行业领军人物 100 名左右，培养本土优秀文化创意产业人才 1000 名左右，实训大学生数量超过 10000 名，进一步优化创业环境，优化南京文化产业人才队伍结构，把南京打造成为国内外知名的文化产业人才高地。

（3）激发全民创造活力。落实科技企业孵化器、大学科技园、研发费用加计扣除、固定资产加速折旧等税收优惠政策。对符合条件的众创空间等新型孵化机构适用文化企业孵化器税收优惠政策。落实促进高校毕业生创业税收政策，重点支持“文化 + 互联网”领域文创企业发展。

参考文献

杨剑飞：《文化产业园区生命周期研究》，社会科学文献出版社，2016。

陈娴颖：《中国文化产业园区治理模式研究》，社会科学文献出版社，2016。

李季：《中国文化产业园区评价体系研究》，经济科学出版社，2016。

刘士林：《文化产业园如何摆脱“商业化魔咒”——促进文化产业园区治理与城市更新融合发展》，《人民论坛》2018 年第 11 期。

戚梅：《新时代我国文化产业园区的功能与发展方向》，《山东社会科学》2018 年第 12 期。

张光远：《“钻石模型”理论视角下广州红专厂文化产业园区发展研究》，《科技传播》2018 年第 18 期。

陈少峰：《文化产业园区的核心驱动力在哪?》，《中国文化报》2018 年 5 月 12 日。

詹双晖：《文化产业园区发展模式研究——以广东省为例》，《新经济》2018 年第 7 期。

傅振宗：《创新驱动文化产业园区发展路径分析》，《哈尔滨学院学报》2018 年第 3 期。

黄绍斌：《京沪两地文化产业园发展模式的借鉴与思考》，《中国商论》2017 年第 34 期。

肖艳、孟剑：《大数据视域下我国文化产业园区“智慧升级”研究》，《经济纵横》2017 年第 9 期。

詹双晖：《我国文化产业园区建设亟需破解的难题及其对策——以珠三角地区为例》，《新经济》2017 年第 5 期。

梁学成：《产城融合视域下文化产业园区与城市建设互动发展影响因素研究》，《中国软科学》2017 年第 1 期。

王都伟：《北京文化产业园转型升级的路径》，《科技智囊》2016 年第 8 期。

朱蓉：《浙江文化产业园集聚模式及提升路径》，《对外经贸实务》2016 年第 5 期。

修太宇：《“互联网 + 文化产业园”新兴业态构想》，《管理观察》2016 年第 7 期。

李晗：《北京文化产业园显集聚效应》，《经济》2015 年第 22 期。

B.15
宁波文化金融融合发展的实践经验及对广州的启示

陈建祥　张 英*

摘　要： 文化金融融合发展是近年来文化产业政策的关注重点，也是各地推动金融业更好服务文化产业高质量发展的重要举措。近年来，宁波依托区域金融生态好、民营资本活跃、文化产业发展态势良好等优势，坚持金融服务创新，不断提升文化金融融合发展水平，助力宁波文化产业进入新的发展阶段。本文在分析宁波文化金融融合发展的现状、提炼宁波文化金融融合的做法和特点的基础上，结合广州文化产业与金融融合发展状况，提出了进一步促进广州文化金融融合发展的四点启示。本文认为，宁波经过5年多的努力，打出了一套“组合拳”，着力优政策、建体系、搭平台、强服务，构建起比较完善的文化金融供应链，初步形成文化金融融合发展的“宁波模式”，促进了文化产业和金融业的共生共赢、融合发展，并经国家部委批复同意开始创建国家文化与金融合作示范区。宁波的实践经验也为广州提供了启示，主要包括进一步激发民间资本活力、进一步推进文化金融产品创新、进一步完善文化企业无形资产评估体系和进一步加强文化金融风险防范等。

关键词： 文化产业　文化金融　融合发展　宁波

---

* 陈建祥，宁波市社会科学院文化研究所所长，高级经济师，研究方向为产业集聚发展；张英，宁波市社会科学院文化研究所副所长，研究方向为产业集聚发展。

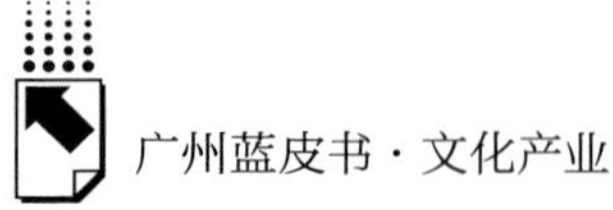

对于文化产业而言，如果说文化是其灵魂，那么金融便是其血脉。金融对文化产业的发展有着重要的支撑作用，不仅能够解决文化企业的投融资问题，还能促进资源优化配置，推动产业升级。宁波在促进文化金融融合发展的做法上，有其可圈可点之处，也有其不足之处。“他山之石，可以攻玉”，客观审视文化金融融合的“宁波模式”，对进一步加快和完善广州文化金融融合发展具有重要的借鉴意义。

一　宁波文化金融融合发展的现状分析

（一）宁波文化产业概况

2004 年以来，随着宁波国民经济的快速增长和国民收入水平的不断提高，全市文化产业发展空间不断拓展，尤其是近年来，宁波市紧紧围绕加快建设文化强市的奋斗目标，不断拓展文化产业发展空间，推动文化产业进入新的发展阶段，呈现出充满生机的发展态势。

1. 文化产业总体规模持续扩大

目前，宁波文创产业已成为经济社会发展的支柱性产业。“十三五”以来，全市文化产业增加值年均增速达 16.25%（宁波文创产业统计口径）。2018 年实现文创产业增加值 793.74 亿元，占地区 GDP 的比重达到 7.39%，增加值总量在全省排名第二，文化制造业总量居全省第一。2019 年前三季度规模以上文创产业实现增加值 424.9 亿元（宁波文创产业统计口径），同比增长 15.3%，增速比同期地区生产总值现价增速高 8.8 个百分点。

2. 文化产业结构趋于优化

文化内容产业、文化服务业增加值比重不断提升，文化制造业向高端化、智能化和品牌化方向发展，产业结构趋于优化。2012 年全市文化产品的生产与文化相关产品的生产之比为 32∶68，到 2017 年末，比例提升为 37.9∶62.1，产业结构进一步优化。从具体行业来看，涌现出一批具有宁波地方特色的文化产业集群，涵盖影视、演艺、创意设计、现代传媒、会展、动漫游戏等行业门类。拥有贝发、得力、广博等多个知名文具品牌，成为享誉中外的“文具之都”，文具年总产量占全国的1/5，出口占全国的1/3。文化创意产业、文化新业态和软件设计服务等新兴产业迅速发展，并与制造业深度融合，形成了行业门类比较齐全的创意设计产业体系。

3. 文化市场主体培育成效明显

根据工商登记注册统计，到2018年底，宁波市文化企业为3.4万余家，与第三次经济普查数据相比，增加了2万余家，总数位居浙江省第一，其中97%是小微企业。近年来，宁波成为许多名企战略部署的重要基地，先后引进了华强集团、华侨城集团等知名文化企业。连续举办四届中国（宁波）特色文化产业博览会，历年参展参会人数破百万人次，现场成交额累计近20亿元，签约项目总金额超200亿元，被列为浙江省打造文化产业万亿产业的重点展会平台。以宁波日报报业集团、宁波广电集团为代表的国有文化集团，不断深化体制改革，推进媒体融合发展。市和区县（市）新华书店整合重组，成立宁波新华书店集团有限公司，总资产超过12亿元。积极鼓励民营资本投资文化产业，大丰、海伦钢琴、音王、旷世智源、广博等民营文化企业不断发展壮大。全市共有国家级文化产业示范基地3家、省级5家、市级28家，国家级文化出口重点企业15家、省级13家，海伦钢琴、大丰实业、创源文化、乐歌股份等7家主板上市文化企业，新三板上市文化企业33家。

4. 产业集聚化发展水平稳步提升

制定出台《宁波市级文化创意产业园区认定及管理办法》，对认定为市级以上的文创产业园区进行奖励，最高可达300万元。全市文化产业园区从2015年的31个增加到2018年的72个，其中市级以上的重点产业园区从5个上升到20个，新增省级文化产业园区3个、市级培育园区27个，园区集聚了近万家文化企业，实现总产值150亿元。谋划动工建设宁波文创港，积极打造城市建设新地标、创新研发新平台、都市经济新引擎和百姓生活新社区。象山影视城努力打造全国影视基地剧组拍摄样板，2019年前三季度实现营业收入24.1亿元，接待剧组131个、游客91.8万人次。

（二）宁波文化金融融合发展现状

宁波高度重视推进文化与金融发展，2013 年制订出台《关于加大政策力度　深化科技金融融合和文化融合合作的意见》等政策文件，为金融支持文化产业发展指明了方向。2015 年，在政府工作报告中提出创建文化金融合作试验区，启动实施金融服务体系构建工程，编制文化产业发展三年行动计划（2015～2017 年），2017 年开始编制国家文化与金融合作示范区创建方案，2018 年启动宁波股权交易中心“文化创意板”建设，2019 年实施“文化宁波 2020”建设计划。2019 年 11 月文化和旅游部、中国人民银行、财政部正式批复，同意宁波市和北京市东城区创建国家文化与金融合作示范区。

目前，宁波文化金融融合发展态势良好。一是形成了文化金融生态体系。立足文化产业发展特点，构建起比较完善的文化金融供应链，主要包括在农行系统组建全国首家文创支行，在宁波股交中心创设“文化创意板”，改组民企成立宁波市文创小额贷款股份公司，创设文化产业信贷风险补偿资金（风险池），设立总规模 10 亿元、首期 2 亿元人民币的宁波文化产业基金，成立公益文化发展基金会，推出“文创＋保险”“旅游＋保险”“文保＋保险”服务等，对接各层次资本的文化金融合作供应链初具雏形，并开始产生积极作用。二是金融对文化产业撬动能力不断增强。组织引导全市各金融机构开发文化金融产品 168 项，累计为 8000 多家文化企业和 100 多个文化重点项目建设提供了融资服务。截至 2019 年底，文创支行贷款余额近 13 亿元，文创小贷公司和文化产业信贷风险池分别累计放贷 1.85 亿元、1.83 亿元。同时设立市文化产业信贷风险池贴息资金，降低民营和小微企业融资成本，极大缓解了中小微文创企业融资难、融资贵问题。三是文创企业上市培育服务不断提升。积极落实省委省政府“凤凰行动”计划，主动做好本地上市文化企业的服务工作。以宁波股交中心“文化创意板”为依托，开展常态化金融服务和产业对接工作，不断唤醒本地文创企业的资本意识，辅导企业建立规范公司制度，推动文创企业做大做强。“文化创意板”创设两年多来，挂牌企业170余家，其中有4家企业成功转板到新三板挂牌。

（三）宁波创建国家文化与金融合作示范区的主要优势

1. 文化底蕴深厚

一是历史文化悠久。宁波是中华文明的发祥地之一，具有享誉世界的距今7000年的河姆渡史前文化，既是“海上丝绸之路”东方始发港，又是中国大运河最南端的出海口，产生了王阳明、黄宗羲、屠呦呦、余秋雨等一大批文化名人。二是文化资源丰富。文化遗产数量多，现有世界文化遗产1项（中国大运河宁波段）；各级文物保护单位（点）1699处，其中全国重点文物保护单位31处、省级文物保护单位87处；各级非遗项目894项，其中国家级25项；各类博物馆、纪念馆、陈列馆158家。三是现代文化繁荣。宁波是全国文明城市“五连冠”城市，2016年入选“东亚文化之都”、国家首批文化消费试点城市，目前正在积极创建文化与金融合作示范区，加快建设国际港口名城、打造东方文明之都。

2. 发展动力强劲

一是改革先行先试。近年来，宁波承担了国家普惠金融综合示范区、国家保险创新综合试验区等一大批国家级改革试点任务，为宁波推进文化金融融合发展提供了有力支持。二是产业结构优化。宁波地区GDP已过万亿元大关，制造业发达，有39家制造业“单项冠军”，是“中国制造2025”试点示范城市，目前正全力实施“文化宁波2020”建设计划，加快推动文化产业成为国民经济支柱性产业。三是民营经济发达。作为全国民营经济相对活跃的地区之一，宁波集聚了大量本地民间资本，一批优势企业平台项目为宁波文化创意产业提供了便捷的融资渠道。四是文化企业有迫切需求。占全市3.4万家文化企业97%比例的中小微文化企业，有强烈的融资需求，但没有土地、房产等实物资产可供抵押，收益也难以预见，普遍遇到融资瓶颈。

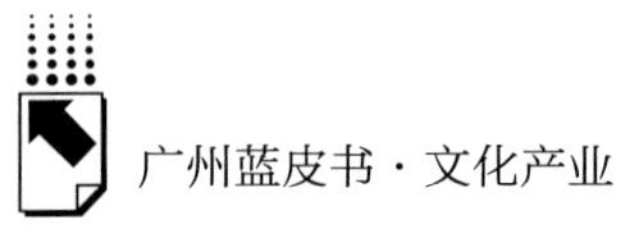

3. 政府服务意识强

一是着力加强顶层设计。2014 年 4 月，宁波明确提出创建国家文化与金融合作示范区，启动实施金融服务体系构建工程。宁波市政府先后出台《关于金融支持文化产业发展繁荣的实施意见》等十余个文件。二是部门分工协作有力。在市委市政府领导下，建立起部门间紧密合作机制，定期研究、协商解决文化金融发展问题。三是财政扶持力度不断加大。宁波设有 2 亿元的文化产业发展专项资金、3000 万元的文化产业信贷风险池，采取多样化形式支持重点文化企业和重点文化产业项目，对中小微文化企业的贷款损失进行补偿。

二 宁波文化金融融合发展的特点与做法

宁波经过 5 年多的努力，打出了一套“组合拳”，着力优政策、建体系、搭平台、强服务，构建起比较完善的文化金融供应链，初步形成文化金融融合发展的“宁波模式”，促进了文化产业和金融业的共生共赢、融合发展。

（一）创新体制机制，提高文化金融服务精准度

宁波市文化企业的融资方式还是以银行信贷为主，在最希望获得的融资方式上，不同规模的文化企业并没有太大区别，均选择了银行信贷。针对现状，重点创新了以下三方面体制机制。

1. 组建文化金融服务专营机构

创新组织形式，鼓励设立文化金融专营机构，包括专业支行、特色支行、专营事业部等。2014 年 6 月，中国农业银行宁波市分行组建了文化创意支行，是全国农行系统及宁波金融系统内首家专营机构，支行推出专属信贷产品、制定专业化信贷流程，采取直接营销、银政合作和与文化园区合作等方式，为文化企业、园区提供专业化金融服务。截至 2018 年底，累计放贷 100 多家文创企业，贷款余额 10.2 亿元，同比增长 18.6%。

2. 创新文化金融专属产品和服务

鼓励银行业金融机构开发多元化、多层次的金融产品，构建差别化授信体系。相继推出“文创贷”“中银知贷通”等文化产业信贷产品，通过创新联保、互保、知识产权质押、版权质押、收益权质押等抵押担保方式，满足文化企业融资需求（见表1）。

表1　宁波文化产业信贷创新产品和典型案例

序号	银行名称	特色金融产品	典型案例
1	国家开发银行宁波市分行	文化产业银团贷款	宁波文化广场项目
2	中国进出口银行宁波市分行	旅游文化国际化贷款	宁波梁祝文化产业园项目
3	中国工商银行宁波市分行	影视制作贷款	—
4	中国农业银行宁波市分行	“文创贷”系列	宁海大观文化园项目
5	中国银行宁波市分行	中银知贷通	知识产权质押融资,授信支持浙江某印刷科技有限公司
6	中国建设银行宁波市分行	基本建设贷款,建设项目造价控制	象山影视城二期项目
7	中国民生银行宁波分行	资产并购贷款	印纪影视娱乐传媒有限公司综合授信

资料来源：笔者整理。

3. 设立文化产业信贷风险专属补偿资金（风险池）

2012年2月，宁波市文改办会同市财政局、宁波市金融办制定出台了《宁波市中小文化企业担保风险补偿资金管理办法（试行）》，启动中小文化企业担保风险补偿计划。根据该办法，市财政每年从文化产业发展专项资金中拨出专款，作为中小文化企业担保风险补偿资金，补偿金融机构对中小微文化企业贷款所产生的损失。如果银行部门发放的贷款出现坏账，按照事先约定的4:4:2的比例，由政府部门、银行、保险公司分摊风险。2015年风险池规模为1000万元，2016年扩大至3000万元，按15倍放大授信额度。2018年度发放信用贷款1.007亿元，发放利息支出补贴125.6万元。

（二）创新融资渠道，强化市场主体主导地位

强化政府的有效引导，逐渐形成多元化的融资渠道，充分发挥市场在文化金融服务中的主导作用。

1. 改组成立文创小贷公司

2015 年，政府以注入部分国有资本金的方式，将民营的民和汇通小额贷款有限公司改组为宁波市文创小额贷款股份有限公司，注册资本 1 亿元。文创小贷公司重点扶植小微文化企业，积极推进文化与资本对接，受到中小微文化企业的普遍欢迎。截至 2018 年底，小贷公司累计发放贷款 2.1 亿元。比如，因影视剧新作上市，六合华纳（宁波）文化传媒公司急需周转资金，文创小贷公司及时给予 50 万元的股权投资和 12 万元的贷款，帮助企业渡过了难关。

2. 设立文化产业投资基金

借鉴资本市场产业投资基金的成熟运作模式，宁波市政府联合星亿东方成立“宁波文化产业基金”，母基金由宁波市财政出资，总规模 10 亿元人民币，首期 2 亿元人民币。星亿东方作为基金管理机构，负责联合宁波文化产业基金设立子基金，子基金总规模 50 亿元，首期规模 10 亿元。基金主要投资三个方向，分别为文化内容、文化并购和文化旅游。除政府性基金外，社会资本也积极投资文化产业，全市主要投资文化产业的民营基金，至少有 4 只，资金总规模合计约 10 亿元。比如，宁波影视艺术有限责任公司与 A 股上市企业文投控股股份有限公司共同发起设立三生万物成长文化产业投资基金，基金第一期规模为 3 亿元人民币，民和文化产业园与八大银行联合建立了 20 亿元的资金池。

3. 创设文化发展基金会

采取财政出资购买服务、社会定向捐赠，形成资金池，2016 年首期规模达 400 万元，主要致力于资助民间传统艺术推广、非遗工艺的传承与推广等文化公益事业，资助表现宁波传统文化的影视、动漫、游戏等文艺作品的制作等，支持公开征集遴选后的公益性文化发展项目。

（三）创新资本对接，繁荣文化产业资本市场

实施“凤凰行动”文化企业梯度培育计划，分类指导不同类型文化企业，支持条件成熟的文化企业对接多层次资本市场。

1. 创设区域“文化创意板”

2018年，在宁波市股权交易中心，专门开设了全国首个“文化创意板”，着力打造文创企业集中展示、培育孵化平台，挂牌文创企业得到了更多的业界关注、资本加持和政策扶持。截至2018年底，累计有118家企业在“文化创意板”挂牌，撮合间接融资近6000万元，先后有22家文创企业获得私募股权融资1.58亿元。已有多个企业摘牌进入更高层次的资本市场，烟雨江南、友联盛业、年轮映画、甬派传媒等多家企业实现摘牌，并成功登陆新三板。

2. 鼓励文化企业上市

市政府出台政策，对在主板市场上市、递交境内IPO申报材料并得到中国证监会或沪深证券交易所受理、在境外交易所成功上市的文化企业，分别给予一次性补助。得益于发达的制造业、良好的上市政策支持，宁波韵升早在2000年就成功入驻主板市场，现有大丰实业、海伦钢琴等7家上市文化企业。

（四）创新保险服务，发挥保险增信分险功能

以宁波建设国家保险创新综合试验区为契机，推动文化领域的保险政策创新，探索适合文化产业的保险服务模式。

1. 构建“文创＋保险”机制

为有效解决轻资产型文创企业因缺少可供抵押资产而遭遇的融资难题，推广小额信贷保证保险服务，客户只需通过保单，免抵押免担保，就可获得低成本融资。截至2019年3月，累计为42家文创型中小企业提供承保服务，承保金额7390万元。

2. 构建“旅游＋保险”机制

2018年7月，旅游、金融等部门与多家保险公司联合推出全域旅游综

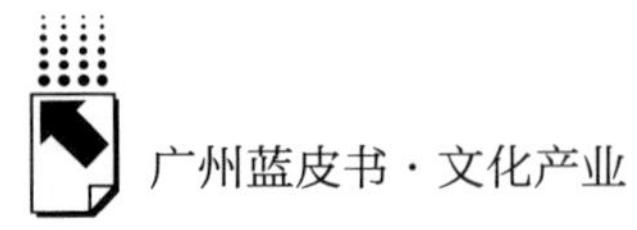

合保险服务，在全国率先实施政府救助与商业救援相结合的保险创新项目，涵盖三大保险项目、五大保障措施和七大救援服务。

3. 构建“文保 + 保险”机制

2018 年，中国人民财产保险股份有限公司联合住建、金融等部门，启动浙江省内首个“财产保险 + 动态监测服务”文保建筑项目，进行事前风险管控和突发事件造成损失的经济补偿，探索文保和历史建筑的保护、监测和风险保障的新方法。

（五）创新平台建设，完善文化金融支撑体系

政府相关部门引导企业和金融机构，通过搭建多方对接平台，构建一个立体的合作网络，着力解决金融机构和文化企业信息不对称等问题，打通文化金融政策落地的“最初一公里”和“最后一公里”。

1. 打造“文化 + 金融”展会平台

连续四年在中国（宁波）特色文化产业博览会期间，搭设“文化 + 金融”展区，邀请近 50 家银行、保险等金融机构带着特色产品与创新服务集中参展，累计与百余家文化企业达成信贷合作意向。2019 年文博会期间，金融机构共发放宣传册 10641 册，与 93 家意向企业进行洽谈，对接项目 25 个，达成融资意向 15.06 亿元。

2. 打造政银企多方对接会

2014 年以来，通过举办政银企文化金融合作推进会、文化产业与金融资本对接会，主办文化金融合作论坛、“文化与金融”圆桌论坛，召开文化产业创投大会，开展“文化金融走一线”活动，提高金融对文化产业的精准对接和服务。

3. 打造文旅金融服务中心

依托民营的民和文化产业园区，建设文旅金融服务中心，整合文化担保、小额贷款、风险投资以及拍卖、评估等功能设立金融超市，推出“文创宝”等五大文化金融产品，为文旅企业和相关金融机构提供一揽子的综合服务。累计发放贷款 1 亿多元，担保 5200 万余元，风险投入 1800 万元。

4. 设立文化金融卡

以开展国家文化消费试点城市建设为契机，2015 年推出融合书店、影剧院、博物馆等文化单位及文化企业的文化金融卡，该卡兼具会员服务、消费支付、结算管理等多项功能，目前发卡量已达 79 万张，覆盖近 400 家文化企业。累计拉动消费 37 亿元，其中文化消费 3.9 亿元，成为金融助力文化消费的有效抓手。

宁波在推进文化金融融合发展过程中，也存在一些比较突出的问题。一是金融机构和企业之间的沟通渠道有待完善。文化企业融资过程中出现的最突出的问题，是信息不对称问题，银行等金融机构对文化企业缺乏信息获取和评估的渠道，企业对相关的融资渠道、方式、产品等缺乏了解，对不熟悉的融资产品和方式缺乏安全感，不愿意去尝试。根据对宁波文化企业的抽样调查，只有约 1/4 的文化企业曾经在银行进行过信用评定，企业信用的不完善和信用信息获取渠道的不顺畅，使金融机构难以获取文化企业的有效评估信息，导致授信困难。二是文化金融环境有待改善。自有资金积累和银行贷款仍是文化企业目前最主要的资金来源渠道，多元化的文化金融服务体系尚未形成。金融机构的文化金融产品创新不足，仍以传统方式授信为主，满足不了文化企业的融资需求。政府对文化金融融合的支持力度和方式创新不够，有较大比例的企业感到融资难和成本在增加，文化产业专项资金使用方式仍比较传统，资金使用效率不高，政策创新力度不够。三是文化企业资本运作意识有待强化。文化产业发展整体水平不高，文化企业规模偏小，文化企业对接资本市场的意愿不强，成功上市的文化企业案例数量较少。文化从业者个体素质参差不齐，对资本运营的重要性认识不足。

三　对广州加快文化金融融合发展的几点启示

宁波在深化文化金融融合发展上的系列举措，为广州进一步促进文化金融融合提供了经验借鉴，主要有如下四点启示。

（一）进一步激发民间资本活力

文化金融发展的根本目的是解决社会资本在文化产业中的优化配置问题，所以宁波在促进文化金融融合过程中，十分重视社会资本的引入和市场对于文化资源配置的决定性作用，在推动成立文创小贷公司、创设文化发展基金、设立信贷风险池等具体举措中，都活跃着社会资本的身影。广州民营经济发达，民营企业不仅数量庞大，而且整体质量较高，具有较强的国际竞争力，据广州市促进中小企业（民营经济）发展工作领导小组统计，2018年广州市民营经济实现的增加值达到9139.47亿元，全年新登记私营企业25.57万户①。

激发广州民间资本活力，对于破解文化产业融资困境、完善文化金融资本结构、提升文化产业效率乃至将其发展为广州经济的重要支柱产业都具有重大意义。对此，一是完善民间资本对接文化产业的信息平台。发挥广州文化上市公司产业联盟、广州文化金融服务中心、广州文化产业交易会等平台作用，开展线上线下并举、形式多样的产业对接会。二是完善优质文化产业项目的筛选和推介机制。梳理全市文化产业项目情况，建立市级文化产业项目服务平台，对其中市场潜力大、辐射能力强的优质文化产业项目，加以重点定向推介，提升项目与资本对接的精准度。三是推进营商环境提优行动。深化文化产业体制改革，降低准入门槛，完善民间资本进入、退出文化产业领域的相关政策。

（二）进一步推进文化金融产品创新

近年来，广州的文化金融锐意创新，在诸多领域都实现了突破式的发展，如在风险投资方面，广州着力打造“风投之都”，建成全国首座风投大厦；在文化信贷业务方面，成功引入中国建设银行在广州设立国内首家大型商业银行总行级科技金融创新中心；在文化产业直接融资方面，成立了全国

① 何涛、耿旭静：《2019年广州民营经济增加值9100多亿》，《广州日报》2019年4月5日。

首个“文化上市公司产业联盟”，为形成文化产业“广州队”奠定了良好基础；在文化金融服务平台建设方面，广州产权交易所牵头组建了华南地区首个体育产业资源交易平台，首创四位一体的体育产业服务新模式。但目前，金融支持文化产业仍然有着巨大的发展空间，文化产业的快速发展以及多样性的融资需求要求加快文化金融创新步伐，其中一个核心环节就是大力创新和开发适合文化企业特点的金融产品。

对此，广州可以在如下三方面开展探索：其一，推进“互联网＋文化＋金融”模式。在有效控制风险的前提下，通过创新文化金融中介服务、大数据信用服务、专业化特色融资服务，开展互联网金融业务。其二，发展文化消费信贷产品和新型支付方式。根据不同文化产品和服务的消费特点、消费人群，鼓励金融机构开发分期付款等消费信贷品种。加强新型支付手段的推广使用，提高文化行业消费支付结算的便利度。其三，推广权利质押融资。量化商标权、专利权、著作权等知识产权价值，积极推广知识产权质押贷款，探索开展以销售合同、门票等现金流为保证的未来收益权质押贷款。

（三）进一步完善文化企业无形资产评估体系

无形资产价值评估是文化产业和金融业相结合的关键问题。大多数文化企业属于轻资产企业，企业所拥有的无形资产在定价过程中，由于评估涉及的价值影响因素较多、评估技术路线复杂，评估价格的公允度并不是很高，难以被交易双方接受。为进一步规范与指导资产评估行业执行文化企业无形资产评估业务，2016 年中国资产评估协会制定出台了《文化企业无形资产评估指导意见》。但发展至今，无形资产评估仍然是各地在推进文化金融融合过程中的一个难点。

广州作为粤港澳大湾区的核心城市之一，具有丰富的金融资源，为更好地推动文化金融市场的发展，也需要进一步突破无形资产评估这一难点，将无形资产评估作为文化金融发展的支柱之一来认识和构建。首先，建立多元化评估体系。根据不同的评估目的，制订并应用不同类型价值的评估准则，准确估测相应的评估参数。指导资产评估机构完善价值评估制度和流程，独立建立相关评估体系。其次，运用大数据技术和评估方法。运用大数据、区块链等技术，建设区域性文化产业无形资产评估的案例库和市场交易数据库，确保评估业务的准确和高效进行。再次，积极构建无形资产评估生态系统。扶持并认定一批有资质的文化产业无形资产评估机构，注重文化产业无形资产评估专业人才的培养和培训。

（四）进一步加强文化金融风险防范

相比其他产业而言，文化产业市场风险较大。随着文化金融的不断深入发展，需要进一步重视和加强风险管控。宁波在这方面也积极开展了一系列的探索，并取得了良好成效。

对广州而言，加强文化金融风险管理和防范，也是促进文化金融健康发展的基础环节。其一，推进文化企业征信系统建设。制定征信数据技术与标准，依托人民银行征信系统和文化市场监管与服务平台，整合散落在各政府及企事业单位的文化企业信用数据，积极引入第三方信用评估及管理机构，完善文化企业征信系统。同时，引导文化创意企业建设现代企业制度，健全公司治理结构，提高信息披露透明度①。其二，促进保险业对文化金融的保障力度。以粤港澳大湾区建设为契机，大力推进广州与香港的文化保险深度合作，培育复合型文化金融人才，创新文化保险方式，针对文化产业不同行业、不同项目的特点，完善分级分类的保险体系，探索设立文化保险协会。其三，加强文化金融市场监管。贯彻落实《互联网金融风险专项整治工作实施方案》《关于规范整顿“现金贷”业务的通知》等规范性文件，充分发挥政府金融机构对文化金融市场的管理、引导和调控作用，弥补文化金融市场失灵和市场缺陷。

---

① 李军红、李军岩：《文化金融风险及防范对策》，《中国财政》2014 年第 14 期。

参考文献

崔小明:《全国文化产业工作会议昨天召开 我市在会上专题介绍文化金融工作经验》,《宁波日报》2017 年 4 月 20 日。

宁波市文化广电旅游局:《五年不懈努力创建国家文化与金融合作示范区 破解文化企业融资难推出“宁波模式”》,《宁波日报》2019 年 12 月 11 日。

廖先锋、杨燚锋:《文化为魂 金融为器:宁波步入文化金融共赢时代》,《中国文化报》2018 年 12 月 21 日。

万亚伟主编《潮涌三江 锦绣港城——宁波改革开放 40 年研究》,浙江人民出版社,2018。

黄志明主编《宁波文化产业发展报告》,浙江大学出版社,2014。

崔小明:《宁波获批创建国家文化与金融合作示范区 全国仅两地入选》,《宁波日报》2019 年 12 月 11 日。

甬文:《创建国家文化与金融合作示范区的宁波探索》,《宁波日报》2019 年 5 月 30 日。

陈建祥:《国内外推动文化金融融合发展的经验借鉴》,《宁波日报》2019 年 5 月 30 日。

李义杰:《推动宁波文化金融融合发展的路径选择》,《宁波日报》2019 年 5 月 30 日。

杨玉娟:《如何做好文化企业无形资产评估》,《中国文化报》2019 年 5 月 22 日。

李军红、李军岩:《文化金融风险及防范对策》,《中国财政》2014 年第 14 期。

徐咏虹主编《广州文化创意产业发展报告(2019)》,社会科学文献学出版社,2019。

徐咏虹主编《广州文化创意产业发展报告(2018)》,社会科学文献学出版社,2018。

李义杰、郑海江:《文化企业融资现状、问题及对策研究——基于宁波文化企业的调查》,《中国出版》2016 年第 13 期。

B.16
佛山市文化产业的发展特征和融合发展模式研究

杨俭波*

摘　要： 本文在系统总结佛山市文化（旅游）产业发展基础、发展特征的基础之上，重点提炼了佛山市文化旅游产业发展的主要模式。文章指出，佛山市文化旅游产业的发展模式存在集聚发展和融合发展并存特征，在集聚发展上，主要有艺术创作模式、技术创新模式、品牌扩张模式和文化消费模式。在融合发展模式方面，佛山市文化旅游产业融合发展的模式主要有：主动融合模式、被动融合模式和互动融合模式。

关键词： 文化产业　集聚发展　主动融合模式　佛山市

技术革新、城市化发展以及社会发展变革使产业结构转型成为世界性趋势，其中又以制造产业向文创消费型产业转型为重点，文化产业因其带动性强、效益高而逐渐成为各国重点发展产业。就我国来说，文化产业经过三十多年持续快速发展，已然成长为国民经济的重要支撑。2019 年全年国内游客 60.1 亿人次，比上年增长 8.4%；国内旅游收入 57251 亿元，增长 11.7%。入境游客 14531 万人次，增长 2.9%。全年规

---

* 杨俭波，佛山科学技术学院地方文化与旅游发展研究中心主任，副教授，研究方向为文旅融合发展。

模以上文化及相关产业企业营业收入86624亿元，按可比口径计算，比上年增长7.0%①。中国已有27个省（自治区、直辖市）将文化旅游业定位为拉动当地经济发展的龙头和支柱产业、先发优势产业或先导产业，文化旅游产业对中国城市和区域的发展创新正在发挥越来越重要的作用。

作为中国重要的制造业基地、珠江西岸先进装备制造产业带龙头城市，近年来佛山市传统制造产业面临着比较严重的转型提升要求，以文化旅游产业发展助力和促进佛山市传统制造产业优化调整和转型升级，也成为佛山市城市和社会经济发展的重要抓手。同时佛山市文化旅游产业在近年来也得到较快提升，2017年佛山市文化产业增加值达到432亿元，同比增长28%，自2012年以来，文化产业年均增长率为8.9%②，远高于GDP增速，发展成效显著。据此，研究分析佛山市城市文化产业发展特征，总结、提炼佛山市文化产业发展模式，不仅可以明确佛山未来文旅产业发展方向和重心，更能为国内同类城市的产业转型提升之路提供参照和借鉴。

一　文化产业发展基础

（一）资源丰富，载体多样

（1）非物质文化遗产丰富。佛山市有国家级非物质文化遗产11个，仅次于广州和潮州，位列全省第三。省级非物质文化遗产数量位列全省第五。

（2）文物保护单位众多。全市共有全国重点文物保护单位7处、省级50处、市级286处。佛山市国家级文物保护单位数量仅次于广州、韶关和

① 《中华人民共和国2019年国民经济和社会发展统计公报》。

② 《佛山市国民经济和社会发展统计公报》（2012～2017年）。

潮州，排名全省第四。省级重点文物保护单位数量位居全省第一（见图1）。

（3）名村名镇遗存丰富。佛山市是第三批国家历史文化名城；拥有1个国家级历史文化名镇（南海区西樵镇），2个省级历史文化名镇（顺德区龙江镇和南海区西樵镇）。有3个国家级历史文化名村（三水区乐平镇大旗头村、顺德区北滘镇碧江村、南海区西樵镇松塘村），数量仅次于江门市，位居全省第二；有7个省级历史文化名村，数量位居全省第一；有22个国家级传统村落，仅次于梅州和清远，位居全省第三（见图1）。可以看出，佛山市文化遗产质量和数量均位居全省前列，具有较明显的质量优势和数量优势。

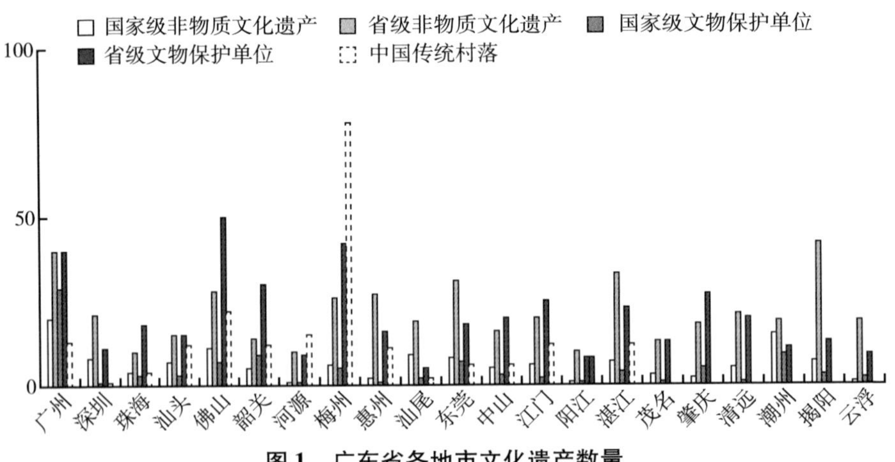

图1 广东省各地市文化遗产数量

资料来源：广东省文化馆，http：//www. gdsqyg. com。

（4）农耕文化资源丰富，规模较大。佛山市是珠三角现存桑基鱼塘面积最大的地区，桑基鱼塘历史悠久，见证了珠三角广纱甲天下的历史，是佛山市独特的历史风貌，是岭南乃至全国难得的农业历史文化遗存，具有极高的历史文化价值。目前，顺德是桑基鱼塘规模最大、历史文化内涵最丰富的地区，均安、杏坛、龙江均仍保留着大片桑基鱼塘，南海西樵、九江、丹灶也有大片桑基鱼塘，三水北部也保留有大片桑基鱼塘。随着旅游业快速发展，桑基鱼塘成为旅游产业发展的重要载体，顺德的南国丝绸博物馆旅游区、逢简水乡乡村旅游区，加上西樵镇对国家湿地公园片区进行改造提升，共同打造了渔耕粤韵文化旅游园。

（二）景区建设成绩突出，质量较高

近年来，佛山市在旅游景区建设方面取得显著成绩，高等级景区数量位列全省前列（见图2），佛山市3A级以上旅游景区共有21家，位列全省第六，其中拥有2个国家5A级旅游景区，分别为长鹿农庄旅游区和西樵山旅游区，与广州、深圳并列全省第一；4A级旅游景区有14家，数量仅次于广州市和清远市，位居全省第三；3A级旅游景区5家。4A级以上景区数量位居全省第三，可以看出佛山市旅游景区数量特别是高等级旅游景区具有较好的基础，旅游景区建设和开发成效显著。

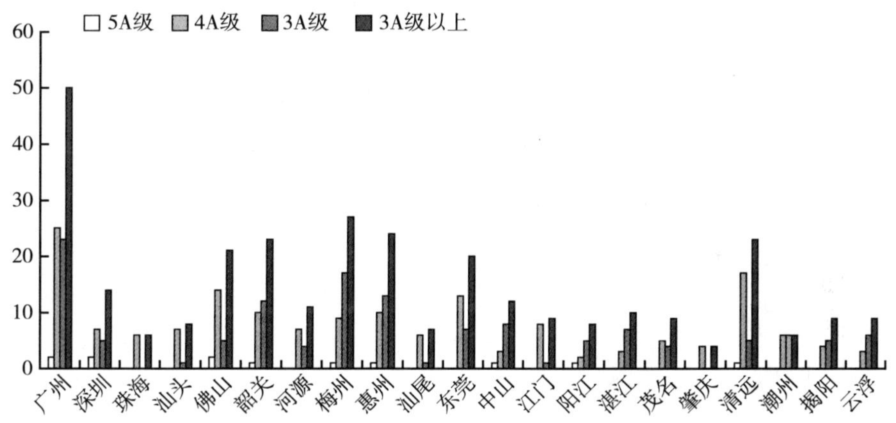

图2　广东省各地市高等级旅游景区数量

资料来源：广东省文化旅游厅，http：//whly. gd. gov. cn。

（三）体育事业进展明显，品牌突出

（1）全民健身活动和比赛丰富多彩。每年佛山市举办的各类全民健身活动及比赛均超过400个，2017年超过了860个，每年有超过300万市民参与到各类全面健身和比赛活动中，极大丰富了市民的业余生活，增添了

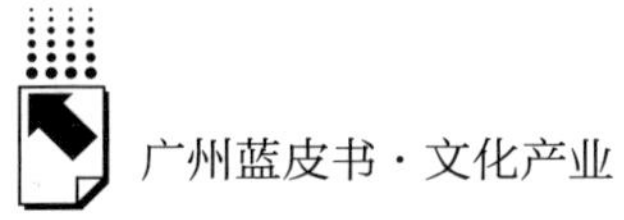

城市文化气息。

（2）积极打造世界功夫城市。佛山市立足佛山功夫文化资源，利用黄飞鸿纪念馆、叶问纪念馆、鸿胜武馆等武馆资源，功夫主题博物馆等馆园资源，组建南派武术联盟，积极打造南派武术高地。同时，积极发展传统武术赛事品牌，整合南派功夫赛会和功夫文化，打造具有世界影响力的品牌赛事，提升粤港澳大湾区南派武术国际影响力。

（3）积极举办各类大型赛事。近年来佛山市积极举办各类国际国内体育赛事，丰富城市文化内涵，提高城市国际化水平。如2019年佛山市举办了CCTV贺岁杯狮王争霸赛、LPL春季总决赛、德甲豪门俱乐部（中国佛山市）国际足球挑战赛、篮球世界杯、女足四国赛、世界定向越野大赛、高尔夫欧洲巡回挑战赛。

（4）文化体育类场馆设施不断完善。佛山市体育运动场地面积从2013年的1490万平方米增长到2017年的1665万平方米，年均增长率为2.8%。大型体育场馆不断增多，拥有佛山市国际体育文化演艺中心、世纪莲体育中心、岭南明珠体育馆等大型综合性体育场馆，除满足全民建设需求外，还具备承办各类大型赛事和活动的能力。

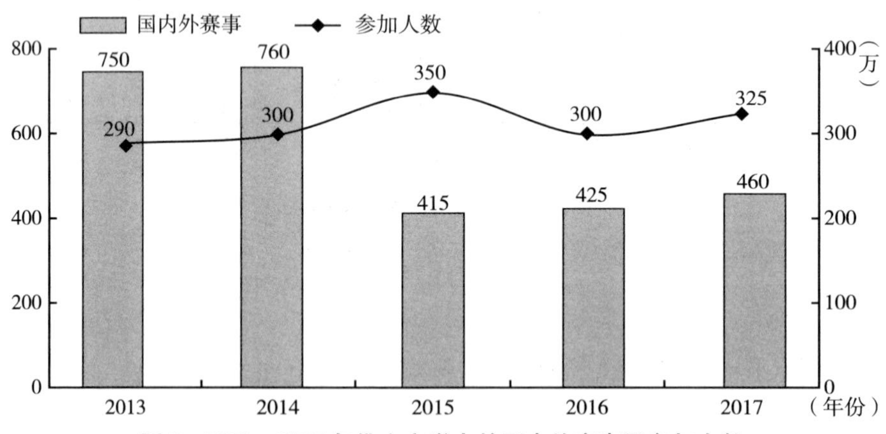

图3　2013～2017年佛山市举办的国内外赛事及参与人数

资料来源：《佛山统计年鉴》（2014～2018年）。

（四）制造业文化突出，各具特色

佛山市长期坚持制造业立市，是一个以工业产业占绝对核心支撑地位，第一、第二、第三产业协调发展，粤港澳大湾区知名的制造业名城，“佛山制造”享誉海内外。佛山市依托良好制造业基础积极实施“制造＋”战略，探索出了“制造业＋文化”发展思路。

（1）树立区域工业文化品牌，如“家电之都”“陶瓷之都”“家具之都”“LED 灯饰之都”等，成为佛山市城市对外宣传的重要形象，提升了佛山市工业制造业的软实力。佛山市各地因地制宜，推进工业文化建设，如禅城石湾依托陶瓷产业，挖掘陶瓷文化，打造中国陶谷特色小镇，乐从、龙江依托家具制造业打造家具展示文化，伦教依托珠宝产业打造珠宝文化。

（2）工业旅游快速发展，支持工业企业、园区开展 A 级景区创建工作，如伊利乳业、海天酱油、周大福珠宝等依托工业厂区，深入挖掘企业文化、工艺展示与科普，结合景区建设标准，成功创建 3A 级旅游景区，推进了工业与文化和旅游业的融合发展。

（3）工业文化产业园区（基地）快速发展。广东工业设计城、1506 创意城、广东香云纱产业园区不断壮大，佛山市新石湾美术陶瓷厂有限公司被文化部授予国家文化产业示范基地称号，佛山市精鹰传媒股份有限公司、佛山市甲骨文艺术建材有限公司等 21 家企业被授予佛山市文化产业示范基地。

（五）文旅投入逐步加大，村镇文旅发展活跃

以博物馆、图书馆、文化馆、演艺中心、活动中心、文体服务中心、文化站等为主的固定性、封闭化公共文化设施和以通信、水利水电等为主的旅游基础设施较为完善。据不完全统计，佛山市公共文化设施约有 97 处，其中市级 14 处。基层综合性文化服务中心共建成 733 家，覆盖率达 100%，基本建成“十分钟文化圈”，每万人拥有公共文化设施建筑面积

约2525平方米；以文旅项目建设为主的文旅设施投资充足，凭借50个项目共计1000亿元的投资规模走在各地前列。同时，与其他地区文旅资源集中于国企和顶层不同，佛山市文旅资源相对分散，村镇、民企等基层创新活力强，发展潜力巨大。相比于佛山市主城区，顺德区和南海区等基层文旅实力较强。2018年顺德区文化及相关产业单位6422家，规模以上企业171家，实现总产值782.99亿元，创造增加值144.98亿元；文化及相关产业中的核心领域单位3639家，文化生产领域相关单位2783家；2018年旅游总收入达171亿元。2018年南海区文化产业市场主体单位17164家，文化产业总产值达500亿元，文化产业增加值168亿元，旅游总收入148亿元，接待游客超1500万人次。同一时期，佛山市三水区旅游总收入26亿元，接待总人数287万人次；高明区旅游总收入35亿元，接待游客人数810万人①。

二　文化产业发展特征

（一）文化产业规模持续扩大

随着佛山市城市转型升级和广佛同城发展，佛山市文化产业成为经济增长的新亮点，文化产业渐成规模并不断壮大。从统计数据来看，佛山市文化产业处于快速起步阶段，产业规模不断增长，2017年佛山市文化产业增加值达到了432亿元，同比增长28%，自2012年以来，年均增长率为8.9%，远高于GDP增速。2017年文化产业增加值增长率达到了28%，但由于文化产业基础相对薄弱，产业发展稳定性还不够，2015年，佛山市文化产业增加值下降了8.8%。2017年佛山市文化产业增加值占GDP比重为4.6%，与2014年持平（见图4）。

① 《2018年佛山市国民经济和社会发展统计公报》。

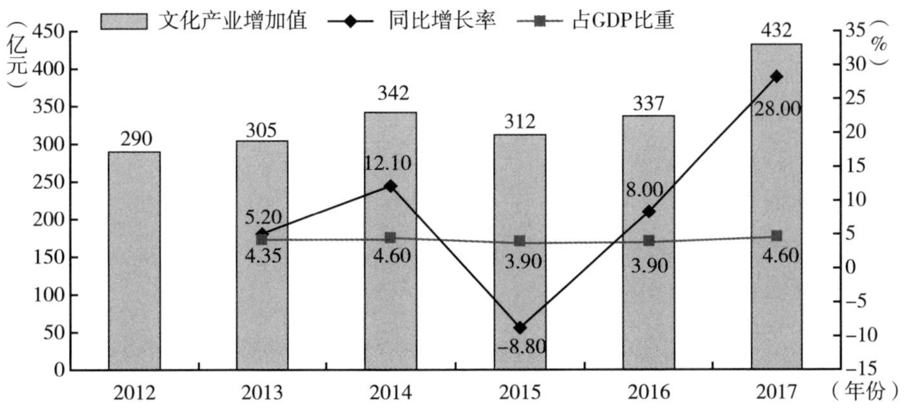

图 4　2012～2017 年佛山市文化产业发展规模

资料来源：《佛山统计年鉴》（2013～2018 年）。

（二）文化产业结构特色鲜明

2017 年佛山市“文化核心领域”与“文化相关领域”占全市文化产业总营业收入的比重分别为 36.8% 和 63.2%。传统文化产业如文化辅助生产和中介服务、文化装备生产和文化消费终端生产特色突出、优势明显，占比分别为 39.2%、13.8% 和 10.2%。新兴文化产业发展迅速，其中内容创作生产、创意设计服务，占比分别为 16.8% 和 15.8%（见表 1）。从具体行业来看，佛山市已初步形成以影视传媒、包装印刷、珠宝玉器等为主的产业集群。2017 年以来，佛山市紧跟国内外影视产业发展趋势，力推影视产业发展，将影视产业作为文化旅游产业突破发展的着力点，连续出台若干政策鼓励影视产业发展，通过打造专业影视产业园区，协同推进佛山中国南方影视创制中心建设。通过举办 2017 功夫（动作）电影周及承办 2018 金鸡百花电影节等多项举措，促进影视文化产业蓬勃发展。2018 年佛山市举办电竞界的盛事之一——LPL（英雄联盟职业联赛）春季总决赛，这一赛事的成功举办激活了佛山市的电竞产业，南海区已规划建设电竞产业园。

表1 佛山市文化产业收入行业结构

类别名称	占比(%)
文化及相关产业	100.0
第一部分 文化核心领域	36.8
一、新闻信息服务	0.1
二、内容创作生产	16.8
三、创意设计服务	15.8
四、文化传播渠道	3.8
五、文化投资运营	0.1
六、文化娱乐休闲服务	0.2
第二部分 文化相关领域	63.2
七、文化辅助生产和中介服务	39.2
八、文化装备生产	13.8
九、文化消费终端生产	10.2

（三）文化发展方式加快转变

集聚化发展特征初步显现。目前，全市已培育出佛山市民间艺术研究社、孔雀廊娱乐唱片有限公司等4家国家级示范基地，佛山市精鹰传媒股份有限公司、佛山市甲骨文艺术建材有限公司等21家佛山市文化产业示范基地。2015~2017年，佛山市累计扶持77家文化相关企业，总额达1239万元。文化产业园区和示范基地已成为拉动文化产业发展、提升产业运行质量的重要载体和支撑平台，并以此为主体，形成了较为合理的产业发展格局和发展方略：顺德区以佛山市打造国际一流影视产业基地“广莱坞”为契机，结合既有文化资源，重点打造影视产业、电竞产业、文旅产业和园区产业，促进文化产业集聚发展。南海区提出以文兴业，引入“宋城·西樵山岭南千古情”和“东方动漫王国”项目，打造创意型文化之都。禅城区以文物保护单位为核，推进东华里古建筑群、佛山市精武体育会会址等修缮工程，打造和夯实岭南文化传承阵地。

文化和科技融合不断加深。2017年，佛山市加快“香港+佛山”科技文化合作的新步伐，鼓励科技企业利用技术优势发展文旅产品创新，如携手碧桂园集团，对接企业未来发展需求，开展文化旅游产业体系筑基培优，搭建龙头企业的产学研公共服务平台，积极培育龙头企业打造国家级众创空间，共同建设文旅产品孵化中心及数字文化艺术中心。广东朝野科技有限公司利用自主研发新技术推动个性化生产，不断提高海外市场份额，产品已进入世界 100 多个国家和地区，2017 年实现销售额 8.3 亿元，产量突破 300 万台。

（四）文化投融资渠道更加丰富

（1）固定资产投资力度不断加大。文化、体育和娱乐业固定资产投资呈现波动增长的趋势，从 2014 年 15.15 亿元增长到 2018 年的 44.65 亿元。近两年在文化、体育和娱乐业方面的固定资产投资增长较快，分别达到 89.9% 和 86.65%。说明佛山市对文化、体育和娱乐业的资金支持力度不断加大，文化类项目不断增多。

（2）文化产业信贷产品和融资模式不断创新。近年来，佛山市通过设立中小企业信用担保基金，建立文化产业投融资平台，整合多方资源，解决文化企业融资难题。佛山市政府通过四大国有商业银行的精准合作，设立总规模为 50 亿元的佛山市文化产业发展投资基金，对目标企业或项目进行投资。市内各主要文化创意产业园区和文化产业园区，积极对接金融创新政策，通过引进小贷公司，为众多小微文化企业及时发放贷款。

（3）民间资本投资文化产业日趋旺盛。活跃的民营经济是佛山市产业发展的显著特征，民营企业市场主体占佛山市场主体 95.0%，民营经济对佛山市 GDP 贡献率为 63.0%。近年来，民间资本通过参股、并购等方式投资文化产业。如传统房地产企业碧桂园与佛山市传媒集团合作，携手打造文化影视产业园区、数字文化产业平台，引领区域文化产业发展。佛山市石湾贝丘投资有限公司投资泛家居电商创意园，打造岭南地区文化高地。

三 “文化+”产业发展模式

理论研究和发展实践表明，文化产业高质量发展遵循两条路线：一是内向型优化。即为实现产业高质量发展，城市和地区根据文化产业规模化、高级化、集聚化等发展要求，开展促进文化产业发展质量提升的活动。二是外向型优化。即产业高质量发展是通过文化产业与其他产业的融合，促进文化产业化、产业文化化发展。对产业集聚化发展来说，集聚不仅仅是一种经济现象，更是一种产业发展的新型组织方式。在目前佛山市产业增长的格局下，佛山市文化产业集聚呈现为专业化集聚和多样化集聚同频共振的特征，并对地区产业发展产生较强的促进作用。产业融合是指不同产业或同一产业的不同行业之间交互渗透、相互融合，并逐渐形成新产业的发展过程，其实质是产业为适应环境或者实现组织内部变革以及自身增长，而发生产业边界的伸展、收缩、模糊或者消失的过程。产业融合的动因主要表现为：一是技术创新驱动产业融合。技术革命或技术创新带动和引发技术融合，技术融合进而改变传统产业的边界，并促使产业融合逐渐发生和形成。二是多因素耦合驱动产业融合。此种产业融合是诸多外部动力和内部动力相互作用的结果，使文化旅游产业与关联产业之间的联系性逐渐加强，并产生边界互融互通，实现融合发展。从发展机制上来看，文化产业融合在实质上就是文化旅游产业和关联产业突破了各自的技术边界、产品边界、业务边界、运作边界及市场边界，渗透或延伸至彼此的产业活动领域，使得原有相互独立的文化旅游产业与其他产业的价值链通过解构、延伸等方式进行重组与整合，最终形成新的价值链的过程。文化产业融合一般涉及技术融合、市场融合、资源融合、功能融合以及制度融合等方面。对当前佛山市产业融合来说，文化旅游与关联产业融合的动因主要体现为技术创新和多因素耦合而形成的融合发展模式。

（一）集聚发展模式

佛山市文化产业的集聚发展，主要是依托产业园区、产业示范基地等多种形式的载体，以文化元素为核心进行集聚发展。在文化产业大发展的背景下，佛山市涌现出不同文化主题的新兴文化产业园区，如民族文化类的南风古灶国际创意园、设计服务类的广东工业设计城、高新技术类的南海软件产业园、新媒体类的佛山市新媒体产业园等。与此同时，一些具有国际影响力的知名企业，如碧桂园、宋城集团积极参与文化产业建设。到 2018 年，佛山市形成形式多样的文化产业园区 20 多个，其中国家级文化产业示范园区（基地）4 个。同时，就五区集聚发展情况来看，佛山市文化产业各区集聚水平从高到低依次为禅城区（1.364）、顺德区（1.054）、南海区（0.993）、三水区（0.644）和高明区（0.571）①。其中，产业集聚明显的区域为禅城区和顺德区。禅城区以影视文化产业和创意设计产业为主导，建成了一批特点突出的文化产业园区和平台。顺德区近年来充分利用文化资源，通过文化品牌构建，带动文化产业发展，形成广东工业设计城、伦教珠宝、伦教香云纱等区域文化产业品牌，涌现出顺德印刷、顺德孔雀廊唱片、广东启智数码等知名文化企业。南海区基本形成了东部文化休闲、中部工业文创、西部旅游影视的文化产业发展格局。

从集聚要素角度出发，佛山市文化产业集聚模式主要有如下类别。

1. 艺术创作集群发展模式

这类集聚区创新氛围浓厚，通过知识挖掘，以创意为依托，形成数码创意、产品设计、广告服务等内容产业。人力资源和知识资源是其发展的决定要素。如广东工业设计城，自 2009 年开园至今，通过打造设计全产业链，在高端人才引进、创新成果孵化等方面不断探索“产城人文”融合发展的新路径。目前，园区内聚集了设计人员 8195 人，核心启动区吸引国内外设计企业 253 家，其中设计类企业占比高达 85.0%。

2. 技术跨界创新集聚模式

这类集聚区主要由技术进步和创新集聚发展而来，其最大的特点表现在对信息和通信技术、数字传媒和网络技术等的广泛应用上。技术跨界集

① 《2018 年佛山市国民经济和社会发展统计公报》。

聚区在改造、优化和提升原有产品和服务的同时，更加突出对产业融合发展的促进和提振，进而催化、培育出一批游戏、动漫、数字音乐、创意娱乐等新兴文化产业业态，实现跨界集聚区的持续发展。如南海科技园自1998年开始建设，经过几年的发展，吸引了大批优质项目的入驻。目前，园区研发机构数十个，形成了以软件外包、数字媒体等产业为主体的文化产业集群。

3. 品牌扩张互联集聚模式

该类型集聚区在发展之初，会因为其特色的文创和旅游资源，而具有较高品牌知名度，此种先发资源优势构成这类集聚区在初级阶段的核心竞争力。随着集聚区的逐渐壮大和发展，在既有文化旅游品牌的号召下，各种优质文化旅游资源会以更大规模和力度不断积聚，产生更为明显的集聚发展势能，并有效带动集聚区关联产业发展，关联产业的提振和发展又通过“反哺”机制进一步推动集聚区内文化产业的发展，形成相辅相成的促动和提升机制。如西樵山国艺影视城依托得天独厚的资源和文化基础，截至2018年9月30日，影视城共吸引约68万名游客前来，逐步形成了以文化旅游、影视传媒、演艺娱乐等为特色的文化产业体系，成为佛山市重要的文化旅游地之一。

4. 文化消费延伸集聚模式

文化消费延伸扩展集聚区的主要功能在于能够不断满足人们持续提升的文化消费需求，如从初级阶段的腹欲满足型消费（温饱型消费）向高级阶段跃升（文化型消费）等。该类集聚区内的多数企业主要从事的行业门类以生活性或服务性文化活动为主，如文化机构、演艺中心等，辅以配套咖啡馆、酒吧等生活服务类项目。佛山市文化创意产业园目前进驻企业1100多家，其中文创类企业617家，占入驻企业的56.0%；餐饮企业109家，占比约为10.0%，逐渐发展成为佛山市民生活消费的主要文化场所。

（二）融合发展模式

佛山市历史悠久，拥有丰富的历史文化资源，包括南狮、粤曲、武术、广绣、剪纸等民俗艺术。这些文化资源的有效保护，为文化产业发展奠定了良好的基础。20 世纪 90 年代以来，佛山市文化旅游产业发展建立在以自然风光游览为主，旅游基础设施开始建设，科技创新意识开始萌芽的基础之上，此时，佛山市的文化、旅游和科技创新发展都处于自己的产业圈内，有着各自的产业边界，业务范围和营销市场都处于分立状态。随着市场需求的变迁，文化产业不断向旅游、科技领域渗透，文化产业价值链开始整合重组延伸。佛山市的风土人情、历史古迹等文化资源逐步融入旅游产品，逐步吸收科技元素，从而实现产品融合。比如，以形式多样的文化节打造了民俗文化节、秋色欢乐节和美食文化节等特色节庆活动，虚拟现实技术与文化古迹祖庙的跨界融合。此时，产业的市场边界出现交叉，产业融合开始显现。21 世纪以来，尤其是 2010 年以后，随着产品、市场层面融合的循序渐进、相互促进，佛山市文化旅游产业间的壁垒减少或者消失，新的产业形态正在产生和发展。出现了跨行业的“一街两脉”文旅街等产业集群；文化底蕴与家具、瓷砖和装备制造业等结合，拉伸和完善产业链条；大型跨界文化企业出现，文化产品开始转型升级，业务范围逐步扩大，文旅产品的市场覆盖范围越来越广，文化旅游领域的经济实力稳步提升。目前佛山市文化旅游产业的融合发展模式，主要表现为主动融合、被动融合和互动融合等三种模式。

1. 主动融合模式

主动融合模式侧重于将技术、资源、市场、产品和服务作为产业融合的引动要素，并通过宏观层面的体制、机制、管理和观念等的革新和优化，促进市场和服务优化，进而实现产业整合（见图 5）。

该种模式下，文旅产业融合的具体表现形式包括：（1）产品创新延伸融合模式。该模式主要将文化产业链延伸到文化旅游关联产业，以专门从文化旅游效益中获得经济效益为主要经营方式。比如佛山市史努比缤纷世界主题公园以体验性为特色，通过将虚拟的动漫世界以全景立体的展示形式真实地呈现在乐园空间，建构了史努比动漫主题世界的形态和文化旅游模式。这种融合形态既突出了旅游特点，又增强了游客体验，2017 年全年已接待游客超过 100 万人次，其中境外游客超过 10 万人次。（2）节庆与会展整合模

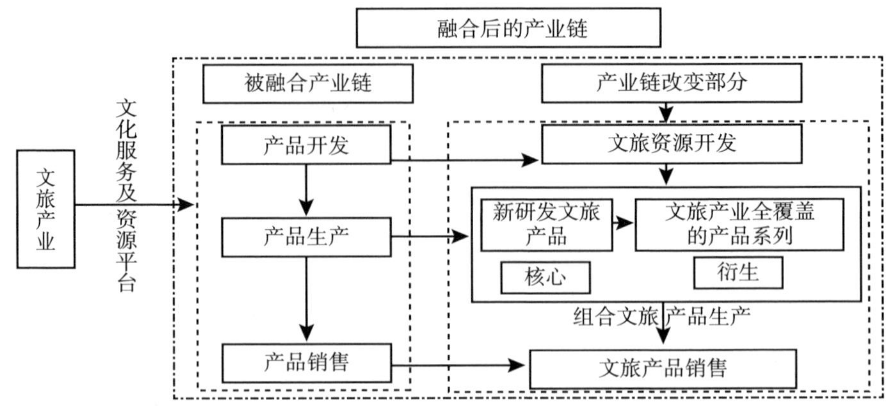

图5　佛山市文化旅游产业的主动融合模式

式。节庆与会展整合模式主要通过各种节庆和会展平台的建构，以吸引人流、物流和信息流的涌入，并从中获得社会经济效益。比如，2017 年的三水旅游文化周通过全面展示三水文旅资源，共吸引了 21 万人次参与；2017 年佛山市秋色欢乐节巡游活动共吸引了超过 60 万名市民感受佛山市民俗文化。由此可见，在节庆与会展整合模式下，依托节庆展会作为平台，将文化与旅游两大产业的资源、产业活动进行重组与整合，打造各种文化体验旅游活动或项目，创造全新的文化产业形态，是文旅产业融合发展、实现产业互赢的有效形式。（3）项目开发渗透融合模式。项目开发渗透融合模式突出赋予特定文旅空间（包括文化产业园区和文化产品生产基地等）以文化旅游功能，并通过产业和空间整合的方式，发展文化旅游业。作为佛山市重点打造的文创空间，佛山市创意产业园一直着力于将文化产业发展作为目标，经过多年的系统发展，目前园区充满了文创表达手段和方式，如浓厚的文化气息、丰富多彩的现场表演、多种多样的陶瓷艺术品及工艺生产过程等随处可见，艺术长廊、特色工艺、画廊等文化产品交易场所遍布园区，所以园区本身也是个文化旅游景区。目前，佛山市文化创意产业园区商业部分出租率达 90%，办公出租率基本接近 95%，每天人流量为 6 万人次左右。

2. 被动融合模式

被动融合模式，是指该种类型的产业融合，主要是由于受到外力推动或受外部发展的影响或牵制而发生的应变或反应，常指产业在外部技术、市场、政策等作用下，发展方向被动调整，致使不能使发展按照自己的意图进行，进而通过一种被动求变的方式做出融合应对的产业融合发展方式（见图6）。

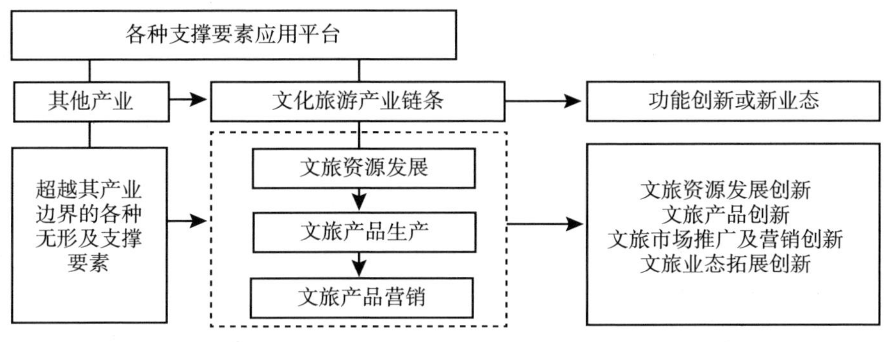

图6　佛山市文化旅游产业的被动融合模式

被动融合模式的经典表现形式包括：（1）基于文化保护的文化（文物）展示模式。作为传统广府文化核心集聚地区的佛山市，传统“南番顺”区域发展产生的大量文化形式和文化遗存，在迅猛发展的当代，经历大浪淘沙式社会发展和市场化后，走到转型发展的机遇期。有形文化遗存如佛山老城区的各种传统建筑、街巷空间，无形文化遗产如各种非物质文化遗产、佛山地方戏曲、曲艺、佛山传统民俗等，这些文化遗产和遗存，在当代快速发展的浪潮中，在快速城市化、现代化以及以快消形式为主导的外来文化艺术冲击下，大多出现生存发展危机。为应对发展瓶颈和难关，这些物态化遗产和非物质文化遗产通过多样化的文旅产业嫁接形式，以相对被动的姿态，迎来融合发展，创新发展的契机。（2）创意策划包装的艺术开发模式。传统工艺和关联产业的发展和传承，是佛山城市奠定历史文化城市的根基之一，如享誉海外，尤其是东南地区的“石湾公仔”“佛山中成药”“石湾米酒”等传统产业及生产工艺，在当下现代文化艺术形式冲击和新型工艺生产的替代下，面临巨大的竞争压力，部分产业、产品和工艺流程，为了自我发展生存，在被动的压力下，开始涅槃重生式的自我改造和优化调整。其中，以创意策划包装为主导的工艺开发和产业拓展成为其中的重要发展方式，突出者如石湾陶艺的现代化转型和融合发展；石湾米酒引进“玉冰烧”系列的产品升级和创意包装优化；佛山传统中成药产业为应对挑战，在产品系列、包装系列、生产过程旅游化改造等方面，都做出了显著的调整和创新发展。佛山的传统工艺和产业在文化旅游创意开发与经营上，实现用文化创意联动和接续旅游资源，以文化旅游资源的开发挖掘，促使文旅产业结构升级，用文化创意开发和创造新的旅游产品，以全新的产品创新体系，促使文化旅游产业结构升级，用文化创意引领文化旅游实践和文旅消费行为，实现文旅消费的产业结构升级，并在项目与产品发展方面，发展了博物馆区模式、公园综合体模式、文化群落生产模式、艺术欣赏发展模式、艺术表演模式、节庆民俗模式、新兴街区模式等。

3. 互动融合模式

该模式是指不同产业之间（一般指文化旅游和科技等产业之间）相互发生作用或变化的过程。这种彼此之间的作用和变化能使不同产业之间形成相互作用，进而发生积极性改变，并最终产生新的产业形态和产业影响力（见图7）。

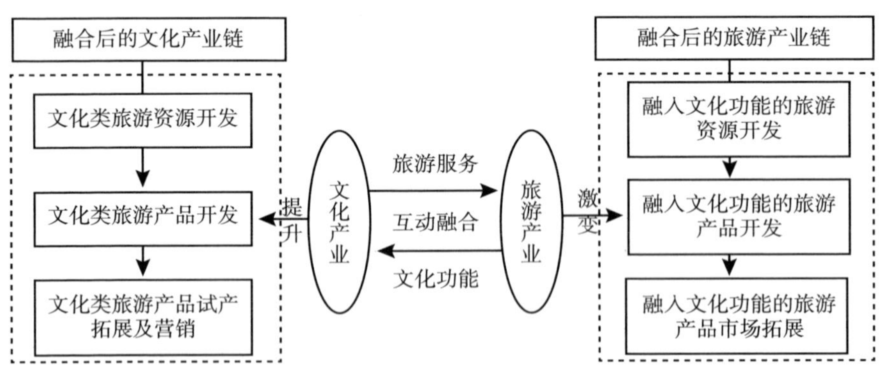

图7　佛山市文化旅游产业互动融合模式

互动融合的典型模式就是文化科技融合。随着文化与科技的交融日益广泛和深入，科技在文化产业中日渐发挥重要支撑和引擎作用。科技对文化产业的发展主要在以下方面产生影响，并生产对应的融合发展新模式：一是通过文化创意和技术集成实现高新产品新价值模式，二是通过科技创新和变革实现文化内容新发展模式，三是通过文化科技共同孕育新业态模式。具体如表2所示。

表2 佛山市文化科技融合模式

模式	内涵	典型企业
文化创造高新产品新价值模式	科技产品或服务借助文化艺术获得了更高的创新价值	佛山市摩根智能科技有限公司
科技支撑文化内容新发展模式	文化样式借助新的科技手段获得新的表现形式	广东顺德东方麦田工业设计有限公司
文化科技共同孕育新业态模式	新的科技手段造就新的文化样式和新的产业形态	广东精鹰传媒有限公司

在具体的产业发展表现和杰出贡献企业方面，主要体现在以下三个方面：（1）文化创造高新产品新价值模式。佛山市的高新技术企业介入文化产业领域由来已久，其融合发展实质是基于核心技术能力的多元化经营战略向文化领域的导入。该模式的出现顺应了当前科学技术发展到“新生代”阶段，各种新兴技术如移动互联、5G革命、人工智能创意等，开始促进人们对技术与文化艺术融合的诉求，此种客观态势下，科技文化的相互促进和迭代融合，注重以设计为导向，强调对消费者的文化生活体验的导向，并以文化旅游的科技突进来引领消费者的需求。摩根智能科技利用创新设计，引入新的文化元素颠覆了传统产品设计理念，解决了传统产品升级换代难题。目前，在全球已拥有50多项专利，其中，在美国已获两项授权发明专利。（2）科技支撑文化内容新发展模式。文化产业企业通过运用新科技，实现科技和各种传统文化、民俗文化、地方文化的无缝结合，促进传统文化、民俗文化、地方文化等的业态发生重大变化。文化旅游产业领域的科技应用，也极大提高了产业领域的文化内容样式的表现力、传播力和影响力。东方麦田作为中国最具规模和专业性的设计机构之一，注重设计创造优良产品，构建起以产品为主轴线的全价值链创新设计服务。近年来，公司还积极运用大

数据、云计算，在不断提升产品设计基础上，实现设计与新技术新材料的有机融合。2017 年，公司香云纱 + 高新技术应用 + 互联网——国家级非物质文化遗产在文创礼品上的研发、推广项目，获得佛山市旅游文化创意产业发展专项扶持资金 12 万元。（3）文化科技共同孕育新业态模式。随着文化科技更加友好的融合共进，在相关新兴业态领域中，文化与科技在新业态的肇始之际就实现了完美融合，并滋生了多种新的文化旅游产品类型和产品形式，这也标志着基于文化与科技融合新业态在适应新生活的基础上，也创造了生活的新形式，如数字影像技术带来的 3D、4D、5D 视讯革命等。精鹰传媒自 2007 年成立以来，已出品超过 100 部网络电影与网络剧，其中已有 60 部网络电影陆续上线，全网点击量超 10 亿，累计票房约 3 亿元。精鹰传媒的发展历程显示，将新技术运用到文化创意产品和服务中，在丰富、完善和创造出新的文化内容和样式的同时，也促进了多元文化形态和业态在更大尺度、更深层面、更长周期里进行传播、辐射，发挥了技术改善文化生活的卓越影响力。

参考文献

侯爽、刘爱利、黄鸿：《中国文化旅游产业的发展趋势探讨》，《首都师范大学学报》（自然科学版）2019 年第 4 期。

孟茂倩：《文化产业与旅游产业融合发展探析》，《中州学刊》2017 年第 11 期。

鲁明月：《产业融合背景下的文化旅游产业发展研究：以湘西州为例》，硕士学位论文，中南民族大学，2013。

张广海、孙春兰：《文化旅游产业融合及产业链构建》，《经济研究导刊》2012 年第 12 期。

顾江、胡慧源：《文化产业集聚区的特点、模式与发展趋势》，《经济与管理战略研究》2012 年第 2 期。

案 例 篇

Cases

B.17

广州趣丸网络即时语音泛娱乐产业化发展战略分析

宋 克 陈光尧*

摘 要： 趣丸网络是中国业界移动端首创悬浮式语音球即时语音通信的先行者，联运合作商超500家，服务用户达1.2亿，通过不断的转型和战略布局，整合产业上下游服务，推进泛娱乐产业生态化运营，现已从单一的游戏开黑语音工具，逐步发展成为具有为用户提供即时语音通信、游戏社交、游戏联运发行、职业电竞等全方位服务功能的泛娱乐社交平台，其所具有的商业化价值不可估量，致力于成为即时语音泛娱乐领域的领导者。

* 宋克，广州趣丸网络科技有限公司CEO，趣丸网络党支部书记，硕士，研究方向为文化科技；陈光尧，广州趣丸网络科技有限公司副总裁，硕士，研究方向为文化科技。

关键词： 趣丸网络　悬浮式语音球　泛娱乐社交

一　基本情况

广州趣丸网络科技有限公司（简称：趣丸网络）成立于2014年12月，以TT语音为核心技术切入点，以“垂直社交+互动娱乐”为发展策略，是集即时语音通信、游戏社交、游戏联运发行、职业电竞等业务于一体的高新技术企业。该公司致力于建立一个对数字内容产业极具影响力的语音娱乐社交生态系统，是业界首家将即时语音技术与虚拟组织管理相结合，并实际应用于游戏社交移动化项目建设的信息技术服务商。

经过近几年的蓬勃发展，趣丸网络获得多项资质和荣誉，如：2016~2017年先后获“广州市科技创新小巨人企业”“广东省高新技术企业”认定；2017年、2018年连续两年入选工信部和中国互联网协会评定的“中国互联网百强企业”（2018年较2017年晋升11个位次）；2018年获“德勤中国高科技高成长企业50强”（第5名）、“德勤亚太区高科技高成长500强”（第5名）和“广东省创新型企业试点”等殊荣；在工信部信息中心《2018中国泛娱乐产业白皮书》中趣丸网络被列为手游社交平台运营的创新典范性案例；2018年被中央网信办评为“中央网信办全国百家重点党建企业之一”，成为文化创意领域战略性新兴产业高成长创新型企业标杆；入选广州市2019年“未来独角兽”创新企业、2019年广州文化企业50强。

二　发展历程

（一）2015~2017年：用户积累，首创悬浮式语音球即时语音通信阶段

2015年，TT成立，针对手游中即时语音通信领域的空白，发布TT语音App，致力为手游玩家提供即时语音、团队管理、游戏增值等应用服务。

上线首年，注册用户数即达 300 万，同时在线人数超 6 万人，跨越互联网初创公司新产品难获用户的门槛。团队规模达 200 人。TT 上线定制发行和联运发行业务，与百度、奇虎 360、机锋网等国内知名游戏厂商合作，联运业务合作流水破亿元，跻身一线联运渠道。团队规模达 300 人。

2016 年，TT 创办首届《自由之战》职业联赛 FPL，拉开手游竞技业务序幕。冠名西甲足球队——西班牙人足球俱乐部，吸引众多国内外媒体及平台关注，包括阿斯报、马卡报、知乎等。上线直播业务，为用户提供游戏之外的泛娱乐服务。

2017 年，TT 上线语聊娱乐业务，深受用户喜爱，首月流水超千万元。业务转型升级为用户提供泛娱乐社交服务。团队规模超 400 人。

（二）2018年至今：电竞布局升级泛娱乐阶段

2018 年，组建 TTG 电竞俱乐部，同年获得第六届王者荣耀城市赛总决赛亚军。2019 年，成功举办王者广东高校联赛进行品牌战略升级。TT 语音由最初作为一个工具型产品转型升级为泛娱乐社交平台，实现娱乐社交和游戏服务的新布局。平台累计注册用户突破 1 亿户。

三　业务模块

趣丸网络的业务模块主要包括游戏语音社交、游戏联运发行、电子竞技业务三部分（见图 1）。

1. 游戏语音社交

随着网络的发展，聊天交友的很多方式也在逐步变化，目前以微信、momo 为代表的纯社交软件存在易与其他社交关系混合的痛点，很难为游戏玩家提供定制化服务内容，而以王者荣耀、梦幻西游为代表的游戏内社交，又存在关系难持续的痛点。TT 深耕于移动语音社交服务领域，致力于搭建移动泛娱乐社区，打通“工具 + 内容 + 增值 + 社交”的应用关系链。

2. 游戏联运发行

一键打折：玩家进入游戏内，付费充值即可享受平台折扣优惠，快捷省钱。

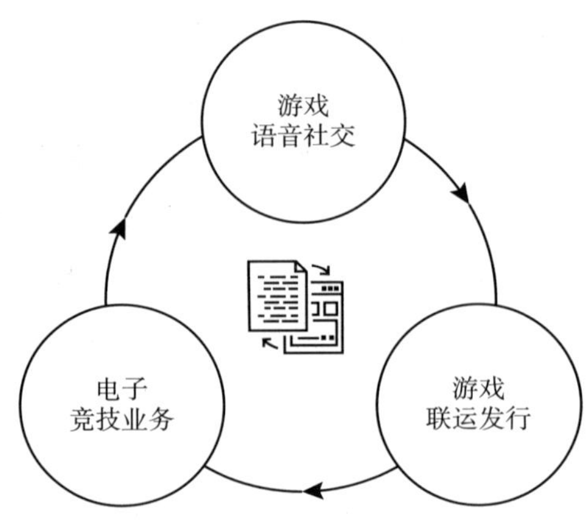

图1　广州趣丸网络科技有限公司业务模块

资料来源：广州趣丸网络科技有限公司提供。

优惠叠加：各式福利代金券，均可享受折上优惠。

角色交易：用户的游戏角色可以在 App 的交易页面中进行出售，也可以在交易页面买入心仪的游戏角色，整个交易的操作过程透明清晰，简单安全。

3. 电子竞技业务

打造广州新名片，引入顶级赛事、俱乐部、电竞核心产业，整合“活动策划执行”和“IP 运营”营销活动。

活动策划执行从事品牌全案、大型文化活动、会展巡展、营销路演、会议会务、仪式庆典、促销推广等整合营销活动整体策划、执行和运营业务，通过“平台＋合伙人”的模式，形成全国范围批量执行能力。

娱乐化 IP 运营通过“平台＋创客”模式，从事独立赛事、演唱会、真人秀等商业项目运营业务，获得广告及赞助收入。

四　品牌案例展示

（一）TT 语音

TT 语音 App 通过精准定位各层次用户的个性化需求，为广大用户提供即时语音、语聊娱乐、游戏资讯、游戏电竞等应用服务（参见图 2）。用户不仅可以在平台上找到各大热门游戏组织，一键组队、快速开黑，找到个性匹配的玩家；也可以通过语聊房实现兴趣交友、语音互动、大神带飞等线上社交娱乐；还可以在平台上通过语聊房展示个人的才华，成为平台主播。TT 语音从手游语音工具转型为语音社交平台，是国内领先的手游垂直社交平台，致力于成为年轻人最爱的泛娱乐平台。2019 年 3 月被艾媒咨询评为“2019 最佳新社交平台”。

图 2　广州趣丸网络科技有限公司品牌 TT 语音展示

资料来源：广州趣丸网络科技有限公司提供。

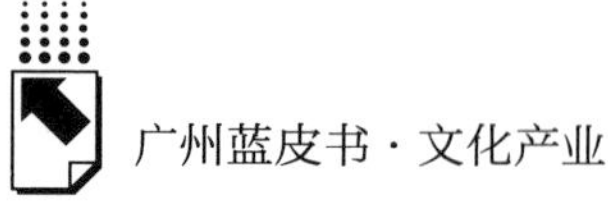

（二）TT玩+

TT玩+（App）以便捷式一键打折为核心，以优惠叠加、角色交易为基本点，致力于带给玩家各类手游福利体验。TT玩+的游戏从策略类、动作类、角色类，到体育类、休闲类、棋牌类、竞速类，各式热门大作包罗万象，满足玩家全方位丰富多彩的游戏选择（参见图3）。

TT玩+作为一个手游盒子，着力打造精品游戏豪华阵容，合作的知名厂商包括网易、腾讯、三七互娱、完美世界、西山居等超一线手游研发团队，热门合作游戏如《王者荣耀》《绝地求生》《楚留香》《我叫MT》《一刀传世》《斗罗大陆》等大作。

图3 广州趣丸网络科技有限公司品牌TT玩+展示

资料来源：广州趣丸网络科技有限公司提供。

（三）TTG电竞俱乐部

TTG电竞俱乐部是由趣丸网络在2018年组建成立的，是一家集职业电竞选手培养、青训选手培养、赛事运营等业务于一体的职业电竞俱乐部。目前TTG电竞俱乐部拥有TTG.XQ王者荣耀战队、JS和平精英战队和 TT 皇室战争战队。

TTG. XQ 王者荣耀战队于 2020 年 2 月正式完成俱乐部品牌升级，以原 XQ 战队为基础，以崭新的姿态继续征战 KPL。战队拥有顶级新星“九尾”，在 2019 年秋季赛 MVP 排行榜中排行第二，微博话题阅读量超 1.4 亿。2020 年 1 月 1 日，战队携手兄弟产品 TT 语音登上美国纽约时代广场的纳斯达克大屏，向全球玩家致以新年问候。原 XQ 战队曾获 2016 年第一届 KPL 职业联赛季军、2017 年第二届 KPL 职业联赛常规赛第二名、NEST 全国电子竞技大赛冠军、第三届 KPL 职业联赛亚军、国家杯电子竞技大赛王者荣耀项目全球总决赛冠军、2018 年雅加达亚运会王者荣耀项目金牌（KU）、KOC 全国总决赛亚军、2019 年 NESO 全国电子竞技大赛第三名。

TTG 和平精英战队是超 T1 级别战队，也是第一批官方认证战队，目前拥有 5 位 CFM 项目及全民枪战知名职业选手，选手具备直播经验并拥有高人气值，其中最具人气选手“伞兵”曾获 PMCO 中国区、TGA 总决赛等多项赛事 MVP。和平精英战队在 2018 年获六次官方赛冠军，2019 年获 TGA 全国冠军、2019 PMCO 全球邀请赛亚军、2019 PEGI 全国冠军等荣誉。

TTG 电竞俱乐部将在广州建立电竞主场，俱乐部主场赛事均落户广州，这将代表着广州市首次以电竞赛事主场城市的身份亮相电竞产业圈，对广州市乃至整个广东省电竞产业产生重大影响，同时也代表着国际主流电竞文化正式走进广州，对于将广州打造成全国电竞产业中心具有重要的引领作用。

五 核心竞争力

（一）业界首创悬浮式语音球模式，开创移动端游戏新模式

随着移动互联网的发展，客户对游戏界面的需求越来越精细化，趣丸网络在业界首创悬浮式语音球，通过高质量的语音压缩和并发处理技术，实现提供稳定度高、通话质量好、省流量的即时语音服务。同时，语音球占屏面积极小，实现同屏显示社交软件的运行界面和游戏运行界面，解放双手，游

戏内、外无缝隙连接，随时随地畅通交流。分布式即时语音核心技术集成，音质清晰，不卡顿，是电竞联赛指定官方开黑语音工具，市场占有率居第一位。

（二）多麦位即时信息交互技术，满足用户交互需求

多麦位即时信息交互技术，通过在交互页面上显示虚拟道具，实现选择礼物和选择想赠送方两个操作行为同步进行，成功解决在多麦位交互中赠送虚拟礼物流程烦琐，交互效率低的痛点，极大提高用户间信息交互的效率。

（三）利用大数据分析技术精准推送，助力快速搭建社交关系

大数据分析技术，通过对海量用户行为数据的收集处理分析，对用户行为、个性化标签、音频等大数据进行层级管理，解决泛娱乐社交领域大数据层级管理应用问题。创建用户画像，打破熟人圈层，精准匹配，形成强社交属性，实现为用户提供高适配兴趣的游戏资讯、语聊主播/房间等娱乐内容，协助用户建立稳定有趣的社交关系，为广大用户提供更优质、更个性化的服务内容，不断衍生满足用户个性化需求的泛娱乐社交互动服务。

（四）利用人工智能审核技术，为绿色健康泛娱乐保驾护航

AI 人工智能内容审核技术实现人工智能语音识别，通过搭建 AI 人工智能内容审核系统，实现对平台图片、文本、视频、语音和用户行为等数据的多维度、多层面、全面立体的审核，强化内容质量，为用户提供一个绿色、健康、友好的移动互联网泛娱乐平台。

（五）利用 TT 语音用户资源，夯实电竞基础

TTG 电竞俱乐部依托趣丸网络 TT 语音 App 海量中重度移动游戏玩家资源与精准运营渠道优势，与网易、上海卫视等知名互联网企业、机构联合举办多场电竞赛事，包括网易游戏举办的《第五人格》明星赛、上海电竞卫视全国电竞 G 联赛等全国性赛事。

六　企业发展前景

（一）成为年轻人最爱的泛娱乐平台

趣丸网络所从事的即时语音泛娱乐服务具有巨大的规模和良好的成长性，会聚了全国绿色手游和热门的移动游戏（移动游戏超 1000 款），是国内领先的重度手游玩家社区，也是手游玩家最喜爱的社区之一。依托现有头部游戏发行及职业电竞战队等核心业务，布局平台出海及海外本地化运营业务，继续深挖用户的“痛点”及“需求点”，专注于为用户提供更优质的产品和服务，抢占海外游戏社交空白市场，成为全球年轻人最爱的泛娱乐平台。

（二）构筑三大业务模块，发展“百亿级”规模

趣丸网络已经建立了三大业务模块（如前述），每个模块精准锁定特定用户群体，通过即时语音工具整合游戏文化上下游链条，建立游戏泛娱乐生态圈，保持高速的发展规模，打造“年轻人最爱的泛娱乐平台”，朝“百亿级”企业规模目标迈进。

（三）利用业界首创悬浮式语音球即时语音业务，成为细分领域的领导者

趣丸网络在即时语音领域将从移动端延伸到电脑 PC 端，坚持“用户体验至上”的战略，面对亿级用户量，通过整合手游玩家、线上娱乐爱好者、电子竞技游戏爱好者三大群体，持续通过大数据层级管理应用和人工智能语音识别等关键核心，改进即时语音技术，具有高度商业化的价值，最终成为细分领域的领导者。

（四）打造广州电竞品牌，实现可持续发展

TTG 电竞俱乐部在核心选手培养方面将通过盘活 TT 语音自有用户，扩

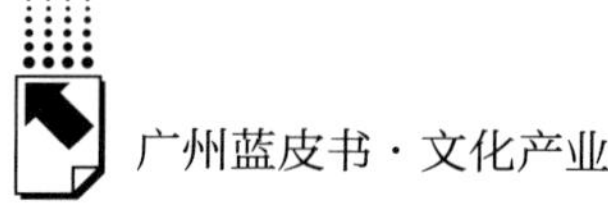

大青训队伍，引入借鉴职业体育青训管理模式，每赛季培养输出头部新人，提升战队核心竞技实力。在商业模式上，在获得传统的联盟分层、赛事奖金、转会、赞助及赛事直播收入外，还通过开展电竞教育、开办电竞节目、开发电竞赛事等方式，延伸电竞产业生态链；同时以主场为地标，结合政府招商引入顶级赛事和企业，拓展娱乐、消费、酒店等业务，探索创新的电竞商业模式，打造可复制的电竞商业模式，实现可持续发展。

B.18
众创五号空间发展模式初探

许伟彬*

摘　要： 自李克强总理2014年9月在达沃斯论坛提出“大众创业、万众创新”的口号后，全国创业浪潮兴起，一批创新创业基地拔地而起，为让创业者专注于创业，致力于为创业项目提供一站式孵化辅导服务的众创五号空间应运而生。众创五号空间主要以孵化互联网、文化创意行业企业为主，并深化深耕在港澳台地区的各领域双创合作，已逐步形成创业全链条的投资型国际孵化平台，并基于自身多年积累的孵化经验及外部资源，在沙河批发市场商圈将重新打造出一个形象特色鲜明、吸引力强、具有商圈名片效应的文化产业园区——五号服装小镇网红网批直播孵化基地，构建起文化创意行业与互联网双向深度融合的新型业态。

关键词： 生态圈　创新孵化　粤港澳大湾区

众创五号空间成立于2015年5月，位于广州市天河区沙东街道陶庄路5号，园区规划建筑面积30000平方米，占地面积10000平方米，基础设施完备，是创业全链条的投资型国际孵化平台，规划了“众创空间—孵化器—加速器”及青年创业社区等四大功能模块。众创五号空间以“孵化+基金投资”为发展模式，以港澳台及国际化合作为特色，重点培育孵化新一代信息技术、人工智能、文化创意等领域企业。通过以园区为孵化载体，

* 许伟彬，众创五号空间总裁，硕士，研究方向为产业集聚发展。

以投融资机制为驱动，以创业服务为纽带，联动各类创业扶持政策为保障，为入驻创业者充分调动创业生态圈资源。

截至2019年底，众创五号空间已落户了82家企业，其中46家为文化及相关产业类型企业，园区整体带动就业超过2000人。2018年被评为“广州市市级文化产业示范园区”和“海峡两岸青年就业创业基地”，2019年12月被评为“广州市港澳台青年创新创业示范基地”。

一　园区产生背景

众创五号空间原为沙东街道村集体物业，是于20世纪90年代初建成的轻工业大厦（旧厂房），在五号空间进驻之前，以仓储及低端的加工业为主，产业低端、产值较低。作为沙东村属企业——沙东有利集团将该处物业分割出租给数十家小企业作为办公室、厂房或仓库等，经常出现物业空置现象。2014年，沙东有利集团将该处物业全部收回，整体打包出租，在天河区“三资”交易平台招标。

此时2014年底“大众创业、万众创新”的态势逐步形成，互联网产业高速发展，众创五号空间总裁许伟彬希望把自身多年从事传统贸易与物业管理的经验与该时代浪潮结合，便选择打造一个承载互联网创业者的物理空间。2014年12月，现今众创五号空间的投资人参与竞标承租该处物业20年使用权，众创五号空间应运而生。

投资人通过租赁获得该处物业20年的使用权后，委托专家团队进行市场调研和空间规划、功能定位，确定设计方案，对原有工业厂区进行承租改造，于2015年5月开始正式运营，让废弃旧厂房变身为创意创业园。

二　众创空间、孵化器行业情况分析

（一）总体情况

近年来，广州市科技企业孵化器、众创空间发展迅速。根据广州市科技企业孵化协会资料，截至2019年11月30日，全市登记备案孵化器361家，其中国家级26家，国家级培育单位（省级）41家，市级49家。众创空间252家，其中国家级49家，省级试点单位35家。目前，众创空间、孵化器已形成服务链条化、企业培育战略化、合作全球化的发展态势。

（二）发展模式

广州市众创空间、孵化器发展模式多样，逐步形成以下5种类型。

第一，产业整合型。整合行业上下游企业，形成园区合作生态，引导下游企业发展并提供专业技术服务合作、市场资源对接。

第二，投资促进型。针对企业最亟须解决的资金问题，以资本为核心吸引优质企业，对接天使投资人、投资机构，并为企业提供融资服务。

第三，培训辅导型。侧重对企业的创业培训和辅导，提升企业的整体发展实力。利用基地丰富的资源，定期邀请企业家、创投专家、行业专家，为企业开展辅导。

第四，综合生态型。基地是集创业、生活、社交、娱乐于一体的综合体。

第五，专业服务型。依托行业龙头企业而建立，提供行业社交网络、专业技术服务平台和产业链资源支持，帮助入驻企业与龙头企业生态嫁接。

（三）外部支撑环境

近年来，从科技部、省、市到各区科技部门高度重视双创发展，着力推进众创空间、孵化器建设。在科技部《科技企业孵化器管理办法》、《广东省人民政府关于加快科技创新的若干政策意见》、《广东省科技孵化育成体系提质增效行动方案（2017—2020年）》及广州市人民政府《广州市建设科技创新强市三年行动计划（2019—2021年）》、《广州市进一步加快促进科技创新的政策措施》、《广州市人民政府办公厅关于促进科技企业孵化器发展的实施意见》的政策指导下，各科技部门陆续出台扶持政策，并设立多项专项资金，为行业发展保驾护航。2018 年，广州市科技局发布《广州市科技企业孵化器和众创空间管理办法》《广州市科技企业孵化器和众创空间后补助试行办法》，明确行业的登记、认定、绩效评价及扶持奖励办法，促进行业朝标准化、特色化、专业化的方向发展。

引导行业协会的建立，搭建交流平台网络。在广州市各政府部门的引导下，围绕众创空间、孵化器的行业协会及各产业行业协会陆续建立。推动广东省孵化器优势互补、资源共享，有效规范行业发展，全面提升广东省孵化器孵育能力。

（四）行业发展出现的问题

广州市众创空间、孵化器的发展取得了显著的成效，但也存在一些不足之处，表现为以下几点。

专业化优势不明显。目前，广州市众创空间、孵化器已进入稳定发展阶段，从专业化角度来说出现占比不高、趋势不强的问题。从现有情况来说，专业化的众创空间、孵化器大多涉及互联网、生物医药、电子信息等领域，发展取得一定的成效，但仍需要引导更多众创空间、孵化器向主导产业垂直细分化发展，着力培育自身特色化优势，挖掘更多孵化能力价值。

盈利模式较为单一。众创空间、孵化器的盈收大多依靠租金收入，其发展依托行业各类扶持政策的支撑。在这种营收模式上，一旦出现大的外部风险及政策扶持门槛逐步提高后，众创空间及孵化器将难以支撑正常的运作。因此众创空间、孵化器需要探索更多增收方式，例如提升服务变现能力、加大自身投融资比重，提升其盈利能力。

粤港澳大湾区及国际合作有待深化。目前广州市只有极少数孵化器建立了与港澳台地区的合作以及与国际的合作，大部分众创空间、孵化器尚未建立或形成体系化深入化的合作模式。根据《粤港澳大湾区发展规划纲要》，广州应定位为广深港澳科技创新走廊，在这个背景下，众创空间、孵化器应加强与港澳台的创新创业资源对接与合作，带领入孵企业参与国际化合作。

三　园区发展历程及取得的成绩

（一）2014～2015年：园区生态圈打造阶段

2014 年众创五号空间建设构想萌发，并对场地进行“三旧”改造，打造成集创业、工作、生活于一体的物理空间。在创业生态打造上，众创五号空间先后引入机智云、幸福森林等企业，以未来“独角兽”企业带动初创及中微型企业的入驻，逐步构建起一条协同合作、资源互补、闭环式的具有集群效应的完整创业生态圈。

（二）2016～2018年：创业孵化模式优化阶段

众创五号空间孵化模式持续深化，对内培育入驻项目，对外持续挖掘孵化资源融入园区创业生态圈，逐步形成“孵化＋投资”的培育体系。此外，众创五号空间逐步加强与港澳台地区的双创合作，2016 年“台湾青年之家”入驻园区。

众创五号空间于 2016 年获得国家级众创空间认定；2017 年，众创五号空间成功被省科技厅评为“广东省粤港澳台众创空间”，目前广东省仅两家众创空间获得该荣誉。2018 年 5 月被国台办评为“海峡两岸青年就业创业基地”，这是广州市第三家获得该荣誉的创业基地；同年 11 月被广州市文广新局评为“广州市市级文化产业示范园区”。

（三）2019年至今：湾区孵化与规模扩大阶段

2019 年，众创五号空间响应政策号召，积极服务与践行粤港澳大湾区建设重大战略，深化对港澳台来穗青年的合作，围绕创业、就业、实习三大模块，结合园区孵化经验，以省市区创业扶持政策为支撑、各类丰富多样的创业活动为桥梁，深化对园区企业及港澳台来穗企业的孵化。2019 年 12 月，众创五号空间荣获“广州市港澳台青年创新创业示范基地”资质。

此外，基于众创五号空间多年积累的孵化经验及外部资源，在广州大道北83号重新打造出一个形象特色鲜明、吸引力强、具有商圈名片效应的文化产业园区——五号服装小镇，构建起文化创意行业与互联网双向深度融合的新型业态。

四 园区的发展模式和成功经验

（一）打造创业全链条的投资型国际孵化平台，辐射带动陶庄社区升级

在物理空间的打造上，众创五号空间充分考虑创业者的需求，除了按企业发展阶段规划出“众创空间—孵化器—加速器”的办公空间之外，还为创业者提供路演大厅、人才公寓、餐厅、咖啡厅、健身房、篮球场等生活社交的场所，让创业者足不出园也可满足办公及生活的需求。

在孵化平台的搭建上，众创五号空间为入驻项目打造创业项目孵化全链条和一站式服务综合平台：联动工商管理部门为创业项目提供绿色通道，大大缩短落户时间；沟通各级政府部门，为创业者对接利好的创业扶持政策；引入第三方机构，积极推动企业做好科技规划和管理工作，包括知识产权、专利、商标、ISO体系、科技项目申报等工作；对接外部产业资源，让企业能找到更多合作机会。

自园区正式运营后，大批量的人才及企业在陶庄路生根发展，带动了周边业态的提升。2016年初分别由区政府和企业出资，分别以沙东街道办事处和企业为实施主体，采用“微改造+综合整治”手段，对陶庄路进行“陶庄互联网生态家园”的街道升级。该街道改造是以众创五号空间为建设圆心，以路沿线及两侧12~15米为主线，进行综合整治，对沿陶庄路道路路面、人行道，原有居民楼、学校、市场、派出所、商店等建筑外立面进行全面改造升级，改善社区内环境并进行智能化、信息化升级，实现全区域免

费 WIFI 覆盖。目前陶庄互联网生态家园已被打造成为智慧化、互联网化、创新创业一体化、产业集群化、生态化新社区典范。

（二）以“孵化＋投资”为模式，帮助项目茁壮成长

众创五号空间具有一流的投资孵化能力和资源，通过与深圳启赋资本建立深度战略合作关系，并共同拥有总规模接近 10 亿元的基金，以“孵化＋基金投资”为发展模式，重点培育孵化文创、软件服务、广告服务、消费品工业、信息业、旅游业等符合政策指引的文化创意领域企业。同时众创五号空间还为项目搭建双创服务平台，通过联合 ATLAS 寰图、七客联创、专创众创空间、TIMETABLE 等广州港澳创业基地，励志教育青年基金、香港广州创新及科技协会和中华国际创新育成联盟协会和港澳地区的高校院所，以及暴龙资本、红森资本、广东中青创投、华高投资、力华投资与横琴金投等国内知名投资机构，整合各行各业的合作资源对项目进行投融资对接，提升了项目的发展质量，并通过整合各大机构和金融服务资源，为高速发展企业提供持续融资服务，挂牌上市服务。

广州泽沐信息科技有限责任公司（以下简称“来设计”）是一家专注于工业设计服务及产业链优化服务的公司。来设计在刚入驻园区时也存在着发展资金短缺、专业技术人员不足及研发实力不强等问题，制约了自身进一步的发展。园区为其对接了业内知名的创业导师和融资策划专业团队，解决公司在市场、技术及资金上的困境，并协助该企业获得天使融资 600 万元。得益于园区全方位的服务，目前来设计已经进入一个高速发展阶段，市场拓展能力不断增强。此外，该公司创新改变命运的案例还登上了中央电视台《新闻联播》，作为中小企产品创新的标杆广为人知。经园区推荐，来设计 2017 年成功入选广州市天英汇新锐创新企业 20 强，在天河区创新创业大会暨 2017 广州天英汇国际创新创业大赛总决赛中荣获成长组第二名的好成绩。在园区的孵化辅导下，该公司于 2018 年 3 月获得数千万元人民币的 Pre-A 轮融资，同年成功通过国家高新技术企业认定。

（三）结合穗港澳台四地创业交流及实习活动，促进港澳台项目来穗发展

自2017年起，众创五号空间以浅到深逐步推进，从以在穗港澳台活动为抓手和协会资源为依托，到以赴港澳台举办各类活动、大赛为桥梁，以最后促进项目落地发展为目标，帮助港澳台青年在穗顺利开展创业、就业的工作。

在活动及大赛的举办上，众创五号空间多次赴港澳台举办创业分享活动，在穗举办创业沙龙及路演活动。众创五号空间创业辅导人员赴台参加“广州—高雄双城高峰青年论坛”，还多次到访台湾大同大学青创基地、松山文创园等各类型青年创业育成协会、孵化基地，并成功与台湾青年创业团队及中小企业建立资源对接平台，与其建立合作关系。此外，众创五号空间依托承办广州天英汇国际创新创业大赛港澳台赛区比赛，举办各类创业分享活动及进行投融资对接，构建起“赛前参赛团队征集—赛中团队专业孵化—赛后团队落地服务”的体系。同时，众创五号空间广泛参与各类大赛的合作，为广东“众创杯”大学生启航赛和广州青年创新创业大赛输送优质的项目资源。截至2019年底，众创五号空间为港澳台青年开展活动超过100场，服务人数超5000人次。

在开展实习交流上，2017年和2018年暑假，众创五号空间配合开展“筑梦珠江　展翅飞翔——2018台湾大学生广州实习”活动，联动园区来设计等企业提供台湾实习生岗位近30个，让台湾大学生深入了解大陆发展情况，推进后续以实习带动来穗创业和就业的工作，并带动提供台湾大学生就业岗位18个。在2019年暑期台湾大学生来穗实习体验活动中，众创五号空间配合台湾青年开展为期2个月的实习活动，吸引了台湾大学、台湾清华大学、台湾交通大学、台北商业大学、成功大学、世新大学、铭传大学、东海大学、中华医事科技大学、中国文化大学等40所台湾高校和暨南大学的200多名台湾大学生。通过实习活动，让更多的台湾大学生借由体验式交流接触广州的职场生态、生活方式与工作情境，让台湾大学生扩展视野，充分了解广州市与粤港澳大湾区未来的发展前景。

在对外交流上，众创五号空间接待了中华台湾潮汕同乡总会代表团、创视野333参访团、粤台婚姻家庭亲子关爱夏令营、粤台优秀学生岭南修学团、香港科技园、香港生产力促进局、澳门爱国教育青年协会。此外，还成为首届“海峡两岸网络新媒体大陆行”联合采访活动的参访点，《环球时报》对众创五号空间的台湾青年采访单次点击量高达800万，累计获得媒体曝光量近3000万次。

五　下一步发展思路与设想

在新的历史机遇和新的外部环境的影响下，众创五号空间需要紧跟粤港澳大湾区建设步伐，深化园区产业及服务特色，进一步加大对外合作的力度，加快对外辐射的步伐。众创五号空间将进一步加强对园区企业的服务质量，对内持续培育入驻企业，对外挖掘更多互联网、文创领域企业，深入与港澳台地区和海外的企业与人才展开合作交流。在发展规模上，众创五号空间将整合运营模式打造网红服装孵化基地——五号服装小镇。

（一）深度与广度，强化园区企业服务质量与服务特色

为了帮助园区入驻项目获得更好的发展，众创五号空间将把深度与广度相结合，完善园区服务体系。

在深度上，众创五号空间将强化对园区企业的价值挖掘与需求挖掘。一方面，园区将持续导入园区生态圈资源，及时解决企业发展难题；另一方面，园区将深入了解企业发展状况，培育更多标杆企业，挖掘更多合作需求点。

在广度上，众创五号空间将进一步拓宽对外合作的覆盖面。众创五号空间将为创业生态圈注入更多合作资源，包括政府资源、产业联盟、龙头企业、服务机构、投融资机构、媒体等，为入驻企业注入更多外部合作机会，提高园区孵化水平。此外，众创五号空间将进一步借助各类港澳台大赛、创业活动、扶持政策，吸引更多港澳台企业落户园区。

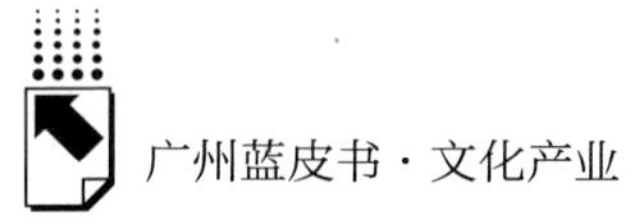

（二）新基地打造——五号服装小镇

五号服装小镇，位于广州市天河区广州大道北 83 号，是经久不衰的服装地标——沙河批发市场商圈，基地总面积 65000 平方米，拥有超过 1200 个档口铺位。

作为众创五号空间孵化模式与网红直播风口的产物，结合广州沙河服装批发的基因，五号服装小镇把互联网经济、粉丝经济融入传统的服装批发领域。基地整合了集实体批发、网络批发、网红直播新零售、物流、智能仓储、网红摄影基地、共享直播间、联合办公空间、培训中心、时尚发布中心、网红会客厅、智能停车场等服务要素于一体的创业链条。

五号服装小镇作为广州市大型 5G 网批网红直播全品类综合体，集原宿风、港韩风、学院风、民族风、时尚原创女装等品类于一体，建设舒适的采购地，全场无死角，动线合理且配备数十台手扶梯和十多台超大客货梯。作为大型淘宝采购商集散中心，以可可里小姐、超会购、小宅女大购物、港味潮人馆、七公主、三角衣柜、三木子、梦露日记、小菲家、大魔王等为代表的淘宝 TOP 100 大采购商已驻场采购，同时吸引了大量淘宝小卖家进场采购。

基地内配备有超过 1000 个地下停车位，解决传统批发市场停车难问题，超过 2000 个智能充电桩，全场畅通无阻全自动智能充电，解决小型采购商电瓶车充电问题；设有基地地图智能导航，一键导航至采购档口门号、送货停车位，提高采购商到场采购的效率、节约时间成本；过万平方米的物流空地作为收发中心，设有数十个快递点合集，与有着专业发货质检、一件代发、退货服务、让商家无后端服务压力的智能云仓库相互配套，并完善市区内各大服装商圈交通线路，降低商户与采购商物流成本。

基地充分发挥 5G 新一代网络的技术优势，借助网红效应，建设超 5000 平方米的网红摄影实体场景区，提供给网红与商家拍摄上新，降低商户上新成本，解决找摄影师难、找模特难、找拍摄场景难的问题；

开设免费开放的网红街区，提供数十个专业配套的高清摄像头及灯光调试等直播设备，为主播提供精致、高效、专业的24小时开放的共享直播间；开设3000平方米的首创时尚T台、媒体发布中心、实行会员制的网红会客厅，不定期邀请网红举办时装发布会、网红粉丝见面会、网红直播等各类活动，提高基地曝光率，加强展示、互动功能，强化人群消费体验。

作为电商配套，基地规划了占地300平方米的便利化、全要素、开放式、低成本的联合办公的文化创意和设计服务众创空间，为文化创客群体提供研发场地、创意工具以及创意作品展示、创意交流分享、创业辅导和资金对接等综合服务，同时链接电商人才，为电商创业者提供一个资源共享的平台。并与淘宝直播官方排名前30名的纳斯、集淘、屯和、星狐、云创等机构达成战略合作协议，在占地500平方米的培训室里，不定期邀请签约官方培训机构和拼多多、抖音、快手等知名直播机构的资深讲师开展创业培训、直播技巧讲解、时尚发布会等活动，准确把握港商户创新发展的痛点、堵点、难点，以授业解惑的形式让商户随时把握市场新动向。在2019年12月至2020年1月期间，培训室已举办过主题内容为"抖音：时尚女装——玩转抖音购物车""壹商汇直播电商培训""打榜社区——达人带货平台"等的八场直播培训活动。

基地还统一造节，统一组团，为各商家卖货，定期组织机构统一采购尾货，解决商家滞货问题。

有别于传统的服装批发市场，基地使传统服装行业与现代科技手段充分融合，作为线上与线下结合的文化产业双创服务平台，五号服装小镇更能带动服装行业的全面升级。

参考文献

周述章、朱婧、胡品平：《广东孵化育成体系国际化的实践与探索》，《科技创新发展战略研究》2019 年第 3 期。

梁海锋、朱婧、周述章：《广东省建设专业化众创空间的做法、问题及对策》，《科技创新发展战略研究》2019 年第 4 期。

陶红、单丽娜：《广州市众创空间发展现状研究》，《清远职业技术学院学报》2018 年第 5 期。

后　记

自2020年起，《广州文化创意产业发展报告》更名为《广州文化产业发展报告》。之所以在名称上做出这样的变更，是出于两个方面的考虑：一是与国家、广东省和广州市的有关政策文件中的提法保持一致。从党的十九大报告，到广东省、广州市的有关政策文件中，基本上都是用“文化产业”这个提法。二是在产业统计上与国家保持一致。2004年国家统计局制定的《文化及相关产业分类》，以及之后的2012年、2018年的两次修订完善，一直明确使用“文化产业”统计标准和规范；广州也一直是按照国家的统计标准和规范对文化产业进行统计的。因此，在更名后，《广州文化产业发展报告》在研究范围和选题方向上将更加明确。

作为广州蓝皮书系列之一的《广州文化产业发展报告（2020）》，是在广州市文化体制改革和文化产业发展领导小组、广州市委宣传部的指导下，由广州市社会科学院牵头、广州市文化创意行业协会协助，在广州市文化广电旅游局、广州市统计局等多个政府职能部门、各区相关部门、科研院校和重点企业的积极参与下，历时半年多，共同完成。

由广州市社会科学院广州文化产业研究中心和广州市文化创意行业协会组成《广州文化产业发展报告》编辑部，负责本书的编辑出版工作。《广州文化产业发展报告（2020）》编撰工作从2019年9月开始，总报告由编辑部组织人员完成，通过对政府有关部门、企业、有关协会和行业内人士进行深入的调研，收集大量的材料，为总报告的写作打下扎实的基础。在此基础之上，对收集到的材料进行深入、细致的分析和研究，经过多次集体讨论，以及相关人员的精心撰写，顺利完成；分报告通过发征稿函、约稿等方式向市区有关部门、协会、高校、科研机构以及国内城市专家征集文章，于

2020 年 3 月底完成本书的组稿工作。4 月底通过了由广州市社会科学院组织的专家评审，5 月初提交给社会科学文献出版社编辑出版。

《广州文化产业发展报告（2020）》的顺利出版得益于多方力量的支持，在此对广州市文化体制改革和文化产业发展领导小组、广州市委宣传部、广州市文化广电旅游局给予的切实指导表示衷心的感谢。对本书各位作者、有关部门的大力支持，以及社会科学文献出版社的辛勤编辑工作谨表感谢！

《广州文化产业发展报告》自 2008 年起编辑出版以来，以翔实的数据、深入的调研和严谨的分析，全面总结广州市文化产业当年的发展状况，预测广州文化产业的发展走势，已成为研究广州文化产业的重要文献资料，受到了上级领导的高度评价。秉承“立足广州、交流互鉴”的研究宗旨，我们将持之以恒地做好报告的编辑出版工作，并期待业界人士和广大读者对报告提出宝贵意见，以帮助我们不断改进。

本书编辑部

2020 年 5 月

S 基本子库
SUB DATABASE

中国社会发展数据库（下设 12 个子库）

全面整合国内外中国社会发展研究成果，汇聚独家统计数据、深度分析报告，涉及社会、人口、政治、教育、法律等 12 个领域，为了解中国社会发展动态、跟踪社会核心热点、分析社会发展趋势提供一站式资源搜索和数据分析与挖掘服务。

中国经济发展数据库（下设 12 个子库）

基于"皮书系列"中涉及中国经济发展的研究资料构建，内容涵盖宏观经济、农业经济、工业经济、产业经济等 12 个重点经济领域，为实时掌控经济运行态势、把握经济发展规律、洞察经济形势、进行经济决策提供参考和依据。

中国行业发展数据库（下设 17 个子库）

以中国国民经济行业分类为依据，覆盖金融业、旅游、医疗卫生、交通运输、能源矿产等 100 多个行业，跟踪分析国民经济相关行业市场运行状况和政策导向，汇集行业发展前沿资讯，为投资、从业及各种经济决策提供理论基础和实践指导。

中国区域发展数据库（下设 6 个子库）

对中国特定区域内的经济、社会、文化等领域现状与发展情况进行深度分析和预测，研究层级至县及县以下行政区，涉及地区、区域经济体、城市、农村等不同维度。为地方经济社会宏观态势研究、发展经验研究、案例分析提供数据服务。

中国文化传媒数据库（下设 18 个子库）

汇聚文化传媒领域专家观点、热点资讯，梳理国内外中国文化发展相关学术研究成果、一手统计数据，涵盖文化产业、新闻传播、电影娱乐、文学艺术、群众文化等 18 个重点研究领域。为文化传媒研究提供相关数据、研究报告和综合分析服务。

世界经济与国际关系数据库（下设 6 个子库）

立足"皮书系列"世界经济、国际关系相关学术资源，整合世界经济、国际政治、世界文化与科技、全球性问题、国际组织与国际法、区域研究 6 大领域研究成果，为世界经济与国际关系研究提供全方位数据分析，为决策和形势研判提供参考。

法律声明